写作之道

商科学位论文写作规范与技巧

吴　斌　吴翔华　王万竹　张长江 编

清华大学出版社
北京

内 容 简 介

本书从商科专业学生在学位论文写作中遇到的"痛点"入手，根据作者多年的教学与科研经验，总结归纳了各类商科学位论文的结构特征与写作技巧，方便学生快速掌握学位论文撰写的要领。书中内容共 12 章，其中第 1~5 章是理论部分，主要介绍了学术论文的结构特征、写作流程与写作规范等；第 6~10 章是实践部分，主要介绍了本科毕业论文、学术型硕士学位论文以及 MBA/MEM/MPACC 等专业硕士学位论文的结构特征及撰写技巧；第 11~12 章分别介绍了文献检索技巧和学术道德规范问题。

本书主要作为管理学、经济学、MBA/MEM/MPACC 等商科专业的本科生、研究生学习学术论文写作的教材，亦可作为管理人员、工程技术人员撰写学术论文的参考用书。

本书封面贴有清华大学出版社防伪标签，无标签者不得销售。
版权所有，侵权必究。举报：010-62782989，beiqinquan@tup.tsinghua.edu.cn。

图书在版编目（CIP）数据

写作之道：商科学位论文写作规范与技巧 / 吴斌等编. — 北京：清华大学出版社，2022.4（2025.1 重印）
ISBN 978-7-302-60484-6

Ⅰ.①写… Ⅱ.①吴… Ⅲ.①商业—学位论文—写作 Ⅳ.①G643.8

中国版本图书馆CIP数据核字（2022）第055965号

责任编辑：汪　操
封面设计：常雪影
责任校对：王淑云
责任印制：宋　林

出版发行：清华大学出版社
网　　址：https://www.tup.com.cn, https://www.wqxuetang.com
地　　址：北京清华大学学研大厦A座　　　　邮　编：100084
社 总 机：010-83470000　　　　　　　　　　邮　购：010-62786544
投稿与读者服务：010-62776969, c-service@tup.tsinghua.edu.cn
质量反馈：010-62772015, zhiliang@tup.tsinghua.edu.cn
印 装 者：涿州市般润文化传播有限公司
经　　销：全国新华书店
开　　本：185mm×260mm　　印　张：13.75　　字　数：270千字
版　　次：2022年6月第1版　　　　　　　　　印　次：2025年1月第3次印刷
定　　价：49.00元

产品编号：091710-01

PREFACE 前 言

随着新经济时代的到来,"大智移物云区"等信息技术加速了产业变革和业态发展。新发展模式对我国高等院校的人才培养提出了更高要求,新工科、新文科、新商科的建设迫在眉睫。作为高等教育中与社会发展、市场需求结合最紧密的领域,新商科人才培养面临诸多复杂挑战。学术论文写作是高校学生必备的基本素质,它不仅是获得学位的必备条件,而且也是对学生的逻辑思维能力、语言表达能力、实践动手能力的综合培养。但是,目前很多学生这一技能非常欠缺,经常出现所写论文逻辑不清、表达不明、格式不规范、可读性不强等问题。因此,开设专业写作课程十分必要。

本书结合新商科建设对人才培养提出的要求,强调教学内容的系统性、专业性、实践性,在阐述学术论文写作的基本概念、写作流程、基本结构和写作规范及技巧的基础上,又突出了专业性和实践性。在总结各类本科生及研究生学位论文结构特点的基础上,本书详细介绍了各类学位论文的逻辑结构和写作技巧,凸显实践意义。学生通过学习能够快速掌握论文写作的要领。同时,编者根据多年的教学和科研经验,对本书的体系结构进行创新:书中理论和实践部分都有相应的实例和案例讲解,增强了直观性和实践性,方便学生和相关工程技术人员的实际应用。

本书共 12 章,其中第 1 章到第 5 章以及第 11、12 章由吴斌编写,第 6、7 章由王万竹编写,第 8 章和第 10 章由吴翔华编写,第 9 章由张长江编写,全书由吴斌统稿。研究生柏双伟、李邦元、张新、王鹏、顾泰玮、张盼峰等在本书编写中做了大量工作,在此表示衷心感谢!同时,本书编写中也参考了大量文献,在此向原文献作者表示感谢!

由于编者水平有限,书中疏漏和不妥之处在所难免,敬请广大读者批评指正!

编者
2022 年 1 月

目 录

第1章 学术论文概述 ·· 1
   1.1 科学研究概述 ··· 1
   1.2 学术论文的概念与特征 ·· 5
   1.3 学术论文的分类 ·· 8
   1.4 学术论文写作的意义 ·· 10
   1.5 学术论文写作的要求 ·· 12

第2章 学术论文写作流程 ·· 14
   2.1 明确论文主题 ·· 15
   2.2 搜集写作材料 ·· 18
   2.3 拟定写作提纲 ·· 23
   2.4 撰写论文初稿 ·· 26
   2.5 修改论文初稿 ·· 28

第3章 学术论文的结构及撰写技巧 ··· 32
   3.1 概述 ··· 32
   3.2 标题 ··· 34
   3.3 作者署名和单位 ··· 36
   3.4 摘要和关键词 ·· 42
   3.5 中图分类号、文献识别码和论文编号 ······································· 46
   3.6 引言 ··· 50
   3.7 正文 ··· 55
   3.8 结论与致谢 ··· 61
   3.9 参考文献及注释 ··· 63

第4章 学术论文写作规范 ·· 71
   4.1 量和单位的写作规范 ·· 71
   4.2 数字与数值的写作规范 ··· 80

4.3 数学符号和公式的写作规范 ································ 85
4.4 插图的写作规范 ······································ 90
4.5 表格的写作规范 ······································ 98
4.6 学术论文的语言规范 ··································· 102
4.7 标点符号的写作规范 ··································· 107

第5章 学位论文的写作 ······································ 114
5.1 学位论文概述 ·· 114
5.2 学位论文的选题 ······································ 116
5.3 学位论文的写作要求 ··································· 118
5.4 学位论文的基本结构 ··································· 121

第6章 商科本科毕业论文（设计）撰写 ··························· 125
6.1 本科毕业论文（设计）的选题指导 ·························· 126
6.2 开题报告的撰写规范与技巧 ······························ 130
6.3 本科毕业论文的结构 ··································· 132

第7章 商科学术型硕士学位论文撰写 ···························· 135
7.1 商科学术型硕士学位论文选题特点与分类 ····················· 135
7.2 开题报告撰写规范 ···································· 138
7.3 论文的结构设计 ······································ 139
7.4 论文的写作手法 ······································ 143

第8章 MEM硕士专业学位论文撰写 ····························· 146
8.1 MEM硕士专业学位论文特点与分类 ·························· 146
8.2 MEM硕士专业学位论文的写作要求 ·························· 149
8.3 MEM硕士专业学位论文的研究方法 ·························· 151

第9章 MBA/MPACC学位论文撰写 ······························ 154
9.1 MBA/MPACC学位论文特点与分类 ··························· 154
9.2 MBA/MPACC学位论文结构设计 ···························· 157
9.3 MBA/MPACC学位论文写作应注意的问题 ······················ 160

第10章 学位论文的答辩 ···································· 162
10.1 学位论文答辩概述 ··································· 162

	10.2 答辩幻灯片的制作	166
	10.3 学位论文答辩技巧	171

第 11 章 文献检索技巧 ... 178

  11.1 文献检索对学位论文写作的作用 ... 178
  11.2 科技文献及文献检索的基础知识 ... 179
  11.3 数字信息资源检索的基础知识 ... 185
  11.4 常用的网络数据库及检索技巧 ... 189

第 12 章 学术道德与学术规范 ... 202

  12.1 学术道德与学风问题 ... 202
  12.2 学术不端与不当行为 ... 206

参考文献 ... 209

第 1 章 学术论文概述

"文章千古事,得失寸心知。"从古人的吟诗作赋,到今人的论文写作,写作从来不是一件容易的事情。学术论文又称科技论文,或称科学论文,是对自然科学和社会科学领域进行研究、分析论证的文章。学术论文是进行学术交流的主要载体,是获得科技信息、促进科技发展的重要途径,同时也是获得学位、职称晋升的必要条件。学术论文的撰写已经成为当代学术人才的必备技能。但是,学术论文又被不少人畏之如虎,曾有人戏言:"世界上最遥远的距离,是从论文标题到参考文献之间的距离。"要想克服畏难情绪,首先要打破学术论文的神秘感,本章就从科学与技术的概念出发,揭示学术论文的实际内涵。

1.1 科学研究概述

1.1.1 科学的概念

我们通常所说的科技是科学与技术的简称,科学与技术是两个不同的概念。它们两个既有区别又有联系,科学与技术的内涵在不断充实,两者之间的联系也越来越密切,相互依存,相互渗透,共同为人类服务。要对科学与技术下一个准确的定义比较困难。科学一词最早源于拉丁语,其含义是"学问"或"知识"。目前不同的国家和学者,对科学有着不同的理解和解释。如爱因斯坦认为科学是"寻求我们感觉经验之间规律性的有条理的思想";达尔文认为科学是"整理事实,从中发现规律,做出结论";我国的《辞海》中对科学的定义是"科学是关于自然、社会和思维的知识体系"。虽然对科学的认识和理解见仁见智,但从中可以找出基本共同的东西:科学要以客观事实为依据,必须准确地反映客观事实,它的任务是揭示客观事物运动过程中的规律性。

现代科学通常可以分为自然科学、思维科学(形式科学)和社会科学。自然科学是基于观测和实验的经验证据,是研究自然界的物质形态、结构、性质和运动规律的科学。现代自然科学是由不同层次、多种分支学科所组成的,有着严密结构的知识体系。它包括物理学、化学、生物学、天文学等基础科学和医学、农学、气象学、材料学等应用科学,它是人类改造自然的实践经验即生产斗争经验的总结。

思维科学(形式科学)是研究思维活动规律和形式的科学,主要研究思维的自然属性和社会属性、思维的物质基础、语言及其对思维的作用、思维的历史发展及动物"思维"与机器"思维"等内容。一般认为，思维科学基础研究的内容包括社会思维、逻辑思维、形象思维和灵感思维。思维科学是从心理学、人工智能、计算机科学、生理学、文学艺术等方面研究人思维过程的规律，其应用领域包括语言学、模式识别、人工智能、教育学、情报学、管理学、文字学等学科。哲学、心理学观点及研究方法决定了思维科学行为主义、联想主义、格式塔和信息学等学派的形成。思维科学的研究对于科学体系结构与人脑潜力的发挥有重要的理论意义和实践意义。

社会科学是用科学的方法研究各种社会现象的科学，比如社会学研究人类社会（主要是当代）；政治学研究政治、政策和政治活动；经济学研究资源分配。社会科学所涵盖的学科包括经济学、政治学、法学、伦理学、历史学、社会学、心理学、教育学、管理学、人类学、考古学、民俗学、新闻学、传播学等。其中一些学科，如心理学、人类学、考古学，是社会科学和自然科学的交叉。我国将心理学列为自然科学，而欧美国家把它归入社会科学。在现代科学的发展进程中，新科技革命为社会科学的研究提供了新的方法手段，社会科学与自然科学相互联系、相互渗透的趋势日益加强。社会科学的特点如下。

1. 复杂性

社会科学所研究的社会事物（或社会历史现象）一般都是非常复杂的，它们受到众多自然和社会变量的制约，而这些变量之间往往又是彼此相关、非线性的关系。社会科学研究的对象一般都具有自我组织、自我创造、自我发展的能力。社会事物的产生往往由偶然的事件或个别人物作为导火索，往往又较多地涉及"应该""愿望"等问题，而这些问题的判断较强地依赖于观察者的思想动机，受到众多内外变量的制约，表现出较强的随机性和模糊性。人们很难从这些随机性因素背后找出必然性因素，很难从思想动机中发现其客观动因，这就给社会科学进行精确、客观的分析带来了巨大的困难，因而只能大量地采用定性分析的手段。

2. 依赖性

一般社会事物都是建立在众多自然事物的基础之上，或者与众多自然事物相联系，因此社会科学往往涉及众多自然科学领域，在很大程度上依赖于自然科学的全面发展状态。自然科学如果没有得到充分发展，社会科学就难以在精确性和客观性上取得重大突破。

3. 主观性

对社会事物的认识和评价要受到众多主观因素（特别是感情因素）的制约，而这主要取决于观察者与观察对象之间的利益关系（特别是经济利益关系），因此社会科学很容易带有强烈的民族性和阶级性。这种由利益关系所引起的"先入为主"的主观因素（特别是民族感情和阶级感情）诱导人们形成非中性的、非客观的、非理性的观察态度，这就容易形成代表不同民族利益和阶级利益的"社会科学"，而且互不妥协、各自为政，从而严重阻碍社会科学的健康发展。

4. 难验证性

社会事物一般有较长的运行周期，且在时间上具有不可逆性，有些社会事物的运行容易产生巨大的利益冲突，并会引起一些不可预测的灾难，因而难以进行重复性实验，许多社会科学的假设、预言难以在短期内或较小范围内得到验证。

1.1.2 技术的概念

技术的历史比科学更悠久，几乎与人类的历史一样久远。随着人类掌握的技术越来越多，人类先后经历了石器时代、青铜器时代、铁器时代、蒸汽时代、电气时代，一直到今天的信息时代。技术通常可以表述为：在长期社会实践过程中发明和改良的"用以改善人类认识世界和改造世界能力的方法和工艺的开放体系"。它最重要的特征是利用各种资源制造各种工具，改善人类认识世界和改造世界的能力。它在实践过程中被人们总结出来，或在科学理论指导下被人们发明出来，经过实践的检验而得到确认和应用。

技术通常有两种不同的存在形态：一种是抽象的形态，另一种是具体的形态。抽象的形态只告诉人们应当怎么做，是一套操作的程序，称为技术方法；具体的形态则是各种可以实际操作的系统，称为技术工具。实际上，"技术方法"是技术的"软形态"，而"技术工具"则是技术的"硬形态"，"工具"是看得见、摸得着、用得上的系统，方法则像是使用工具的成文或不成文的"说明书"，它们是技术的两种相辅形态。

对照科学的定义可以看出，科学研究的是自然和社会的本质及其运动规律，是关于自然和社会本身的知识体系；技术的研究成果则是人类创造出来用以解决各种自然和社会问题的工具和方法体系。换句话说，科学的目的主要是帮助人们正确认识世界，技术的目的则不仅是帮助人们认识世界，也帮助人们改造和优化世界。正因为如此，技术与科学不同，技术更加直接地与人类生产发展的需要相关，与增强和提高人类认识世界和改造世界的能力这一目标相关。而科学的目的则主要是为了认识世界。虽然认识世界的重要目的也在于更好地改造世界，但是认识世界的活动必然要比改造世界的活动更广阔、更自由、更前瞻。

正因为技术是关于认识世界和改变（优化）世界的工艺方法体系，所以技术与"认识世界和优化世界"的具体领域有着密切的联系，它的分类也与所要解决问题的领域相关联。

比如，按照所解决问题的领域不同，技术分为解决工业问题的工业技术、解决农业问题的农业技术、解决国防问题的国防技术，类似的还有交通运输技术、商业贸易技术、教育技术、实验技术、医疗技术等，而且每个领域的技术还可以不断细分。另外，按照解决问题所用手段和工具性质的不同，技术也可分为机械技术、电子技术、计算机技术、控制技术、自动化技术、人工智能技术、生物技术等。

科学和技术是相互依赖、相互促进和结合的。在某些情况下，很难将科学与技术分得一清二楚。根据以上论述，科学与技术的区别归纳起来主要有以下4点。

1. 科学与技术的任务不同。科学着重从理论上解释自然现象（规律）"是什么"和"为什么"的问题，为人类提供新的事实、理论和概念，为技术的发展开拓新的途径。而技术是在科学理论指导下，着重回答工程实践中具体的"做什么"和"怎样做"的问题，为人类创造出有形的物质财富。

2. 科学与技术的研究目标不同。科学研究的目标相对不确定，活动自由度较大，选择余地宽，注重从科学发展的自身逻辑中去寻找课题，学者也可以从自己的兴趣爱好或好奇心出发选择研究课题。科学研究的探索过程漫长，要求必定成功或指日可待不切实际。而技术的研究目标主要从国民经济发展、国防建设和人民生活水平提高等实际需求出发，要能付诸实施并产生一定的经济效益。技术活动虽然也有不确定性，但其计划性和目的性更强。

3. 科学与技术的成果展现形式不同。科学是以认识的形态存在，是由实践向理论转化的领域。科学的成果是人类共享的财富，具有公开性和交流性的特点。而技术要借助一定的物质形态存在，是由理论向实践转化的领域。科技成果具有专有性、保密性和交易性的特点。

4. 科学与技术的评价标准不同。科学的评价标准只有一个，就是用实践检验其是否合乎客观实际，只有正确和谬误之分。而技术的评价标准比较复杂，虽然也有正确与错误之分，但更多的是从实用或不实用、高效或低效等角度来划分。

1.1.3 科学研究的概念

中华人民共和国教育部对科学研究的定义是："科学研究是指为了增进知识包括关于人类文化和社会的知识以及利用这些知识去发明新的技术而进行的系统的创造性工作。"通过定义可以看出，科学研究涵盖了科学探索与技术研发，有关科学与技术的创新型工作都是科学研究。科学研究的目标是追求真理，对未知现象寻求理解、解释并且能够做出预测。这样，通过政策决策，知识就能被用于控制改变这些现象，显著地改善人类生存的物质条件。此外，知识本身还会进一步剔除野蛮和无知，改变我们个人与社会看待整个世界的眼光和方法，从根本上使我们的存在变得更强大、更美好。正如爱因斯坦所说："关心人类本身必须始终成为一切技术努力的目标，要关心如何组织人的劳动和商品分配，从而我们的科学思维对于人类是福祉而非诅咒。"

科学研究的基本任务是探索未知、认识未知。根据研究任务的不同，可以分为以下3类。

1. 基础研究

基础研究是对新理论、新原理的探讨，目的在于发现新的科学领域，为新的技术发明和创造提供理论前提，如牛顿、爱因斯坦等科学家的研究都属于基础研究。

2. 应用研究

应用研究是把基础研究发现的新理论应用于特定目标的研究。它是基础研究的继续，目的在于为基础研究的成果开辟具体的应用途径，使之转化为实用技术，如石墨烯电池的研究、5G 通信技术的研究等。

3. 开发研究

开发研究又称发展研究，是把基础研究、应用研究应用于生产实践的研究，是科学转化为生产力的中心环节，如华为折叠屏手机的研发、Intel 新一代 CPU 的研发。

基础研究、应用研究、开发研究是整个科学研究系统中三个互相联系的环节，它们在一个国家、一个专业领域的科学研究体系中应协调一致地发展。当然，科学研究还有其他的分类方法，如可以根据研究的目的不同，分为探索性研究、描述性研究和解释性研究；根据研究的方法不同，分为定性研究和定量研究。

1.2 学术论文的概念与特征

学术论文是在科学研究和科学实验的基础上，对自然科学和专业技术领域里的某些现象或问题进行专题研究、分析和阐述，以揭示这些现象和问题的本质及其规律性而撰写的论文。因此，凡是运用概念、判断、推理、论证和反驳等逻辑思维手段，来分析和阐明自然科学原理、定律和各种问题的论文，均属于学术论文的范畴。学术论文主要用于对科学技术研究及其成果的描述，它的运用可促进成果推广、信息交流和科学技术的发展。

学术论文是科学研究成果通过文字表达予以记载的重要形式。但是成果与论文并不是内容与形式的关系，因为有了好的成果并不一定等于有了好论文。学术论文写作必须做到科学性强，同时又有一定的实用价值，条理要清楚，文体要符合一定的规范。因此，学术论文应具备科学性、创新性、学术性、规范性、可读性等特征。

1. 科学性

科学性是学术论文的生命，是学术论文区别于一切非学术论文的主要特征。学术论文必须具备科学性，这是由科学研究的任务决定的。科学研究的任务是揭示事物发展的客观规律，探求客观真理，成为人们改造世界的指南。无论是自然科学还是社会科学，都必须根据科学研究这一总的任务对本学科中的研究对象进行深入的探讨，揭示其规律。这就要求学术论文必须具备科学性，决不能违背客观规律。学术论文的科学性主要表现在以下 3 个方面。

1）科研成果是客观存在的自然现象及其规律的反映，是被实践检验的真理，整个过程能经得起复核和验证，具有较好的实用价值，即论文内容真实、成熟、先进、可行。

2）结构严谨清晰，逻辑思维严密，语言简明确切，对每一个符号、图文和表格及数据，都力求做到准确无误，达到表述准确、明白、全面的标准。

3）具有严肃的科学态度和科学精神，不肆意夸大，伪造数据，谎报成果，甚至剽窃抄袭，也不因个人偏爱而随意褒贬，武断轻信，以至于弄虚作假、篡改事实。

2. 创新性

科学研究是对新知识的探求，创新性是科学研究的生命。创新性是衡量学术论文价值的根本标准。一篇论文价值的大小，不是看它如何罗列现象，重复别人已经取得的成果，而是看它能否创造出新技术、新工艺、新理论，并具有普遍性和公开性。学术论文是为交流学术研究新成就，发表新理论、新设想，探索新方法而写的，没有新的创见就不能称其为学术论文。学术论文的创新性在于作者要有自己独到的见解，能提出新的观点、新的理论、新的方法等。学术论文的创新主要有以下几种形式。

1）提出新观点，建立新理论。指经过学术研究提出了前人没有提出的新观点，或在一系列新观点、新见解的基础上，形成了新理论，如牛顿创立的万有引力定理。

2）形成新的理论体系。在既有研究基础上，对某一问题由分散的、零碎的研究成果，通过归纳、总结与整合及进一步研究，形成一种理论体系，从而使对问题的认识更为系统全面，如由法拉第开创、麦克斯韦总结的电磁场理论。

3）开辟新视角。从一个全新的视角对一个问题开展研究，提出科学的、富有真知灼见的见解，对问题的认识更清晰和全面，如霍金对黑洞的阐释，当大家都认为黑洞是不可探测的时候，霍金从另一个角度提出黑洞不仅可以被探测，而且最终可能会爆炸，并从理论上证明了该设想。

4）提供了研究的新材料。研究的问题找到了新的材料，并借助这些新材料，对问题产生了新的看法和认知，在拓展同一问题的研究层面锦上添花，如复合材料用于新型飞机的研发，不仅减轻了重量，还提高了飞机的各种飞行性能。

5）运用新方法。对同一问题，往往可以采用不同的方法。采用新的方法研究，可以得出不同的新结论，如谷歌将深度学习算法用作阿尔法围棋（AlphaGo）的学习算法，使其战胜了人类顶尖棋手，推动了人工智能产业的发展。

3. 学术性

学术性是学术论文区别于其他论文的重要标志。学术性就是指研究的对象具有专业性和系统性，即以科学领域里某一专业性问题作为研究对象。由于学术论文侧重于对事物进行抽象的概括或论证，描述事物发展的内在本质和规律，所以学术论文在材料、语言方面具有专业的特点，在内容上基本限制在所研究的范围之内。同时，学术论文必须有自己的理论体系，不能只是材料的罗列，应对大量的事实、材料进行分析、研究，从感性认识上升到理性认识。一般来说，学术论文具有论证色彩，既要求所论述的问题有较高的学术性，又要求作者经过了周密的思考、严谨而富有逻辑的论证。

4. 规范性

从某种意义上说，没有规范就没有学术论文，没有规范就会损害学术论文的学术价值、影响学术论文的交流。世界上许多国家都对学术论文（包括毕业论文）的撰写和编排制定了国家标准，国际标准化组织也制定了一系列的国际标准。不同学科和专业的学术机构还制定了本学科和本专业的标准，如我国颁布的《科学技术报告、学位论文和学术论文的编写格式》等。这些规范与标准，对学术论文的容量、论证步骤、写字的规范、参考文献的规范、标点符号的规范、稿纸规格及注释形式等都有相应的规定。同时对于作者署名也有严格的规定，在撰写论文时必须严格遵守这些规定。

表面上看，学术论文在内容上追求创新，在形式上遵循规范；但在更深刻的层次上，学术论文在形式、内容上都是"规范"的。一方面，最大的"规范"就是"创新"；另一方面，"创新"又必须以技术层面的"规范"为前提。

5. 可读性

可读性指的是要用通俗易懂的语言表述科学道理，不仅要做到文从字顺，而且要准确、鲜明、和谐，力求生动，切忌语义难懂、语句过长。这是因为学术论文讨论的是复杂的、抽象的真理，用的是专门的术语，只有深入浅出地表达才容易为人们所理解，才能达到表述科研成果的目的。同时还要增强论文的逻辑性，论题、论点、论据、论证之间的联系要一环扣一环；论文循序撰写，做到资料完整，设计合理，行文严谨，重点突出，避免牵强附会，虎头蛇尾，空洞无物。总之，尽量用简洁的文字说明要阐述的问题，使读者用较短的时间获得更多的信息。

学术论文的科学性、创新性、学术性、规范性和可读性的特点，分别从内容到形式规定着学术论文的各个方面，是我们写好学术论文的标尺。

1.3 学术论文的分类

学术论文根据不同的分类标准，会有不同的分类结果。可以按照论文的学科、内容和作用进行分类。

1.3.1 根据学科分类

根据学科分类，学术论文可以分为社会科学论文、自然科学论文两大类。社会科学论文任务是研究并阐述各种社会现象及其发展规律，研究范围包括政治学、经济学、管理学、教育学、语言学、新闻学、军事学、历史学、民族学、宗教学、法学、哲学等学科。自然科学论文任务是探讨自然科学和技术科学领域的各种问题或现象，研究范围包括数学、物理学、化学、生物学、医学、地质学、天文学，以及材料科学、能源科学、空间科学、农业科学、医学科学等技术应用科学。随着社会的发展，衍生的学科种类越来越多，并不断派生出一些交叉学科，但社会科学与自然科学两大类别并未改变。

1.3.2 根据研究的方式和内容分类

1. 实验型学术论文

实验型学术论文是以实验本身为研究对象，或者以实验作为主要研究手段得出科研成果后所写出的学术论文。实验型学术论文主要有如下几种。

第一种是以实验仪器和设备为研究手段，通过实验验证某种设想和发现新的现象，从而找出新的规律，得出有实际价值的结论。虽然其研究手段是反复地做实验，但研究的主要目的不只在于实验过程和实验结果本身，而是要通过对实验和实验结果的深入分析、讨论，以求得到新的理性认识。如利用哈勃望远镜进行天文观测，发现新的现象而发表的论文。

第二种是专门介绍实验装置或新产品的推广应用或改进的论文。这种学术论文往往围绕实验装置或新产品的介绍、实验条件、实验方法进行讨论，从而得出实验装置、新产品在各种条件下应用的可能性与推广价值。如 *Nature* 上发表的关于引力波探测器 KAGRA 的相关论文。

第三种是涉及新产品研制的论文。这类文章围绕新产品的结构性能、加工工艺、生产的现实性以及产品的先进性、科学性问题进行讨论。如 *Science* 上发表的关于量子计算原型机"九章"的论文。

2. 观测型学术论文

观测型学术论文所表达的是通过有计划、有目的地对研究对象进行反复细致的观察、测量，以揭示事物的本质，从而寻找其规律的科研成果。它常以观察、测量某些自然现象及其有关数据为主，从现象和数据入手，经过层层分析研究，使存在的问题得到解决。这类论文多用于介绍新发现的某种客观事物和稀有现象，所以在观测实践中除有目的地观测事物外，还必须注意"偶然"的发现。如动物学家通过观测狮群的生活，发现狮群的生活习性等。

3. 理论型学术论文

运用理论阐述的方法进行研究写成的论文是理论型论文。理论型论文大多涉及实验和观测，但也可以完全不涉及实验，如数学论文，全篇由定义、定理及其说明与证明构成。在除数学以外的涉及实验和观测的理论型论文中，实验和观测不再是文章的核心部分，只是其结果作为理论推导的根据和假说的出发点，或者作为结论的证明材料，从而得出有实际价值或理论价值的科学结论。如关于哥德巴赫猜想的理论推导论文。

4. 设计计算型论文

设计计算型论文一般是指为解决某些工程问题、技术问题和管理问题而进行的计算机程序设计；某些系统、工程方案、产品的计算机辅助设计和优化设计，以及某些过程的计算机模拟；某些产品（整机或者零部件）或物质（材料、原料等）的设计或调制和配制等，从事信息科学相关领域的研究者写这类论文较多。这类论文的总要求是要"新"；数学模型的建立和参数的选择要合理；编制的程序要能正常运行；计算结果要合理、准确；设计的产品或调配的物质要经试验证实或经生产、使用考核。如遗传算法对车间调度问题的优化求解。

5. 管理型学术论文

科学技术的发展形成了科学技术化的新特点，同时也形成了多学科融合的跨学科研究领域，因而出现了科技合作的新时代。在这个时代，需要众多才华横溢、经验丰富的科学家和工程师智能互补，激励他们发挥创造力。管理工作者在对管理科学的研究与实践中，根据自己的工作实践和他人的经验，可以写出论点正确、材料可靠、观点新颖、推理合乎逻辑的学术论文。管理型论文是运用概念、判断、推理、证明或反驳等逻辑思维手段来分析、表述管理科学理论与实践研究成果的文章，是管理工作者从事研究工作并取得成果的集中体现。管理型学术论文按议论方式不同可分为立论文和驳论文。立论文要实事求是，以理服人，用足够的论据来证明自己的观点，并以诚恳的态度欢迎同行提出反驳意见；驳论文要据实以理论争，要驳之有据，言之有物。如关于企业精益生产管理的论文。

1.3.3 按照论文发挥的用途分类

学术论文可以分为交流性论文和学位论文两大类。交流性论文是指在学术刊物上发表或在学术会议上宣读的学术论文；学位论文是指学位申请者提交的论文。根据学位的高低，主要分为学士学位论文（本科毕业设计或论文）、硕士学位论文和博士学位论文。

学士学位论文是大学本科毕业生申请学士学位要提交的论文。该论文应能表明作者已较好地掌握了本门学科的基础理论、专门知识的相关技能，并具有从事科学研究工作或担负专门技术工作的初步能力。这种论文一般不涉及太复杂的问题，研究的范围较窄，内容也比较浅显。

硕士学位论文是硕士研究生或具有同等学力的人员为申请硕士学位而提交的学术论文。硕士论文要求比学士论文高很多，它要求作者掌握了坚实的基础理论和系统的专门知识，并对研究课题有新的见解，有从事科学研究工作或独立担负专门技术工作的能力。

博士学位论文是非常重要的科研成果的文字描述，要求作者必须在某一学科领域中具有坚实而深广的知识基础，必须有独创性的成果。同时，博士学位论文应有较高的学术水平和学术价值，能够对别人进行同类性质问题的研究和其他问题的探讨有明显的启发性、引导性，在某一学科领域中起先导、开拓的作用。在学位论文中能反映有所发现、有所发明，并在研究中做出创造性的成果。

三种论文对学术水平的要求各不相同。学士论文要求作者能够较好地运用在校期间学习的基础知识和技能，去解决不太复杂的问题；硕士论文要求能够充分地反映作者具备独立从事研究工作的能力，对所研究的课题有新的见解，能够解决科学研究及技术工作中比较复杂的问题；博士论文则要求反映作者在某一领域内有渊博的知识和熟练的科研能力，并能做出创造性成果。

1.4 学术论文写作的意义

我国著名物理学家严济慈教授说："在理工科大学开设科技写作课，对于提高学生的科技写作能力，培养高质量的科技人才是十分重要的。"这是因为学术论文写作是科技工作的重要组成部分，是科学研究的必要手段，是科技成果的重要标志，是科技交流的理想工具。

1. 学术论文写作是科技工作的组成部分

英国著名科学家法拉第有句名言："研究、完成、发表。"即在科学研究中有三个阶段：第一阶段是科研开始，第二阶段是完成，第三阶段是发表。可见"发表"在科学研究工作中占有重要的位置。一项科研成果，如果不能最后写成论文公诸于众，那么一切见解和观点，一切创造与发明，都只能是科学家、科技人员个人头脑里的一些思维，别人无法了解和采用，也无法将科学技术转化为生产力，推动社会的进步。

学术论文写作是科技工作者进行科学技术研究与开发的延续，是科研成果的必然总结。实际上，科研课题的准备工作就已经进入了论文写作阶段，开题报告就是论文写作的前奏，写作则是科研完成阶段的工作，也是创造性成果得到进一步深入、完善和发掘的再创造过程。一项科学研究，从它的选题到资料搜集，从设计到研究报告和论文的写作，每一道程序对于整个科研活动都起着举足轻重的作用，哪一项工作做得不好，都会对科研工作造成重大的损失。撰写论文不只是文字表达，论文质量也决不仅仅取决于作者的文字水平，而是与作者的思维能力以及科学研究方法息息相关。可以说，完整的学术论文写作过程，是同整个科学研究过程相重合、相一致的。所以说，论文写作是科研工作的重要组成部分，是研究成果的深化和整理，也是科学研究的继续。

2. 学术论文是总结、交流、传播科技成果的必要手段

英国文学家萧伯纳说过："倘若你有一个苹果，我也有一个苹果，我们彼此交换，你我仍各有一个苹果。但若你有一种思想，我也有一种思想，我们彼此交流，我们就会有两种思想。"学术论文是科技交流的基础，是科技信息传递、存储的良好载体。学术论文的交流可以不受地点、时间的限制，能在更加广泛的范围内交流，在更久远的时间内发挥作用。科技论文不仅有它应用的必要性，而且有它应用的广泛性。科学技术领域中的很多发现、发明，都是从交流开始的。学术论文一旦发表出来，就作为人类科技知识的一个小分子而存在，成为人类共同的知识宝库中的新财富。当人们从学术论文中得到启发，解决了自己在科研或生产中存在的问题时，学术论文就体现了它在科学技术和生产发展中的作用。

3. 学术论文是衡量科技成果的重要标志

学术论文发表是衡量某一学科、单位、个人、国家科技水平的标志之一。科技工作者所发表的学术论文的数量和质量，是其创造性劳动的效率和成果公认的指标。当今社会，科学技术的新发现、新发明比过去任何时候都多。在这样的情况下，及时准确地发表科技成果，具有特别重要的意义。这不仅是使科技成果尽快地成为社会生产力的需要，而且也是世界科学竞争的需要。已发表的科技论文是确认科技工作者的某项发现或发明具有优先

权的基本依据。如果由于科技写作能力低，一项科技成果不能尽早地以学术论文的形式公诸于世，得到社会的承认，那么荣誉和专利就会被他人所拥有。这对科技工作者来说，是一个莫大的损失。因此，科技论文写作能力是科技人员实现社会价值、衡量专业技术水平的标尺，是卓有成效地完成本职工作的重要条件。

4. 撰写学术论文是获得科研能力的重要途径

学术论文的写作从发现问题、思考问题、分析问题、解决问题，到最后呈现出完整的文本，是一个复杂的全过程。虽然它只是一篇打印稿，但它凝聚着研究者的智慧和心血。所以，学术论文的写作不只是简单地寻找资料、解释概念、语言论证、电脑打印，而是一种思维、一种体验、一种经历、一种感悟，从中可以锻炼和培养写作者的研究能力。

撰写毕业论文的过程是训练学生独立进行科学研究的过程。通过撰写毕业论文，学生可以了解学术研究的全过程，掌握如何搜集、整理和选择材料；如何观察问题、调查研究和分析判断；如何利用图书馆、实验室检索文献资料，操作实验仪器等。撰写毕业论文是学生在教师的指导下进行的一次系统的、全面的科学研究实践，这种实践是学生在学术研究道路上迈开的第一步，它将使学生终身受益。

1.5　学术论文写作的要求

由于学术论文的特点，使得学术论文在写作过程中应该是在研究工作的基础上进行"再创造"的过程。因此，学术论文写作要达到以下基本要求。

1. 主题明确，中心突出

学术论文写作中不可下笔千言，离题万里；不可走题、改题、文不对题。主题是全文的灵魂。论文主题不但要明确，而且要十分突出，成为一切资料、论证绕其运转、为其服务的轴心。对论文来说，主题也即论点，偏离了主题，便丧失了意义。

2. 结构严谨，层次分明

结构是论文的骨骼、构架，没有结构，论文便肌肤难附，那就不可能让人再去推敲和相信论点。严谨而分明的层次和结构，能将主题阐述得淋漓尽致，细致深入。

3. 逻辑严密，自成体系

学术论文不同于文学创作，它讲的是道理，注重的是逻辑。逻辑是知识的"格局"，从前提到结论的必然性，它保证的就是思路的清晰，这正是论文的力量所在。论文的每个组成部分，都应当是系统的各个组成部分，它们必须相互协调、相互制约、相得益彰，组成一个严密的整体，牵一发而动全身。如果论文的构成部分之间毫不相关，只是一些资料的堆积、事实的罗列，那么论文就要大大丧失其说服力。

4. 论证充分，说理透彻

论文的特性就是论证，论文的功能就是证明。论文的论点是带有创新性、开拓性甚至独树一帜的观点，或者是为了补充前人忽略了的东西，纠正被他人曲解了的东西。所以必须言之有据，言之有理，能够确凿而有力地证明自己的论点。因此，论证既是论文的根本特征和主要使命，也是论文的最重要的内容。论证必须充分，说理必须透彻。

5. 提出问题，解决问题

论文要能够提出值得思考、探讨、研究的新问题，提出自己的观点和看法。为了使自己的观点和看法能说服他人，就要对问题进行透彻的分析、有力的证明，从而得到确切的结论，以回答和解决自己提出的问题。论文所需要的就是提出问题、分析问题、解决问题，它所培养和造就的也正是这种研究能力和开拓能力。

6. 语言简洁，概念准确

对于论文来说，既然其任务是为了阐述与证明，它就不能像文艺性的作品那样以大量修饰形容语句装点论文，以提高其艺术性与感染性。论文要做的是说理，说理所要求的就是简单明白、直截了当，因而在语言上也就要求简洁。学术论文要正确使用语言，其基本要求是准确性、鲜明性、主动性、简洁性。同时，学术论文的每一个概念都要求十分准确，不允许有任何歧义发生。否则，证明就不能对准焦点、对准论点，就不能得到单纯、唯一的必然结论。

第 2 章 学术论文写作流程

学术论文是对新的科学研究成果或创新的见解和知识的科学记录，是对一个学术课题的实验性、理论性或预测性的，或是对应用到实际取得新进展的已知原理的科学总结。它是在研究某一科学领域的学术问题后提出科学研究成果的理论文章，反映了该学科领域最新的、最前沿的科学水平和发展动向，对科技事业的发展起着重要的推动作用。

学术论文的写作流程包括确定选题、掌握材料、拟定提纲、撰写初稿、修改初稿 5 个步骤。

1. 确定选题

确定选题是学术论文撰写的第一步，选题即确定自己研究的课题，解决"研究什么"的问题，明确研究的目标和范围。科学研究活动目的性很强，从提出问题到解决问题，都要遵循科学合理的辩证过程，只有对问题有清晰的认识、深刻的理解，解决起来才会相对容易。确定选题后所有的研究工作都将围绕该选题进行。因此，确定选题，即为整个学术活动确立了明确的研究目标，才称得上是真正意义上的科学研究。学术论文的选题应遵循价值性原则、创新性原则和可行性原则。

2. 掌握材料

撰写论文前，要充分地搜集材料。搜集材料首先是广泛查找，阅读与课题有关的文献资料，借鉴、继承前人已经取得的成果，吸取前人的经验教训。首先，如果搜集不到相关资料，前人没有或很少论述过，说明所选课题新颖，这时就必须搜集本课题所属学科的基础理论和专业知识方面的文献资料，从理论上、原理上下功夫。其次，如果涉及本课题的文献较多，就必须深入研究，从中发现前人论证的不足或错误，提出新的论点、论据，得出新的结论。同时，要充分利用科研过程中所得的实验结果与数据，编制成表格或图表以备写作时使用。作者搜集的大量材料，必须经过严格的选择才能成为学术论文写作的素材。素材应选择那些真实的、典型的、新颖的材料，对筛选过的材料还要进行比较分析，提炼其中的精华加以利用。

3. 拟定提纲

材料选好后，就可以开始写作了。在开始写作前拟定好提纲，是撰写出好论文的前提条件。提纲能帮助作者把材料整合成结构严谨的理论体系，使论文的内容与形式统一，材料与观点统一，同时提纲可以帮助作者树立全局观念，做到内容服务于主题。有了一个好的提纲，就能纲举目张，提纲挈领，掌握全篇论文的基本骨架，使论文的结构完整统一；就能分清层次，明确重点，周密地谋篇布局，使总论点和分论点有机地统一起来；也就能够按照各部分的要求决定取舍，安排、组织、利用资料，最大限度地发挥材料的作用。

4. 撰写初稿

提纲只是论文的粗略轮廓，在撰写论文时会随时依据所准备的材料、所要论述论点的需要对提纲作必要的调整或修改。撰写初稿要有全局观念，如何开头、结尾，论点与论据如何展开，各段落的大小标题如何安排，段落之间如何衔接，如何用数字作为序号来表达论文的结构与内容层次，论文中的引文著录要严格按照什么标准等都是需要提前计划的。

5. 修改初稿

修改是撰写学术论文必不可少的重要环节。一篇好的学术论文都是作者长时间准备、搜集资料，不断地修改、调整而成的。修改初稿可以从两方面入手：一是修改篇幅和结构，考查文章内容是否很好地表达了文章的主题思想，论文结构是否合理，段落的安排、顺序、文章层次是否恰当；二是修改字句，要用最准确、精练的语言把文章的主题、论点、论据等表述清楚，做到准确、鲜明生动地表达出论文的主题思想，整篇文章通顺流畅，简明精练。

2.1 明确论文主题

明确论文主题就是选择科学研究的题目，确定研究的方向、范围、对象是论文写作的最基础工作。选题有价值、有意义，适合个人研究能力，就能深入下去甚至形成滚动研究，一步步建立起自己的学术阵营；相反，如果不能明确论文主题或是论文主题的社会价值和现实意义不大，或是不适合个人的研究能力，就很难深入研究下去，甚至出现写作上的倒退，最终不能完成论文的写作，这在论文写作中并不少见。

论文主题的可选范围十分广泛，实用性的、理论性的或者两者相结合的都可以。那么什么样的论文主题是适合自己的？明确论文主题应遵从哪些原则？

2.1.1 价值性原则

学术论文的选题首先要从社会建设的实际出发，选择那些有价值的，能促进科学技术发展，或在生产和建设、人民生活中迫切需要解决的有重大社会效益的课题。这里的价值主要指以下 2 个方面。

1. 有现实意义，有实际或直接应用价值

所谓论文的实际应用价值，是指我们选的题目要具有现实意义，应是与社会生活密切相关、为人们所关心的问题，特别是祖国建设事业中亟待解决的问题。这类问题反映着在一定历史时期内科学技术的重点和热点，是与广大人民群众的利益息息相关的。我们运用自己所学的理论知识对其进行研究，提出自己的见解，探讨解决问题的方法，不仅能使自己所学的书本知识得到一次实际的运用，而且能提高自己分析问题和解决问题的能力。

有现实意义的题目大致有两个来源：一是祖国建设事业中急需回答的重大理论和实践问题，如芯片技术、噪声污染、电子政务、城市污地无害化处理等；二是地区、部门、行业在工作实践中遇到的理论和现实问题，如大吨位桥梁的拆卸、隧道掘进机的寿命、通信信号系统抗干扰技术等。

2. 有理论意义，有科学和学术价值

我们强调的选题的实用价值，并不等于急功近利的实用主义，也绝非提倡选题必须有直接的效益作用。探讨和研究事物发展的客观规律，阐述自己对这些规律的了解与认识，或者是在现实性较强的题目中考虑其理论和认识上的价值，进行理论的分析和综合等，也是极有意义的研究。这类研究称为基础研究，写成的论文侧重于理性探讨，注重从个别上升到一般，从具体上升为抽象，这类研究往往会成为应用研究进一步发展的根基，对社会建设也是极有意义的事。

作家徐迟说："大凡科学成就有这样两种：一种是经济价值明显，可以用多少万，多少亿人民币来精确地计算出价值来的，叫做'有价之宝'；另一种成就是在宏观世界、微观世界、宇宙天体、基本粒子、经济建设、国防科研、自然科学、辩证唯物主义哲学等之中有这种那种作用，其经济价值无从估计，无法估计，没有数字可以计算的，叫做'无价之宝'。"陈景润研究哥德巴赫猜想就是这样的选题，其研究结论被称为"陈氏定理"，这个"陈氏定理"就是"无价之宝"。当然，大学生的一般论文还很难成为如"陈氏定理"那样的"无价之宝"，但在前人的基础上，有一些具有科学理论和学术价值的新见解与新发现，还是非常有必要的，这也是明确论文主题所要着重思考的问题。

2.1.2 创新性原则

明确论文主题时要坚持创新性原则，首先要弄清楚此课题已取得的进展，明确科研的起点；其次要把继承和创新结合起来。科学研究是在前人取得研究成果的基础上进行的，不继承前人的理论观点、思维方法和研究成果，就谈不上创新，也就无先进可言。而科学

研究是在前人尚未问津、没有解决的问题上进行探索，不突破前人的观点、学说和方法，只是重复，就会无所作为。

一篇学术论文成功与否，很大程度上取决于文章是否有新意。在科学与技术的发展处于转折、发现和革命的时期，像 20 世纪之初量子论诞生那种充满重大发现的年代，像 40 年代末至 50 年代初发明晶体管的年代，像 50 年代发现 DNA 双螺旋结构从而开创生物学的激动人心的时期，创新是一种科学发现，它必将开创一个新的学科领域，对人类的认识在哲学的高度上产生深远的影响，对于这些科学革命时期的创新，学术界很容易理解和体会它的含义。但是处于科学技术平稳发展的时期，由一般科技人员撰写的论文，它的创新性究竟是指什么呢？

Nature 与 *Science* 杂志分别对创新进行过说明。*Nature* 认为创新是科研成果新颖，引人注意、出人意料或令人吃惊，而且该项研究在该领域之外具有广泛的意义，无论是报道一项突出的发现，还是某一重要问题的实质性进展的第一手报告，均应使其他领域的科学家感兴趣。*Science* 则认为，创新是指对自然或理论提出新见解，内容激动人心并富有启发性，具有广泛的科学兴趣。而不是对已有研究结论的再次论证。具体而言，就是说在已沉寂的研究领域提出创新思想，在十分活跃的研究领域取得重大进展或者是将原先彼此分离的研究领域融合在一起。我们不难看出，上述要求并不是容易达到的，即使是在这两种刊物上已发表的论文，也并不是都能达到这个要求。我国的《科学通报》《中国科学》和《自然科学进展》这三种全国性综合期刊对创新性的要求是相同的：在基础研究和应用研究方面具有创造性的、高水平和有重要意义的最新研究成果。

2.1.3 可行性原则

学术论文的选题一定要避免盲目性。选题的方向、大小、难易都应与自己的知识积累、分析问题和解决问题的能力以及写作经验相适应，要从个人的主客观实际情况出发，选取真正适合自己研究的课题。要全面考虑主客观条件，确保选题经过努力能够实现。具体讲，应注意三方面的可行性。

第一，科学原理上可行。绝不能违反自然规律和科学原理，这是学术论文最起码的要求，因此选题应有一定的事实根据和科学的理论依据。在确定课题前，应阅读大量文献，了解有关研究题目的历史和现状，吸取别人的实践经验，掌握新发现的规律。

这里应该指出，并非所有"问题"都是可研究的"科学问题"。不了解这一点，就可能会误入研究歧途。首先，并非所有"科研领域的问题"都是"真实问题"，根据其应答域的真实性，科研领域的问题可区分为真实问题和虚假问题两大类。科研人员应根据自己的背景知识研究、分析并判定问题的应答域是否具有真实性。如果是真实问题,可继续保留在选题域内;若是虚假问题,则应将其排除在选题域之外。科研领域中的虚假问题往往具有很大的诱惑性,如"怎样制造永动机"就曾吸引众多科学家研究,结果证明是徒劳的。其次,并非所有"真实问题"都能进行研究。科研中的真实问题,根据对其背景知识和技术手段的把握程度,可进一步区分为能解待解问题、知识性问题和无法解决的问题。例如中世纪提出的"如何将贱金属炼制成贵金属"的问题,便属于无法解决的问题,因为炼金术士们在当时条件下无论如何也不能解决这一问题;又如人力资源管理中绩效考核的定量研究问题,即便这是一个真实问题,但也是一个无法解决的问题,因为其工作性质不可能产生直接成果或最终成果,这就决定了考核工作只适于采用定性的考核技术,如果以此为选题,就走进了一个"死胡同"。多年来国内外的研究状况也表明,绩效考核的定量研究的确没有取得什么进展。因此,在科研领域的真实问题中,能解和待解的问题才是贝尔纳所说的"实质性"的科学问题,才是爱因斯坦所讲的"标志着科学进步"的科学问题,才可纳入选题领域。知识性问题尽管属于科研领域的真实问题,但由于在当时的科学技术条件下已经得到解决,如果再把它作为课题,势必重复前人或他人的研究工作。为了避免这类无效劳动,在选题前要尽可能多地进行文献检索与查新,了解研究前沿动态,避免重复研究。

第二,考虑材料、研究经费、协作人员、实验场所、仪器设备、检测手段等条件上的可行性。不能不顾及条件,就盲目上手。资料是论文写作的基础,没有资料或资料不足就写不成论文,即使勉强写出来,也缺乏说服力。另外,仪器、设备、检测手段等的精良程度也直接关系到研究的水平和深度,所以也是科学研究不可不考虑的因素。

第三,还要充分考虑自己的特长和兴趣。明确自己的论文主题时,要尽可能选择那些能发挥自己的专长,学有所得、学有所感的题材。同时还要考虑到自己的兴趣和爱好,兴趣浓厚,研究的欲望就强烈,内在的动力和写作情绪就高,遇到困难的时候往往能坚持下去,成功的可能性也就越大。

2.2 搜集写作材料

在确定论文的主题后,为选题建立足够的材料支撑就成为论文写作的关键,直接由观察、调查、实验、研究获得的信息,称为直接材料,也称实物性材料;通过书籍、期刊、报纸、计算机网络及特种文献等获取的信息,称为间接材料,也称为书面材料。本节主要介绍如何获取足够的写作材料并对写作材料进行有效整理,这是写出高水平论文的重要基础。

2.2.1 直接材料的搜集

获取直接材料有科学观察、实地调查和科学实验 3 种搜集方法。

1. 科学观察

这是一项有目的、有计划、有步骤的知识活动，是在科学研究中运用观察方法获得关于被观察事物的主观印象的过程。为了研究某一课题，有计划、有选择、能动地对自然条件下所发生的某种特定过程或现象，做系统、细致的考察是完全必要的。观察和实验室的实验不同，它是在自然条件下直接观察所发生的过程或现象，而且是客观的，对自然过程或现象不进行人为的加工和干预。因此，观察要求：①在自然条件下进行；②保持观察的客观性；③持续到底。为了进行有效观察，常常要借助科学仪器来帮助克服感官的局限。科学观察的方法是做好观察记录，所使用的技术手段、环境条件、观测的数据、发现的新现象都应成为记录的重点。

2. 实地调查

实地调查就是置身于研究对象之中的考察，是对研究对象在不施加任何干预的条件下进行的观察活动。它可以用于许多学科，如地质调查、生态环境调查、矿产调查、资源调查、医学临床调查等。通过实地调查，可以获得大量的图片、标本、表格等数据材料和文字材料。调查的常用方法有普遍调查、重点调查、典型调查、抽样调查等。各种调查方法详细介绍如表 2-1 所示。

表 2-1 调查方法介绍

调查方法	调查对象	调查特点
普遍调查	一定调查总体范围内对所有对象进行调查	涉及范围广，要花费大量的人力、物力、财力，除了非常重要的科研项目，一般不采用
重点调查	一定调查总体范围内选取重点样本为对象进行调查	对重点样本的调查，能够对总体有个基本的了解。因为重点样本虽然不多，但调查的标志却在数量上占整个调查总体的绝大比重
典型调查	一定调查总体范围内选择有代表性的典型样本为对象进行调查	这种方法虽然只能了解总体的一般情况，很难得到总体的精确资料，但通过深入细致地调查一个或几个样本，对于了解总体是有一定作用的
抽样调查	一定调查总体范围里抽取部分样本作为调查对象进行调查	抽样调查所依据的原理是概率论和数理统计。这种方法准确程度比较高，是用来推算整体的最完善、最有科学根据的方法

调查方式可以根据具体情况，采取各种各样的方式，如开会、访问、问卷等。采取何种方式进行调查，要根据调查的内容、对象、时间、条件等来决定。

3. 科学实验

这是通过实验工具人为控制或干预研究对象，使某一事件或现象在有利于观察的条件下发生或重复，从而获得科学事实的一种研究方法。它是在观察方法的基础上发展而来的，是观察方法的延伸和扩充。科学实验在自然科学领域中应用很广泛。在科学研究中，实验方法能克服主观条件的限制，获得感性知识，取得实践经验，上升到理性认识，检验和发展科学理论。它是进行科学研究搜集资料不可缺少的手段。

实验的作用就是能使研究对象的某种属性或联系以简单的状态表现出来，能强化研究对象，使其处于极端状态，有利于揭示新的特殊规律，并且经济可靠，能以较小的代价取得较大的成果。

2.2.2 间接材料的搜集

间接材料的搜集就是通常所说的文献检索。文献检索就是根据课题的要求利用检索工具，按照一定的方法和步骤把符合需求的文献查找出来的过程。无论是在科研课题的立题之前，还是在研究过程中，甚至试验完成后的学术论文写作都离不开文献检索。文献检索是科技工作中不可缺少的重要环节，也是关系到学术论文写作成功与否的重要条件。经过对文献信息的筛选与分析，科技工作者才有可能将学术论文的主题恰当地表述出来，这既体现了学术论文的发表价值，又保证了学术论文的科学性和创新性。

1. 文献检索的原则

在科技文献搜集与选择中，有3个原则可供参考：①针对性原则，要紧紧围绕学术论文选题，尽力搜集那些最新、最重要、最典型的科技文献资料；②计划性原则，作者应事先做出周密计划，逐步深化，逐步扩展，提高效率；③积累性原则，这就要求作者注意平时不断积累，以保持资料系统性、连贯性和完整性。

2. 文献检索的步骤

文献检索一般分为5大步骤（见图2-1），即分析研究课题、选择检索工具、确定检索方法、查找文献线索、索取原始文献。

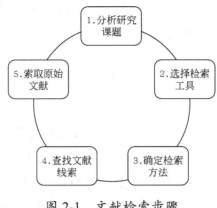

图 2-1 文献检索步骤

1）分析研究课题。分析研究课题是文献检索最关键的一步。在文献检索前，首先要了解该课题的性质、学科专业范围、所需的文献类型、要求的文种、年代的限定、课题的关键词等。要对检索课题认真分析，明确检索的目的和具体要求，以便使检索提问符合检索工作的要求，做到检索与提问一致，避免盲目检索。在分析课题的基础上，还要辨明检索课题的类型，是查文献，查事实，还是查数据，以及要求查找文献信息的时间范围、学科范围等，以求对文献检索有个总的认识。

2）选择检索工具。选择哪些检索工具进行查找，这直接关系到检索效率。当检索课题明确以后，就要选择与课题相符、质量较高、检索手段比较完善的检索工具。这就要求作者了解该领域有哪些适用的工具，其出版时间和所概括的范围能否包括所要检索的问题，其质量和权威性如何，是否具备多种检索途径等，以便考虑选用哪种检索工具最合适。

一般对检索工具的要求是：收录文献资料的专业广、类型齐全、数量大、报道速度快、文摘详细并附有各种索引。要注意专业对口，文献类型对口，语种熟悉。在检索时，既要选择专业性检索工具，也要考虑使用综合性检索工具，以获得满意的查全率。

3）确定检索途径。检索途径的选择，取决于检索课题的要求和已掌握的情况。如果课题检索的泛指性较强，即所需文献的范围较广，则选用分类途径较好，检索方法可以选用顺查法，以全面了解课题的研究背景、发展及现状；反之，若课题检索的专指性较强，即所需资料比较专深，则选用主题途径为好，检索方法可选用倒查法和抽查法，以获得该课题的最新文献信息。检索途径和方法选择不当，将造成误检和漏检，从而影响检索效果。

4）查找文献线索。文献线索是指除文献全文外的一切线索。如文献目录、题录、文摘、索引等。具体文献线索的查找方法本书后续章节有详细介绍。

5）索取原始文献。如果文献为非电子文献，要根据检索所得的题录或文摘，查找到原始文献的作者、所在期刊及收藏单位，然后利用馆藏目录或其他各种目录，在馆藏中查找原文或向其他收藏单位索取原文或复印件，也可通过查得的作者联系地址或作者单位向作者本人索取。至此，一次信息检索的过程结束。

2.2.3 材料整理

1. 材料的阅读

对已搜集到的文献材料，特别是文字材料，首先要根据学术论文写作的需要有计划、有目的地认真阅读，力求掌握其内容的精华。阅读的方法可分为略读、选读、研读3种。

略读也称翻阅、浏览。它的特点是只求了解材料的梗概。在对到手的材料不知底细的情况下，一般都必须经过这一步骤。通过略读，一方面可了解材料全貌，确定有什么参考价值；另一方面可分清材料的主次、轻重，以便有计划、有成效地阅读材料。

选读就是有选择地阅读。选读的方法是根据文献题名、摘要和目录等信息，确定阅读的主次顺序，主要的先读，次要的后读，或只选取文献中有用的部分阅读。有的文献或文献中的部分内容如果与所掌握的文献重复或无创新内容的，可放弃不读。

研读就是对重要文献的全文或文献的部分章节进行仔细阅读，从研究的角度充分地理解内容，并从中获取自己可用的材料，对一些重要的数据、结论可加以摘录，必要时应予以记忆。研读要求对文献内容理解、吃透。为此，对一时未能读懂，没能充分理解的材料，要反复阅读，并辅以其他方法，直至把文献中包含的意思挖掘出来，完全理解。

阅读材料，要讲究科学性。最好是先读中文材料，后读外文材料；先读综述性材料，后读专题性材料；先读近期材料，后读过期的材料；先读文摘，后读全文；先略读，后研读。

2. 材料的选择

1）真实。作为表现主题的材料必须真实。在一篇学术论文里，只要有一个材料不真实，就会引起人们的怀疑。要确保材料的真实性，除了必须树立严肃认真的科学态度和实事求是的良好作风外，还必须注意以下几点：首先对直接材料要反复核实，不要偏听偏信，不要凭想象推测，不要把可能当现实。要亲自调查研究，获取信息。在科学实验中，操作要正确，观察要仔细，记录要准确；其次对间接材料，其来源要可靠，从多个方面进行考证，防止出现以讹传讹；最后要注意认清"真实"材料的实质，不能以偏概全。局部真实的材料，从全局看并不一定具有普遍性。例如，当我们要调查某地出租车行业的发展情况，我们可以轻易地在网页上找到出租车行业相关信息，但是这些轻易获取到的信息真实性往往不高，要确保网页材料的真实性，需要查询当地的统计局网站上公布的信息以及查阅统计年鉴来验证。

2）典型。选材要选那些最能说明事物本质、特点，具有代表性的典型材料。典型材料能把道理具体化，把过程形象化，有较强的说服力。要使材料具有典型性，就要深入挖掘，认真比较，精心选择。对于在典型程度上难分高低的材料，要结合学术论文的主题，选用那些最有新意的材料，舍弃意义雷同的材料。写学术论文时，不可能也没必要把所有称得上典型的材料都写进去。例如，在研究共享经济时会发现很多案例材料可供选择，如共享单车、共享充电宝、共享汽车等，这时候选择材料就该选共享单车案例材料，因为共享单车的规模最大最典型，更能代表共享经济行业的发展。

3）新颖。这里的新颖包括两方面的含义：一方面是指前所未有，近期才出现的新事物、新理论、新发现、新方向；另一方面是指某种事物虽早已存在，但人们尚未发现其价值。因此，新颖性不仅对材料产生的时间有所要求，更重要的是要从普遍常见的材料中发掘别人尚未发现利用的东西。没有新颖的材料，就难有新颖的论文。材料是否新颖，还与看问题的角度有关。角度就是事物的一个侧面，一个事物有多个侧面，可从各个不同的侧面去观察、论证。从不同的角度观察和分析问题，就可能给人耳目一新的感觉。

总之，选择材料时，在充分的材料中，要选真实的；在真实的材料中，要选典型的；在典型的材料中，要选新颖的。

2.3 拟定写作提纲

2.3.1 拟定提纲的意义

在论文的写作过程中，一般都要编写提纲。从写作程序上讲，它是作者动笔行文前的必要准备；从提纲本身来讲，它是作者构思谋篇的具体体现。所谓构思谋篇，就是组织设计论文的篇章结构。因为论文的写作不像写一首短诗、一篇散文那样随感而发，信手拈来，用一则材料、几段短语就表达一种思想、一种感情，而是要用大量的资料，较多的层次，严密的推理从各个方面来阐述理由、论证自己的观点。因此，构思谋篇就显得非常重要，就必须编制写作提纲，以便有条理地安排材料、展开论证。有了一个好的提纲，就能纲举目张，提纲挈领，掌握全篇论文的基本框架，使论文的结构完整统一；就能分清层次，明确重点，周密地谋篇布局，使总论点和分论点有机地统一起来；也就能够按照各部分的要求安排、组织、利用资料，决定取舍，最大限度地发挥资料的作用。

有些人喜欢直接写初稿，不大愿意写提纲。如果不是在头脑中已把全文的提纲想好，心中对于全文的论点、论据和论证步骤清晰明了，那么编写一个提纲是十分必要且大有好处的，其好处至少有以下三个方面。

第一，可以体现作者的总体思路。提纲是由序码和文字组成的一种逻辑图表，是帮助作者考虑文章全篇逻辑构成的写作设计图。其优点在于能使作者易于掌握论文结构的全局，层次清楚，重点明确，简明扼要，一目了然。

第二，有利于论文前后呼应。提纲可以帮助我们树立全局观念，从整体出发，在检验每一个部分所占的位置、所起的作用，相互间是否有逻辑联系，每部分所占的篇幅与其在全局中的地位和作用是否相称，各个部分之间的比例是否恰当和谐，每一字、每一句、每一段、每一部分是否都为全局所需要，是否都丝丝入扣、相互配合，是否能为展开论题服务等方面有重要的作用。经过这样的考虑和编写，论文的结构才能统一而完整。

第三，有利于及时调整，避免大返工。在论文的研究和写作过程中，作者的思维活动是非常活跃的，一些从表面看来不起眼、不相关的材料，经过熟悉和深思，常常会产生新的联想或新的观点，如果不认真编写提纲，动起笔来就会被这种现象干扰，不得不停下笔来重新思考，甚至推翻已写的从头来过。这样，不仅增加了工作量，也会极大地影响写作情绪。论文提纲犹如工程的蓝图，只要动笔前多花点时间和力气将其考虑得周到严谨，搞得扎实一些，就能形成一个层次清楚、逻辑严密的论文框架，从而避免许多不必要的返工。

2.3.2 提纲的类型

常见的提纲类型有标题型、简介型和混合型3种（见表2-2）。究竟采用哪种形式，要看作者对哪一种更得心应手。但是无论哪种提纲都应体现出学术论文的结构合理、完整，没有任何逻辑上的漏洞。

表2-2 提纲的类型介绍

提纲类型	提纲介绍
标题型	把各节段标题搜集起来提炼精选出一系列名词或短语，按不同层次以合乎逻辑的顺序排列就形成标题型的提纲
简介型	把标题型提纲中的每一标题的要求加以说明展开，写成一系列句子，就形成简介型提纲。这种提纲易使人了解，其中每一个句子的初稿就是每一段的基础
混合型	在简介提纲的每一个句子后面，又列上许多层次标题，就形成混合型提纲。其中所列层次标题也都包括在初稿内由句子展开的段落中

2.3.3 提纲的拟定

如何拟定论文提纲呢？首先要把握拟定毕业论文提纲的原则，为此要掌握以下4个方面。

1. 要有全局观念。从整体出发检查每一部分在论文中所占的地位和作用，看看各部分的比例分配是否恰当，篇幅的长短是否合适，每一部分能否为中心论点服务。比如有一篇论文论述企业深化改革与稳定是辩证统一的，作者以某企业为例，说只要干部在改革中以身作则，与职工同甘共苦，就可以取得多数职工的理解。从全局观念分析，我们就可以发现这里只讲了企业如何改革才能稳定，并没有论述通过深化改革，转换企业经营机制，提高了企业经济效益，职工收入增加，最终达到社会稳定这一方面。

2. 从中心论点出发，决定材料的取舍，与主题无关或关系不大的材料要果断舍弃。有所失，才能有所得。一块毛料寸寸宝贵，舍不得剪裁，也就缝制不成合身的衣服，为了成衣，必须剪裁不需要的部分。所以，我们必须时刻牢记材料只是为形成自己论文的论点服务的，不符合这一点，无论多好的材料都必须舍得抛弃。

3. 要考虑各部分之间的逻辑关系。初学撰写论文的人常犯的毛病是论点和论据没有必然联系，有的只限于反复阐述论点，而缺乏切实有力的论据；有的材料一大堆，论点不明确；有的各部分之间没有形成有机的逻辑关系，这样的毕业论文都是不合乎要求的，是没有说服力的。为了有说服力，必须有虚有实，有论点有例证，理论和实际相结合，论证过程有严密的逻辑性，拟提纲时特别要注意这一点，检查这一点。提纲建立格式大致如下所示。

论文题目
（一）研究的背景
（二）研究的目的和意义
（三）研究的内容和方法
……
一、理论综述（或文献综述）
（一）……
（二）……
……
二、现状描述（可以考虑从特点、表现、模式、实施方法方面写）
（一）……
（二）……
……
三、存在的问题
（一）……
（二）……
……
四、案例（成功经验或失败教训，也可以是现行的先进方法）
（一）……

（二）……
　　　　……
　五、对策建议
　　（一）……
　　（二）……
　　　　……
　六、研究结论
　　（一）……
　　（二）……
　　　　……
　参考文献

2.4 撰写论文初稿

众所周知，学术论文的写作是科技工作者进行科学技术研究与交流的重要手段，一篇优秀的学术论文可以推动学术交流乃至科学事业的发展，论文初稿的撰写是其中的重中之重。在校师生是科技工作者的重要群体，他们在日常的教学研究活动中积攒了大量的科研成果与案例，把这些科研成果转化为学术论文并在学术期刊平台进行交流与传播也是他们的一项重要工作，但在如何做好研究成果向学术论文的转化与表达方面却往往不得要领。

2.4.1 写作要点

初稿是论文的一个写作思路，这一环节主要是依据已列出的论文提纲，初步细化论文的写作方向，在没有最终完稿之前都可以进行反复修改、完善和补充，比如补充数据、完善论据等。虽然初稿不是最终的论文，但是它已经具备论文的一些基本要素，核心思想已经表达出来了，再用心修改一下就是一篇正式论文。初稿必须做到有一条中心线贯穿始终，逻辑清晰，层次分明。如果论文不长，最好在短时间内一次完成，以免断断续续打断思路。论文的结构布局应力求统一完整，不要因为是初稿就随便应付，写好初稿能有效减少后期论文修改的工作量。

有一部分人在写作时可能会发现原提纲中某些不足或不妥之处，有时对学术论文的某些观点有了新的认识，需要对学术论文提纲作某些补充、调整或修改，但在一般情况下，应尽可能遵循提纲，按提纲的编排完成初稿。同时初稿要尽可能将需要写的内容充分、全面地表述出来。这样，可以在定稿时有修改、压缩的余地。若初稿过于简单、粗略、概括，修改时就没有下手的余地。

2.4.2 内容格式

传统学术论文的写作遵循 IMRD 格式，即一篇论文的主干分为四大部分，分别为 Introduction（引言）、Methods（实验方法或研究方法）、Results（实验结果或研究结果）和 Discussion（讨论）。下面就初稿涉及的各个方面详细进行说明。

1. 论文引言

引言是论文引人入胜之言，一段好的论文引言常能使读者明白研究工作的发展历程和在这一研究方向中的位置，其主要任务是向读者勾勒出全文的基本内容和轮廓。它可以包括以下五项内容中的全部或其中几项：①介绍某研究领域的背景、意义、发展状况、目前的水平等；②对相关领域的文献进行回顾和综述，包括前人的研究成果，已经解决的问题，并适当加以评价或比较；③指出前人尚未解决的问题，留下的技术空白，也可以提出新问题或是解决这些新问题的新方法、新思路，从而引出自己研究课题的动机与意义；④说明自己研究课题的目的；⑤概括论文的主要内容，或勾勒其大体轮廓。

比较简短的论文，引言也可以相对比较简短。为了缩短篇幅，可以用几句话简单介绍一下某研究领域的重要性、意义或需要解决的问题等，接着对文献进行回顾，然后介绍自己的研究动机、目的和主要内容。至于研究方法、研究结果及论文的组成部分则可以完全省略。

2. 论文材料和方法

按规定如实写出实验对象、器材、动物和试剂及其规格，写出实验方法、指标、判断标准等，以及实验设计、分组、统计方法等。这些按杂志对论文投稿规定写即可。

3. 论文实验结果

实验结果应高度归纳，精心分析，合乎逻辑地铺叙。应该去粗取精，去伪存真，但不能因不符合自己的意图而主观取舍，更不能弄虚作假。只有在技术不熟练或仪器不稳定时期所得的数据、在技术故障或操作错误时所得的数据和不符合实验条件时所得的数据才能废弃不用。而且必须在发现问题当时就在原始记录上注明原因，不能在总结处理时因不合常态而任意剔除。废弃这类数据时应将在同样条件下、同一时期的实验数据一并废弃，不能只废弃不合己意者。实验结果的整理应紧扣主题，删繁就简，有些数据不一定适合这一篇论文，可留作他用，不要硬拼凑到一篇论文中。论文行文应尽量采用专业术语，能用表的不要用图，可以不用图表的最好不要用图表，以免多占篇幅，增加排版困难，文、表、图互不重复。实验中的偶然现象和意外变故等特殊情况应作必要交代，不要随意丢弃。

4. 论文讨论

论文的结果讨论是论文中比较重要，也是比较难写的一部分。作者应统观全局，抓住主要的有争议问题，从感性认识提高到理性认识进行论说。撰写学术论文的讨论部分一般遵循"金字塔"结构——从对具体的研究结果的讨论，拓展到更加宽广的东西（即由小到大）。作者要做四件事：第一，根据实验结果，总结出需要强调的要点；第二，把实验结果和文献中的实验结果进行比较；第三，提及这个研究工作的"言外之意"和潜在应用；第四，指出本文的局限性，表明后续研究的可能性。

2.5 修改论文初稿

修改是对学术论文初稿内容不断加深认识，对学术论文表达形式不断优化选择，直到定稿的过程，它是学术论文写作过程中不可或缺的重要步骤，是提高学术论文质量极为有效的环节。反复修改是写作的一般规律，对学术论文的每一次修改，都是对论文思想进行一次再研究、再认识、再创造和再完善的过程。只有经过反复琢磨锤炼，多次修订改正，精益求精，才会使学术论文从内容到形式日臻完美。

2.5.1 内容修改

1. 题名

标题应简明、具体、确切，概括文章的要旨，符合编制题录、索引和检索的有关原则，并有助于选择关键词。

2. 摘要

论文内容的简要陈述，是一篇具有独立性和完整性的短文，一般以第三人称语气写成，不加评论和补充的解释。按照研究的目的、方法、结果和结论四个要素补充修改中英文摘要，英文摘要按照补充后的中文摘要认真核对修改。

3. 关键词

为便于检索，论文一般需列 3~8 个关键词，主要从《主题词注释字顺表》中选出，或从《汉语主题词表》中选出。主要关键词一般包含在题目、摘要、子标题、正文里。正确选取并核对无误，中英文关键词应完全一致。

4. 引言

参阅近年已发表的相关论文，特别是作者曾发表在拟/已投稿期刊的相关论文，补充修改引言，简要综述国内外研究现状，交代该文的研究背景，分析前人研究的优缺点以及与本研究的关系。

5. 材料与方法

若文章的材料与方法交代不清楚，应补充详细，交代方法步骤和使用材料的规格，使实验具有可重复性。

6. 结果与分析

在统计图表上出现过的事实，没有必要再用文字重复叙述，只要指出这些数字所说明的问题即可。结论是对研究所搜集的事实材料的客观归纳，应以事实和数字为主，文字叙述简洁明了，结论明晰准确。切忌以偏概全，夸夸其谈，任意引申发挥，妄下结论。

7. 结论

论文的结论部分需要如实概括文章的研究成果。表述应该精炼，最好分条陈述，条理清楚。讨论应该置于"结果与讨论"中。

8. 作者简介与作者单位

参阅期刊论文格式，补充作者简介，包括学历、职称、专业方向、详细通信地址、联系电话、电子邮件等。

9. 正文中的公式

文章中公式、字母、变量，需要逐一说明所代表的量的名称及其国际单位，上下角标等需仔细核对，清晰标出，确保无误。

10. 文章中的插图和表格

文内插图应尽可能使用计算机绘图，图中数字、文字、符号、图注一律标注清楚，坐标图需标明坐标量的名称及其单位，照片图需标明图的上下方向及序号。

总之，在学术论文内容中应注重用词的准确，避免口语化，语言表达力求自然流畅，逻辑性强，格式排版清晰正确，符合相关行文规定。由于各部分修改关注点均有所不同，此处仅作简要描述，具体撰写方法和技巧详见第 4 章。

2.5.2 细节修改

1. 政治问题

当学术论文有涉及港澳台的内容时，要注意表述，不要引起歧义。同时，论文内容在涉及国家主权、民族问题、宗教问题、历史问题时，需要根据官方描述，不能擅自变动，避免引起不必要的麻烦。此外，涉密问题也需要引起足够重视。学术论文中比较容易涉及科学技术的保密问题，在向社会公开报道其科研成果的同时，要注意严格保守国家政治、科技和经济秘密。修改学术论文时,一定要严格按照《科学技术保密规定》等的要求,严格审查学术论文的保密性。

学术论文中不能引用秘密资料和内部文件,不能发表尚未公示的国家和地区计划。不能公开的地名、人名,要用代号来代替。引用全国性的统计数字应以《人民日报》和国家统计局正式公布的为准。包括但不限于未经公布的我国特有的资源和尚未公开的传统工艺,国外还没有的新发明、重大科技成果和技术关键,各项专利,与国防和国家安全有关或者涉及国家重大经济利益的项目等都属于保密的范围,应谨慎对待,小心处理。

2. 逻辑问题

修改逻辑结构,应主要抓好以下3个方面。

1) 层次是否清楚,思路是否通畅

一般可以先从大小标题之间的关系来看文章的思路和层次。如果论文不设小标题,则必须从内容去判断。例如,文章在内容上是否符合"提出问题,分析问题,解决问题"的逻辑关系;全文的布局、层次和段落的安排是否有条理;层次的脉络是否分明、顺畅;各段的分论点是否明确、协调;对杂乱无章的阐述要梳理通顺;删去重复和矛盾的地方,补上缺少的部分,达到全文意思上连贯通畅。这也涉及材料的使用,对于那些多余的不能为文章提供清晰层次和思路的内容,要彻底删除。

2) 结构是否完整

论文要有一个完整的结构。一篇论文要有绪论、本论、结论三大部分,协调一致,即要有引人入胜的开头,有材料分析的论证,有鲜明有力的结尾。同时还要审视各个部分的主次、详略是否得当。对于缺少的某个部分要及时地予以补充,并合理地安排各部分的内容。

3) 结构是否严密

一篇论文的论点与论据,大论点与小论点之间要有严密的逻辑性。如果论文结构松散,要加以紧缩,删去那些添枝加叶、离题太远或无关紧要的句段。为使结构严谨和谐,对全文各部分的过渡和照应、结构的衔接、语气的连贯等方面,也要认真地考虑和修改。

3. 语法问题

论文中的基本错误大致有英语语法错误、词汇拼写错误、标点符号错误等。这些错误在所有错误中是最低级的,然而也是最常见的。但是在修改中处理这些错误却并不简单。因为这些基本错误分布广且分散,如果一字一句地去检查,时间和精力就会比较分散,并且有可能出现疏漏。这时建议大家可以使用一些专门的电脑软件去检查。这些软件的原理很简单,就像计算机的编程软件自带的纠错系统一样,能自动检查出拼写错误、语法错误和标点符号错误，错误的部分会用红色或者黄色等显眼的颜色标出。

4. 语言标点

标点符号是文章的有机组成部分，用得恰当，能够准确地表达内容；反之，就会影响内容的表达，甚至产生歧义。要使论文写得准确、简洁、生动，就必须在标点符号的运用上反复推敲修改。检查标点符号，主要是看标点符号的用法是否正确，以及调整点错位置的标点符号。修改时，要按约定俗成的用法，严格按规定的格式进行书写。

2.5.3 修改建议

1. 热改法与冷改法轮替

热改法，即在论文初稿完成后，趁热打铁，立即进行润色修改。但由于作者此时正处于写作的兴奋状态，对需要删改的部分不易看出，很难割爱。但是，热改是有必要的，论文初成，印象鲜明，改动应当及时。

初稿完成后，放上一段时间再修改称为冷改法。头脑过了写作兴奋期，逐渐变得冷静，之前的偏爱和固执己见也淡薄了，重读初稿，就容易摆脱原来固定思路的束缚。在这之前作者可以再度阅读有关资料和思索有关问题，更新自己的感受与认识，那么，再去读初稿就容易发现不妥当、不完善之处，通过增删，完善论文。

2. 与人交流分析

论文的初稿完成后，虚心请教他人帮助修改，是一种较好的方法。一个人写论文，难免考虑不够周详，论文完成后请别人来浏览，听取别人有价值的建议，有针对性地对内容和思路进行修改，通篇把握分析，从而使论文达到比较理想的水平。

3. 养成修改论文的良好习惯

论文修改是一个多次反复论证的过程，一般都是在原稿上进行操作，这就要求作者尽量保持版面整洁，修改什么内容，如何去修改，在书面上必须有清楚的表现。这时候，正确使用修改符号就显得尤为重要。

第 3 章 学术论文的结构及撰写技巧

3.1 概述

"在心为志，发言为诗"。很多初入学术界的研究者，或者是开始着手论文写作的本科生和研究生，心中虽然有了明确的方向，却往往苦于如何撰写一篇出色的学术论文，不善于正确地表达自我观点及研究成果，无法创作出行云流水的佳作。撰写学术论文初期，确定合理的结构是重要的奠基工作，对学术论文书写的规范性和科学性具有指导性的作用。因此，本章将介绍学术论文常见的一般结构及撰写技巧。当然，学术论文的创作就好比竹子的生长过程，如果仅限于对论文结构的了解，最终也只能是一棵萧疏的"空心竹"。所以，撰写学术论文的作者们还需要在把握合理结构的基础上，充实学术论文的内容。

规范的学术论文结构，一般包括前置部分、主体部分、附录部分和结尾部分，如图 3-1 所示。在一般的毕业论文、学位论文中，包含其中的所有项，有着较为科学、规范化的要求，我们称之为学术论文的规范性形式，其中前置部分包括封面、题名、作者署名及单位、摘要、关键词、中图分类号、其他等，主体部分包括引言、正文、结论、致谢、参考文献等，附录部分根据学科和专业要求的不同而不同，结尾部分主要包括索引、封底等，图中标注的"必要时"表示学术论文写作中的可选项。学术论文的规范形式必须由这些部分及其相应内容构成。当然，这是针对毕业论文、学位论文而言的，特别是硕士论文和博士论文，本章针对的重点是对于一般的学术论文，其内容比较单一集中、篇幅较小、阐述层次简单清晰，普遍情况下，不需要包含规范形式中的全部内容，因此学术论文构成部分会比学位论文少，一般需要由如图 3-2 所示的几项构成，本章将对一般学术论文结构做重点介绍。

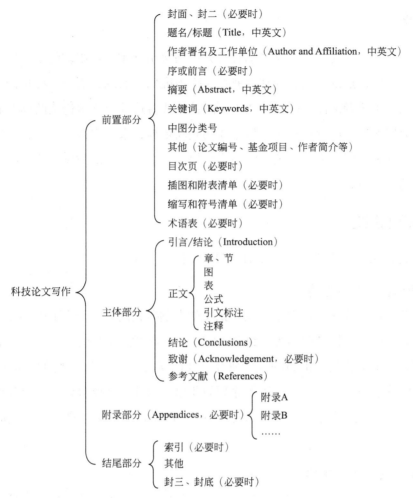

图 3-1　学术论文规范形式结构及组成（参照 GB 7713—87）

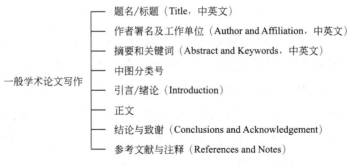

图 3-2　一般学术论文写作结构

3.2 标题

标题即题名，立竿见影的论文题名往往是一块吸引评审人员眼球的敲门砖，它具有牵动全文主旨的作用，是论文内容的高度概括，应该准确、简练、清晰地反映论文的研究范围和深度，以便于读者选读，同时也便于文献检索或者追踪。学术论文的读者们在浏览常用学术论文数据库时，标题往往作为最主要的判断依据，来决定该论文是否有进一步阅读的必要，因此题名需要作为一篇论文的缩影和提示，引人入胜地激发出读者的兴趣，以提高论文本身的影响力。

3.2.1 标题的拟定

概括而言，论文标题拟定时要提纲挈领，遵循以下要点。

1. 用词切合，题有新意

标题即作者给论文选定的名字，它是论文的专题研究内容、研究范围和深度的鲜明精炼的概括，以最恰当和最简明的逻辑组合为宜，要求题意直接易懂，题目能直截了当地体现文章的宗旨，能够把研究的目的或所研究主要因素之间的关系恰当而生动地表达出来，以激发读者阅读这篇论文的兴趣，留下深刻的印象。因此，文要合题，题要独创。标题要避免使用笼统、空洞、冗长、模糊不清、夸张、华而不实以及与同类论文相似或照搬的字眼。

2. 文字凝练，涵义精确

一篇论文的标题，要文字凝练，涵义精确，能够把全篇的内容、研究的核心对象、研究目的或是所研究的若干因素之间的关系，准确而生动地表达出来。措辞既不可太空乏，又不可太琐碎，要充分考虑如何引起读者的注意，但又不能过于夸张。

标题虽以凝练为宜，但意义明确更重要。因此，在必要时可以多用几个字，同时，要考虑到标题作为索引时可能用到的重要专业词汇也要包括进去，把重要的字尽可能靠前写。

在标题里应该采用什么逻辑组合、用哪些重要的词汇，作者可以设身处地地设想一下：假如要在众多的文献索引数据库中查阅与自己这项工作有关的论文，应该在哪几类分类标题下进一步查阅。考虑到这一情况，就会有助于预先决定在标题里采用什么逻辑组合，用哪些重要的词汇，以及哪个名词应该尽可能写在较为明显的位置。一篇论文的标题要经过反复推敲后才能确定下来，做到言简意赅，以经得住审稿人、专家或导师的审核。

作者一般先拟定试用标题，待论文写成后再重新考虑标题或从备选标题中确定最合适的一个。因此，不妨提前设想几个标题，写作结尾时根据论文中心内容加以细心比较，择优选用。如果标题不能完全切题时，可以增加副标题，这有助于提高标题的准确度，当然，副标题会大大增加标题的总字数，学术论文在习惯上多不采用。尤其注意标题要居中书写，标题较长时，可适当分两行，上行题字要长于下行题字，在恰当处回行。

标题的长短可以按照不同论文的内容而定，但标题也有一定的字数限制，例如，中文期刊要求标题一般以不超过 20 个字为宜。美国、英国出版的科技期刊，要求论文标题不超过 12 个词或 100 个书写符号（包括间隔在内）。而刚接触学术论文写作的学者，试图从标题中反映出全部文章的内容，有的长达数十字，过于冗杂，这是切记要避免的问题，因此，标题势必要简短凝练，且不允许用缩写词，也不能用所从事研究的学科或分支学科的科目作题目。另外，标题中尽量不出现标点符号。

在拟定论文题名时，有经验的作者还会注意二次文献编制题录、索引、关键词，为检索提供方便。同时，还会在论文译成英文时把怎样保持中、英文的对照，通顺和准确等因素考虑进去，十分周到。

3. 层次分明，结构规范

有的论文的标题可能由多个部分组成。首行是总标题，它是表明论文中心主题的句子，一般来说，论文的标题可作为论点；第二行是副标题，即对总标题的内容进一步说明或补充，一般在总标题不能完全表达论文主题时采用，以补充论文下层次内容，尤其在分篇连载或报道分阶段的研究结果时，可取相同的上层主标题，用不同的副标题区别篇与篇之间的内容差异。

主、副标题用破折号区分。主标题和副标题，往往是一虚一实，相互补充。主标题重在提示意蕴，副标题重在概括事实，虚实相得益彰，耐人寻味。

常见的学术论文多层标题示例，如图 3-3 所示。

国际应急管理领域热点与前沿研究
—— 基于 citespace 的知识图谱分析

天津医科大学公共卫生学院　张雅欣　杜沥　陈欣
天津医科大学朱宪彝纪念医院　宋振强

网上农产品交易平台的定价策略研究
—— 基于双边市场理论

陈灿平

图 3-3　学术论文多层标题示例

3.2.2 拟定标题的注意事项

在拟定标题时,应注意以下几点,引以为戒。

1. 切忌大题小做

在制定科技学术论文的标题时,要极力避免泛指性的概念,即不要大题小做。标题要尽量使用专指性较强的词汇,尽可能提示出所写的具体内容,便于读者在查阅目录索引时决定取舍和是否研读全文,并根据标题大致判断出论文的基本内容。如果写得像文艺作品的标题那样抽象,就会使读者在决定取舍时不得要领,颇费思考,或是从检索到花时间阅读后又非所需,浪费了读者的时间。例如,有一篇论文的标题是《论工业互联网》,而论文的具体内容只是介绍工业互联网的发展概述与未来展望。因为"工业互联网"这个概念涉及的行业面很广,相关概念、知识、理论、技术、应用场景、创新性等都是不容忽略的方面,倘若泛泛而谈,不足以以小见大。

2. 不能随意拔高

作者在撰写论文过程中,一定要对自己的内容水平有清晰的认识,"人贵在有自知之明"。翻开一些普通的学术性期刊,常常会见到一些论文的标题:《……机理的研究》《……的规律(或模型)》《……理论》等,但通读全文,并非是作者自身研究所得出的"机理""规律"或者"模型"。这就是对自身研究成果的高估,这是学者在研究过程中要注意的,要谦逊地进行学术论文的撰写,对自己的论文研究水平保持理性。还有的作者在研究过程中,当发现与前人结果略有不同的实验现象时,便在撰稿时夸大上升到"规律""机理"……这些做法都不能准确地表述学术论文的原意。

3. 写作尽量通俗,避免使用特殊专业术语

随着新时代科技的发展,学术界各个学科发展更加细致、专业,每个学科的分工越来越明确,尽管各专业间的交叉、融合很多,但学科自身的专业性日趋精深,产生了许多专业性的术语、符号、代号、表达式等特殊用法。在拟写学术论文的标题时,还应注意尽量避免使用不常见的符号和特殊术语,以免妨碍读者的理解。例如,有一篇论文的标题是:《多元体系 Me(OAc)$_3$- Cu$_{11}$ Hu$_{12}$(Antipyrine)- H$_2$O 的研究》,这篇论文使用化学分子式来作标题,写得冗长、烦琐,让其他专业的读者来看,就很难一目了然。

3.3 作者署名和单位

作者署名即在学术论文上表明作者身份,署名者拥有论文著作权,并行使相应的权利,承担相应的义务,对该篇论文的一切成果负责,署名可以是单人的,也可以是多人或者团体署名。作者单位即作者在署名的同时，提供署名者的单位及地址，在提供单位地址时也要依照相应的格式。

3.3.1 署名的意义

1. 署名是作者对论文拥有著作权的一个声明。《中华人民共和国著作权法》规定："著作权属于作者，著作权也称版权（Copyright），包括发表权、署名权、修改权、保护作品完整权和使用权等。未经著作权人授权，其他任何人不得占有、控制和使用其作品。"拥有著作权的人，可以与出版者订立合同，转让或收回著作权。在论文（或其他著作物）上署名，就是宣布拥有著作权的一个声明。一般期刊社在"作者须知"的有关条目中说明著作权（或版权）的归属、转让等事项，作者向其投稿，即表明接受期刊社的约定，期刊社一般要求作者填写"版权转让书"。

2. 署名即文责自负的承诺。所谓文责自负，是指论文一经发表，署名人应对论文负责，要履行好相关法律、科学、道义上的责任和义务。如果论文存在抄袭、剽窃或损害国家利益等学术不当行为，或者在科学上有严重错误并导致严重后果，或者被指控有其他不道德的和不科学的问题，署名者理应担负全部责任。

3. 署名能够便于读者联系作者。在阅读完论文后，若读者想请教、咨询、质疑，或者与作者交换意见，则可以通过作者的署名信息直接与作者联系。

4. 署名能够便于检索。作者的姓名是重要的检索信息，也是相关数据库重要的统计源之一。

3.3.2 署名的原则

署名最基本的原则是具有突出创造性工作者优先，尊重客观事实、实事求是。尤其是当多名作者署名时，一般按各人对论文中研究工作的贡献大小依次排列。美国《内科学纪事》一书中提出作者署名的5个条件：其一，必须参与了本项研究的设计和开创工作，如在后期参与工作，必须赞同前期的研究和设计；其二，必须参加了论文中的某项观察和获取数据的工作；其三，必须参与了实验工作、观察所见或对取得的数据做解释，并从中导出论文的结论；其四，必须参与论文的撰写或讨论；其五，必须阅读过论文的全文，并同意其发表。这些条件原则对国内中文学术论文的署名，也有一定的参考价值。

在学术论文上署名的个人作者，只限于那些对于选取研究课题和制定研究方案、严格参加全部或主要部分研究工作并对论文撰写提供指导意见、做出主要贡献，以及参加撰写论文并能对内容负责的人，按其贡献大小排列名次。对于以下情况，可不列入个人作者行列，如参加部分工作的合作者、按研究计划分工负责具体小项的工作者、某一项测试的承担者，以及接受委托进行分析检验和观察的辅助人员等，这些人可以作为参与研究工作的人员在致谢部分加以介绍，或排于脚注。

3.3.3 署名的规范

我国科技期刊论文的作者署名，通常按照新闻出版总署印发（1999年2月试行）的《中国学术期刊（光盘版）检索与评价数据规范》执行。

1. 多作者署名，姓名依次并列书写，作者的姓名之间用","或用"空格"间隔，姓名两字之间用空格间隔。

2. 正确表达人名。学术论文署名时，一般中文人名的汉字出错很少，而往往英文译名容易出错。中文人名的英文译名有汉语拼音和韦氏拼音（即Wade-Giles System）两种表达方式，后者在我国港澳台地区较普遍。在论文中进行署名时，先确认该译名所采用的表达方式，以正确使用中文人名的英文译名，且对用韦氏拼音书写的人名不得强行改用汉语拼音方式。

1）按照汉语拼音时有以下规则：（1）姓和名分写，姓在前，名在后，姓和名的首字母分别大写。例如，Li Hua（李华）。（2）复姓连写，双姓中间加连接号，双姓两个首字母都大写。例如Zhuge Hua（诸葛华）；Fan-Xu Litai（范徐丽泰）。（3）笔名、别名等按姓名写法处理。例如Lu Xun（鲁迅）。（4）缩写时，姓全写，首字母大写或每个字母大写，名取每个汉字拼音的首字母，大写，后面加小圆点。例如ZHUGE H（诸葛华）。国外期刊一般会尊重作者对自己姓名的表达方式，但多倾向于大写字母只限于姓氏的全部字母（或首字母）及名字的首字母。

2）按照韦氏拼音时，姓氏的首字母大写，双名间用连字符。例如，Tsung-Dao Lee（李政道）、Chen-Ning Yang（杨振宁）、Chiapyng Lee（李嘉平）等。我们在撰写学术论文时引用中文人名，要区分好韦氏拼音与汉语拼音这两种不同的拼音系统。

3）使用英语的国家论文署名的作者姓名的通用形式为"首名（First name）中间名首字母（Middle initial）姓（Last name）"。中间名不用全拼的形式是为了方便计算机检索和文献引用时对作者姓和名的识别，如"Robert Smith Jones"的形式可能会导致难以区分其中的姓是"Jones"还是"Robert Smith"，但若用"Robert S. Jones"，则使姓和名的区分简单明了。

4）为了便于检索和交流，作者本人应尽量采用较为固定的英文姓名的表达形式，不能频繁更改自己的署名习惯，这便于统计学者个人的科研信息，当然编辑也应尊重作者姓名的拼写形式喜好，以减少在文献检索和论文引用中被他人误解的可能性。

注意：不同期刊的论文对作者姓名的写法形式要求有所不同，作者应根据所投出版物的要求规范地署名，出版部门应制定规范统一的本出版物中论文的署名形式，编辑应严格执行有关规范，保证本出版物中所有论文有相同的署名形式。

3.3.4 第一作者和通讯作者

1. 第一作者

随着新时代的发展，现代科学研究逐渐深入，现代科研往往是课题的形式，需要一个专业性强、分工协作的团队来完成，因此大多学术论文的作者不止一个，有多个作者时，作者署名的排版就需要按各人的贡献大小排列于题名的正下方。其中，第一作者是对研究工作与论文撰写实际贡献最大的。除在题名下方的作者署名外，有些期刊要求在首页脚注列出第一作者的作者简介，内容包括姓名（出生年 - ）、性别、学位、职称及 E-mail 等，具体看期刊要求。

2. 通讯作者

通讯作者也称通讯联系人，一般是研究课题的负责人，且应是参与论文研究和写作，并能够对稿件负全部责任的作者。通讯作者可以有多个，在论文中要用"*"标注在名字上，在文章首页左下角脚注出通讯作者的简介和联系方式（通常包括职称、主要从事的研究方向、E-mail 和电话等）。通讯作者的联络方式必须畅通，因为有的期刊在稿件的各个阶段都只和通讯作者联系。如图 3-4 所示为期刊中作者和通讯作者的标注及作者注释的脚注标注格式案例。

图 3-4　学术论文作者和通讯作者标注及注释格式案例

3.3.5 作者的工作单位

论文署名还有一个作用，即方便作者与同行、读者间的研讨与联系，这就需要标注作者的身份（如必要时）、工作单位和通讯地址。因此，作者的工作单位和通讯地址是论文构成的必要项目之一。

标明署名作者工作单位和通讯地址的规定，充分彰显出学术论文的科学性、责任性和严谨性，也显示出学术论文与常见文学作品、文艺作品之间的差异。文学作品、文艺作品的署名可以用笔名或艺名，也不需明确作者的工作单位和通讯地址；而学术论文截然不同，需要按照正确规范署名的同时还要承担接受同仁指导、读者咨询、研讨和进行学术交流的义务，因此列出论文作者真实的、准确的、简明的工作单位和通讯地址是极为必要、不容忽略的。

1. 标注原则

1）准确性原则

许多学术论文作者在论文作者工作单位的标注较为敷衍，为了简便，"想当然"把自己口语化的单位简称撰写在论文上，这是不准确的。例如，不能把"××省生物工程科学研究院"写成"××生工院"、"××市卫生学校"写成"××卫校"等。如果是在大专院校、中国科学院工作的，除了列出单位名称外，还要说明所在系、所或下属部门的名称，如"上海复旦大学数学系""中国科学院大连化学物理研究所"等。

2）简明性原则

工作单位和通讯地址的标注是为联系、交流准备的，因此在叙述准确、清晰的前提下，应尽量简明。例如，在列出邮政编码后不必赘述区域、街道等，单位名称中冠有地名者，更不必再加注城市名。当然，若单位名称无法完整表述其所在地时，则必须标加城市名，必要时可注出省、市、县或自治区名。

随着新时代的发展，我国高校教育进入快速发展时期，许多学校不断经过合并、更名、迁址、新建校区等，规模变大，使得标注单位名称和地址更加重要，以免为信息交流增添不便。如今，许多大学都有异地校区，或者在同城有多个校区，均需要标注清楚。

2. 标注方式

1）单作者署名，其工作单位、地址及邮编标注于姓名下方，居中，必要时加括号，如图3-5所示。

火灾频发暴露我国城市公共安全系统脆弱性*

刘铁民

(中国安全生产科学研究院,北京 100012)

图 3-5 单作者工作单位标注格式案例

2）多位作者在同一工作单位，不同作者依次并列书写，工作单位、地址及邮编在作者姓名的下方，居中，加括号。如图 3-6、图 3-7 所示为多位作者在同一工作单位的标注格式案例。

考虑突发事件状态转移的政府应急物资采购定价模型

刘阳，田军，冯耕中，扈衷权

(西安交通大学 管理学院,陕西 西安 710049)

图 3-6 多位作者在同一单位的标注格式案例 1

人工智能：从科学梦到新蓝海
——人工智能产业发展分析及对策

朱巍，陈慧慧，田思媛，王红武

(武汉科技发展促进中心,湖北 武汉 430023)

图 3-7 多位作者在同一单位的标注格式案例 2

3）多位作者不在同一工作单位。作者按照顺序排列，地址以上标的形式，第一作者地址在前，对应排列。如图 3-8 所示为多位作者不在同一工作单位的标注格式案例。

基于专利分析的中美人工智能产业发展比较研究*

陈军[1] 张韵君[2] 王健[1]

(1.广东培正学院管理学院 广州 510830；2.长江师范学院管理学院 重庆 408100)

图 3-8 多位作者在不同单位的标注格式案例

3.4 摘要和关键词

摘要也称内容概要，是学术论文的重要组成部分，它是对论文内容的概括性陈述，影响着读者论文的检索。摘要介绍论文的提要信息，以使读者对论文内容总体了解。另外，摘要又可满足编制二次文献工作的需要，供编制文摘刊物时引用。需要注意的是，摘要虽居于论文首部，但却是在论文完稿后才完成的。

那什么是关键词？标引关键词有何作用？所谓关键词，亦称说明词或索引术语，与摘要的作用相似，是指从论文的题目、正文或摘要中抽选出来，能表征论文主题内容特点，具有实质意义和未经规范处理的自然语言词汇。主要用于编制索引或帮助读者检索文献，也用于计算机情报检索和其他二次文献检索。

3.4.1 摘要的内容

摘要可以理解为衔接标题和全文的过渡，是标题的扩充，是全文的高度概括。摘要内容可以包括研究目的、研究对象、研究方法、研究结果、所得结论、结论的适应范围这 6 项内容，如图 3-9 所示。其中，研究对象与结果是摘要必不可缺的内容，其他内容可根据论文的内容灵活运用。摘要一般不做列举例证，也不要采用图、表、结构式、数学表达式等非文字性资料，更不宜自作评价。

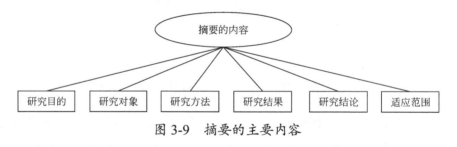

图 3-9 摘要的主要内容

需要指出，摘要是围绕作者的发现、见解及工作进行撰写。研究背景和前人成果介绍能省则省，或一笔带过。摘要的字数主要取决于文章本身的内容，文章信息价值大、主题新、篇幅长，摘要字数可多一些，反之，则可适当缩减。一般而言，摘要字数可在正文字数的 3%~5% 之间。假如一篇 6000~7000 字的论文，摘要以 200~350 字为宜。撰写摘要应注意克服苟简和冗繁的弊病。所谓苟简就是过于简单，对全文不加提炼和加工，照抄结果或讨论，泛泛而谈，无法表述或遗漏论文的中心内容等。克服冗繁就是避免过于烦琐、主次模糊，区别好必要与不必要，不可完全按正文论述的部分逐次说明、或加入评论和解释，或语言重复拖沓等。

综上所述，摘要作为一种文体，必须语意连贯，结构严密，其自身理应具有独立而完整的结构，能够形成一篇完整的短文。一篇好的摘要，往往意味着读者不阅读整篇论文，就能获得与整篇论文同等量的主要信息。作为一次性文献（如论文）发表时，摘要是论文的一部分，而作为二次性文献（如文摘）出现时，它便脱离原论文成为一篇独立的文章。

3.4.2 摘要的分类写作

根据内容的不同，摘要可以分为报道性摘要和指示性摘要两种。

1. 报道性摘要

报道性摘要也称资料性摘要或信息性摘要，适用于学术论文、技术报告、会议报告等类文献。报道性摘要是综合反映论文具体内容，用于总结论文中的主要发现，向读者提供原文中的全部创新内容和尽可能多的定量或定性的信息，有可能使读者免于查阅论文的唯一摘要形式。这种摘要能比较详细地提供论文要点，使读者不必阅读原文即可了解论文的研究对象、工作目的、主要结果；与研究性质、方法、条件有关的各种信息；所提示对象的规律性、特点及现象的全部论据；所取得成果的技术性能、参数特性、使用范围等，尤其适用于表达试验及专题研究类的科技学术论文，多被学术级别较高的刊物采用。

2. 指示性摘要

指示性摘要亦称简介性摘要或概述性摘要，用于简单地介绍并点明论文的论题，或着力于表达论文给读者一个描述性、指示性的概述，以便按需查找原文。

对于学术论文摘要的写作要求，除了前述的文字篇幅的严格控制外，还应注意以下2点。

1）格式要规范化

摘要的写作要尽可能采用专业术语。国际标准化组织以及中国国家标准规定，摘要一般不用图表、化学结构式和非众所周知的符号或术语，也不宜引用正文中图、表、公式和参考文献的序号，摘要的内容要尽可能避免与标题和前言在用词上明显的重复。

2）在称谓上宜用第三人称，少用第一、第二人称

这是由摘要的特定含义和功能决定的。摘要的定义明确指出，不能加注释和评论。人称语态上，摘要应避免第一人称，要采用第三人称。清晰一点来说即"摘要不是论文的解释、评论，而只是论文内容的客观表达"。是一种可供读者阅读、供情报人员和计算机独立使用的文体，这也决定了它不能使用第一、第二人称，而必须使用第三人称。

3.4.3 英文摘要

根据联合国教科文组织规定："全世界公开发表的学术论文，不管用何种文字写成，都必须附有一篇简练的英文摘要。"其目的是为了扩大学术交流。因此，国内外公开发行的科技期刊上发表的论文，除中文摘要外，一般都有英文摘要。中级科技期刊的英文摘要，其内容与中文摘要基本相同，通常写在中文摘要之后，而高级学术性期刊（如国家级学报）的英文摘要多位于"参考文献"一节之后，其内容比较详尽。在没有外文版的情况下，英文摘要将便于不懂中文的外国读者获知论文的主要内容。

许多国际学术会议、学术期刊及杂志都要求学术论文附英文摘要，以便于扩大学术交流和学术影响力。对国内作者而言，就需要把论文中文标题（Title）、作者（Author/Authors）、摘要（Abstract）及关键词（Keywords）译为英文。

一般来说，论文作者在翻译标题、作者、关键词等方面可能问题不大，故本节只重点介绍编写摘要（Abstract）时的技巧，方法供经验较少的初学者参考。

1. 扩展法

由于英文摘要的撰写是在中文摘要已完成的基础上进行的，在撰写英文摘要时，可先把论文要求介绍的一些关键性词汇列出，按照论文中的意思把它们扩展为名词短语，再把名词短语进行整理，并按照论文原意选择恰当的动词，扩展成完整的句子，从而写成英文摘要草稿，经修改后定稿。

摘要的字数篇幅与写作的论文类型相关，学术论文篇幅较短，撰写摘要较为容易。对于一篇内容丰富、篇幅较大的学位论文来说，完成英文摘要的撰写则较困难，但仍可使用扩展法——论文目录扩展法来进行，因为一篇好的论文目录全面地反映了论文的主要内容和结构，可以作为文摘的骨架，因此使用这种方法奏效的前提条件是论文的目录必须繁简得当、凝练确切。若目录过于烦琐，或过于简单，都不可能扩展成重点突出、内容具体、语言简练的优质摘要。

作者决定采用目录扩展法撰写摘要后，首先应该审阅论文目录，若目录过于冗长就应删掉一些反映细节内容的项目，如设备的结构、操作方法等，仅保留符合摘要的内容。若目录过于简单，作者应适当补充体现研究课题特点的项目，然后再扩展撰写完成摘要。

2. 翻译法

有些学者或同行英文写作水平较高，英文摘要的撰写可按论文原意直接翻译成英文稿即可。只是必须注意中、英文两种语言用词上的微小差别，力求避免生搬硬译，造成笑话。情况允许的话，可以与有经验的老师或导师沟通交流，借鉴经验。

3.4.4 关键词的内涵及作用

关键词的词汇形式多样，可以是动词、名词或词组。一般来说关键词法不需要编制规范化的词表，以表格的形式呈现，且对每个关键词没有统一的规范。但在实际使用过程中，选择关键词已形成了一定的规范化要求，即所选择的关键词包括两部分：一部分为主题词表上所选用的主题词；另一部分为主题词表上未选入但随着科技飞速发展所出现的一类词，这类词称为补充词或自由词。这里需指出，关键词与主题词不同，主题词是经规范处理的受控自然语言，已编入主题词表。如美国的 *Subject Headings for Engineering (SHE)* 和中国的《汉语主题词表》等，只有在这些主题词表中能查到的词才能用作主题词。当然，关键词也可抽选论文讲到的而标题未提及的词汇。另外，抽选关键词应排除那些概念不精确的词汇，诸如"先进的""现代的""微型的""精密的"等。

由于科学技术的迅速发展和文献资料数量的迅猛增长，信息检索的时间性要求提高，因此需要提高信息传播速度，使科研工作者尽快地了解和掌握新的文献资料。

3.4.5 关键词的分类及标引方法

1. 分类

关键词包括叙词（又称正式主题词、主题词）和自由词两类。

1）叙词

叙词指收录在《汉语主题词表》和专业性词表中，可用于标引文献主题概念而从自然语言的主要词汇中挑选出并经过规范化的词或词组。专业性词表如《医学主题词表》(《MeSH 主题词表》，MeSH 为 Medical Subject Headings 的缩写)《航空航天叙词表》(《NASA 叙词表》，NASA 为 National Aeronautics and Space Administration 的缩写)《工程与科学词汇叙词表》(《TEST 叙词表》)。与商科或相关领域有关的叙词表，主要有《管理科学技术名词》《计量学名词》《经济学名词》《图书馆情报与文献学名词》《数学名词》等，此外很多商科专业在一定程度上具有学科交叉性，具体要以学术论文的研究内容为依据，根本上是为了保证文章的专业性和严谨性。由于每个词在词表中规定为单义词，具有唯一性和专指性，因此应尽量选主题词作为关键词。

2）自由词

自由词是指主题词表中未收录的，从论文的题名、摘要、层次标题或结论中抽取出来的，能够反映该主题概念的自然语言的词或词组。

2. 标引方法

1）选取标准

文中重要的名词、动词及词组可作为关键词。举例说明，一篇名为《看涨期权契约与看跌期权契约对比分析研究》的论文对应的关键词是看涨期权契约、看跌期权契约、供应链协调、契约比较；一篇名为《基于风险的突发事件应急准备能力评估方法》的论文对应的关键词是突发事件、应急管理、应急准备、应急能力评估、风险……

2）选定方法

关键词是对论文信息最高度的概括，是论文主旨的概括体现。因此，选择关键词必须准确恰当，必须真正反映论文的主旨。选择不当，就会影响读者对论文的理解，也影响检索效果。选择关键词的方法是：首先，要认真分析论文主旨，选出与主旨一致，能概括主旨、使读者能大致判断论文研究内容的词或词组；其次，选词要精炼，同义词、近义词不要并列为关键词，复杂有机化合物一般以基本结构的名称作关键词，化学分子式不能作为关键词；再次，关键词的用语必须统一规范，要准确体现不同学科的名称和术语；最后，关键词的选择大多从标题中产生，但要注意，如果有的标题并没有提供足以反映论文主旨的关键词，则还要从摘要或论文中选择。要力求中、英文关键词的数量和意义保持一致，一些新的、尚未被词表收录的重要术语，也应作为关键词提出。

关键词的选定方法有从论文标题中提取和从论文内容中提取 2 种。

（1）从论文标题中提取。论文的标题是用最简洁、最恰当的词汇表达论文的特定内容，包括论文中的主要信息点，如研究对象、研究方法等。如果一篇论文标题是《燃煤热电厂烟囱飞尘中颗粒物时空分布曲线的测绘》，作者从标题中提取出 3 个关键词为燃煤、颗粒物、时空分布，但尚有不妥之处，应改为"燃煤热电厂、颗粒物、时空分布曲线"较好些。同时，仅 3 个关键词尚不能全面、准确地反映论文的主题内容，倘若从标题中再提取出"飞尘、测绘"，则关键词就选得比较合适。

（2）从论文内容中提取。有时标题不能完全反映文章所研究的全部内容，只从标题选取关键词就会丢失一部分信息。在提取关键词时，要注意作为关键词的词、词语要与论文主题概念保持一致。也就是说，文章标题中的用词、词语不能随便拿来标引为关键词，要经过思考是否符合文章的主题概念，否则读者不能确切了解文章的信息点，容易造成误解。

3.5 中图分类号、文献识别码和论文编号

3.5.1 中图分类号

中图分类号是撰写学术论文时不可或缺的格式规范，通常排印在"关键词"之下，作用是标示出论文的类别，便于文献的存储编制索引和检索。中图分类号是《中国图书馆分

类法》分类表中给出的代号。《中国图书馆分类法》是我国图书馆和情报单位普遍使用的一部综合性分类法。《中国图书馆分类法》使用字母与数字相结合的混合号码，基本采用层累制编号法，其分类语言由符号体系、词汇和语言组成。符号体系是指表示分类语言类名所使用的代码系统，由字母和阿拉伯数字组成，形成多级分类，下面进行详细介绍。

《中国图书馆分类法》共分 5 个基本部类，即马克思主义、列宁主义、毛泽东思想、邓小平理论，哲学，社会科学，自然科学，综合性图书。下设一级类目 22 个，用 1 个大写字母表示，如表 3-1 所示。

表 3-1　中图分类号基本部类与基本大类

5 个基本部类	分类号	分类名称
马克思主义、列宁主义、毛泽东思想、邓小平理论	A	马克思主义、列宁主义、毛泽东思想、邓小平理论
哲学	B	哲学、宗教
社会科学	C	社会科学总论
	D	政治、法律
	E	军事
	F	经济
	G	文化、科学、教育、体育
	H	语言、文字
	I	文学
	J	艺术
	K	历史、地理
自然科学	N	自然科学总论
	O	数理科学和化学
	P	天文学、地球科学
	Q	生物科学
	R	医药、卫生
	S	农业科学
	T	工业技术
	U	交通运输
	V	航空、航天
	X	环境科学、安全科学
综合性图书	Z	综合性图书

各一级类目下分设二级类目,二级类目用一级类目字母加字母或者数字表示,其中只有"T 工业技术"的二级类目使用"一级类目+字母"的形式表示,其余二级类目均采用"一级类目字母+数字"表示。示例如表 3-2~ 表 3-4 所示。

表 3-2 "T 工业技术"二级类目

分类号	分类名称	分类号	分类名称
T-0	工业技术理论	TJ	武器工业
T-1	工业技术现状与发展	TK	能源与动力工程
T-2	机构、团体、会议	TL	原子能技术
T-6	参考工具书	TM	电工技术
[T-9]	工业经济	TN	无线电电子学、电信技术
TB	一般工业技术	TP	自动化技术、计算机技术
TD	矿业工程	TQ	化学工业
TE	石油、天然气工业	TS	轻工业、手工业
TF	冶金工业	TU	建筑科学
TG	金属学与金属工艺	TV	水利工程
TH	机械、仪表工业		

表 3-3 "C 社会科学总论"二级类目

分类号	分类名称	分类号	分类名称
C0	社会科学理论与方法论	C8	统计学
C1	社会科学现状及发展	C91	社会学
C2	社会科学机构、团体、会议	C92	人口学
C3	社会科学研究方法	C93	管理学
C4	社会科学教育与普及	[C94]	系统科学
C5	社会科学丛书、文集、连续性出版物	C95	民族学
C6	社会科学参考工具书	C96	人才学
[C7]	社会科学文献检索工具书	C97	劳动科学

表 3-4 "F 经济"二级类目

分类号	分类名称	分类号	分类名称
F0	经济学	F5	交通运输经济
F1	世界各国经济概况、经济史、经济地理	F59	旅游经济
F2	经济计划与管理	F6	邮电经济
F3	农业经济	F7	贸易经济
F4	工业经济	F8	财政、金融
F49	信息产业经济(总论)		

二级类目下又分设三级类目，三级类目即"二级类目＋数字"的形式表示，例如"F09"表示经济思想史，"F42"表示中国工业经济，在此不做列举。

注：中图分类号可详见 http://ztflh.xhma.com/ 网址查询。

3.5.2 文献标识码

文献标识码是《中国学术期刊（光盘版）检索与评价数据规范》（由国家新闻出版署印发，在前文 3.3 节作者署名及单位中已有提及）中规定的，为便于文献统计和期刊评价、确定文献检索范围和提高检索结果的适用性，文献标识码共分为 5 种，其中：

1. 文献标识码 A 指理论与应用研究学术论文（包括综述报告）；
2. 文献标识码 B 指实用性技术成果报告（科技）、理论学习与社会实践总结（社科）；
3. 文献标识码 C 指业务指导与技术管理性文章（包括领导讲话、特约评论等）；
4. 文献标识码 D 指一般动态性信息（通讯、报道、会议活动、专访等）；
5. 文献标识码 E 指文件、资料（包括历史资料、统计资料、机构、人物、书刊、知识介绍等）；
6. 不属于上述各类的文章不加文献标识码。

3.5.3 论文编号

1. 文章编号

文章编号亦是《中国学术期刊（光盘版）检索与评价数据规范》中规定的，组成为 XXXX-XXXX（YYYY）NN- PPPP-CC，其中 XXXX-XXXX 为文章所在期刊的 ISSN，YYYY 为期刊的出版年，NN 为期刊的期次号，期次号为两位数字，当实际期次号为一位数字时在其前面加"0"补齐；PPPP 为文章首页所在期刊页码，文章首页所在期刊页码为 4 位数字，实际页码不足四位时在其前面加"0"补齐；CC 为文章页数，文章页数为两位数字，实际页数不足两位时，也在其前面加"0"补齐；"-"为连接号。

2. DOI 号

DOI 为"Digital Object Indentifier"的缩写，译成中文即"数字对象标识符"，是一种包括字母和数字组合的对数字内容或对象的唯一标识符，其主要作用是实现全球引文互联。目前美国 CrossRef 公司是国际 DOI 基金会指定的唯一官方 DOI 注册机构。在 DOI 中心目录中，DOI 与内容或对象的解析地址（OpenURL）关联，此目录容易更新、升级。

DOI 号由前缀和后缀两部分构成，前缀与后缀间用斜线相隔。前缀由识别码管理机构指定（由 CrossRef 注册中心分配的前缀通常以"10"开始）；后缀由出版机构或版权所有者等自行命名或分配。例如，DOI:10.1016/j.molstruc.2004.08.002、DOI:10.1016/j.poly. 2003.06.002、DOI:10.1002/ejic.200300273、DOI:10.1002/ejoc.200300492 等。

3.6 引言

引言，在不同的科技期刊中也可能被称作"前言""导论""绪论""绪言"或"序言"。不管名字如何变化，它在一篇学术论文中的作用，具体来说包括介绍必要的研究背景与研究现状、指出现在研究中存在的问题，在此基础上点明研究主题，最后概括介绍整篇论文的内容安排，从而为后续内容更好地阐述、分析研究结果、结果产生的原因及其意义来做铺垫。因此，引言在一篇期刊论文或学位论文中的主要作用是"开宗明义"。然而，要想达到这样的效果，并非易事。研究者需要在了解上述学术论文写作总体要求的基础上，进一步了解引言的作用、内容、结构和写作的最佳时间点等相关内容。这些内容将是本节重点介绍的内容。许多国内同行在给课题组的学生或新人讲解学术论文时，会说"写好一篇学术论文就是讲好一个故事"，引言就是这个故事的引子。如何"讲得好故事"，写好引子是一项重要而基础的工作。

3.6.1 引言的内容

引言通常包括研究主题和研究目的、研究理由、理论依据和实验设备基础、预期目标、本课题在学科领域中所占的地位、研究所涉及的界限规模或范围、对他人已有成果的评价及相互关系、新概念和新术语的定义等，通常如表 3-5 所示（附实例）。

表 3-5　引言的内容组成及实例举例

内容组成	实际举例
研究主题和研究目的	"基于此，本文在经典会员费/注册费模式下，考虑一个已有用户基础的垄断平台在进行业务拓展时的定价策略。"（《考虑网络效应和业务拓展的平台定价策略研究》） "由此看来，企业如何在保证应急物资及时供应的基础上，根据自己的生产能力与政府的采购决策合理地制定生产储备计划，降低应急物资需求不确定性对自己造成的不利影响，成为其急需解决的问题。"（《基于供应方生产能力的应急物资生产模型》）

续表

内容组成	实际举例
研究理由（属于哪一方面的课题，课题是怎样拟定的，确定课题的动机、背景、缘起，希望解决什么问题，有何作用和意义）	"然而，应急物资的需求特性却使得政府在单独储备物资中面临两大困境。第一，应急物资的需求量巨大，但是由于存储空间……第二，应急物资的需求发生概率小……由于物资损耗，保质期有限等原因，势必会造成人力，物力的浪费，加重政府的财政负担。"（《基于供应方生产能力的应急物资生产模型》） "随着互联网应用的深入，共享经济的发展，如Uber、滴滴出行、美团等电商平台迅速成长。这类平台有两边用户，两边用户间通常存在明显的交易网络外部性，平台一边会吸引另一边用户……电商双边平台进行业务拓展跨界发展，不仅引起了企业界的极大关注，也成为学者研究的重要领域。"（《考虑网络效应和业务拓展的平台定价策略研究》）
理论依据或实验基础	"与本文相关的成果主要包括如下三个方面：（1）双边平台会员费/注册费定价；（2）考虑用户基础的双边平台定价；（3）跨市场网络效应对定价策略的影响。"（《考虑网络效应和业务拓展的平台定价策略研究》） "其中一些学者从供应链的角度出发，提出供应链契约可以在明确政府与物资生产企业各自权利与义务的基础上，有效地指导双方进行合作，并指出其中的期权契约由于赋予了政府柔性采购应急物资的权利，使得其在应急物资的采购管理中比起其他契约更具有优势。"（《基于供应方生产能力的应急物资生产模型》）
预期目标	"本文的研究重点在于从供应链的角度考察期权契约下的应急物资管理问题。"（《基于供应方生产能力的应急物资生产模型》） "对比分析均衡时平台原业务和新业务的用户数量和利润，以期为平台业务拓展定价提供相关建议和参考。"（《考虑网络效应和业务拓展的平台定价策略研究》）
本课题的创新点或在学科领域中重要意义	"因此，本文与上述文献相比有以下不同之处：（1）文献2~4中，供应方采用的生产模式为按单生产模式，而本文则在其基础上，考虑供应方按照自身生产能力进行柔性生产的情形……"（《基于供应方生产能力的应急物资生产模型》） "本文与其区别在于，基于平台进行业务拓展跨界发展的现实情境，考虑垄断平台新业务与原业务存在跨市场网络效应时的定价策略。通过建立模型分析讨论如下具体问题：平台业务拓展后两业务间的用户数量比较分析，平台业务拓展后两业务间利润比较分析。"（《考虑网络效应和业务拓展的平台定价策略研究》）

续表

内容组成	实际举例
研究所涉及的界限、规模或范围	"已有研究丰富了双边平台研究的基础，但较少考虑平台业务拓展时新业务与原业务间存在跨市场网络效应时……平台通过业务拓展跨界发展的现实情境已经较多，如 Uber 打车拓展外卖业务 Ubereats，美团网拓展美团打车业务，滴滴打车拓展外卖业务，等等，而目前相关理论成果还较少。"（《考虑网络效应和业务拓展的平台定价策略研究》） "以上研究大部分都是从采购方（政府）的角度研究应急物资的采购问题，即研究期权契约下采购方的最优订购策略，并假设供应方采用传统的按单生产模式生产并储备采购方所预定的物资。"（《基于供应方生产能力的应急物资生产模型》）
对他人已有成果的评价及相互关系	"与本文研究较相关的是 Zhu 和 Iansiti 等的工作，他们的研究重点在于分析基于平台的市场中，后进入者能否占据市场领先地位。他们认为，跨市场网络效应和消费者折扣系数小于一定阈值时，即使与拥有强大用户基础的在位平台竞争，新进入者依旧可以获得一定市场份额。"（《考虑网络效应和业务拓展的平台定价策略研究》） "很多学者从不同的角度对政企合作储备应急物资的问题展开了研究，其中一些学者从供应链的角度出发，提出供应链契约可以在明确政府与物资生产企业各自权利与义务的基础上……"（《基于供应方生产能力的应急物资生产模型》）
新概念和新术语的定义等	"期权契约是一类借助于金融思想的新式契约，由于其能够增强供应链柔性，更好地实现供需双方风险共担、收益共享的目的，因而受到学者的广泛关注，并且逐渐成为企业应对风险的方式之一。"（《基于供应方生产能力的应急物资生产模型》） "两边用户间通常存在明显的交易网络外部性，平台一边会吸引另一边用户，形成正向循环。不同于技术驱动行业的"赢者通吃"，双边平台的优势在供给侧，即双边市场具有规模效应，越多骑手、出租车司机，用户体验越好，而越多用户加入平台也能吸引更多骑手、出租车司机加入。"（《考虑网络效应和业务拓展的平台定价策略研究》）

当然，以上这些内容并不需要全部囊括介绍，而要按具体情况取舍，要分专业分方向地选择适合自己论文内容的几项进行综合整理，并且需要说明一下，一般情况下，引言中需要对与自己相关研究的文献进行综述，但实际过程中很多学者或撰稿人，会将引言与文献综述分开。本文中的引言包括文献综述，视为一个部分。另外，引文往往涉及专业性的概念、名词、术语、缩写等，需要在撰写引言前通过大量的文献阅读和整理，能够在引言中做出一定的解释说明，而不必在后续的正文中赘述。

3.6.2 几个注意点

撰写学术论文的引言，要注意以下几个要点。

1. 避免内容空泛或过于简单，力求反映所引文献作者的研究对象和创新点。

2. 要繁简适度地阐述研究背景，对所探讨问题的本质和范围阐述要准确、简洁、清楚，内容选择不必过于分散、琐碎，措辞要精练。由于读者一般已具备相关的专业基础知识，不要介绍人所共知的普通专业知识或教科书上的材料。

3. 不要过多强调作者过去的成就，回顾只是为了交代此项研究的目的。

4. 在引言中介绍自己的工作时，不要过分评价，也不必故作谦虚，少用套话。可以使用"限于条件"等谦虚用语，但不必对自己的研究或能力过谦。不宜用"才疏学浅""水平有限""恳求指教"和"抛砖引玉"等客套用语；也不要自吹自擂，抬高自己，贬低别人，除非在事实存在的情况下，否则一般不用"首次发现""首次提出""有很高的学术价值""填补了国内外空白""达到国际先进水平"等评价式用语，也避免使用广告式语言。要采取适当的方式强调作者在本次研究中的重要发现或贡献，让读者顺着逻辑的演进阅读全文，不要故意制造悬念。对于前人在相关领域已做的工作，要客观地介绍，不要贬低他人。

5. 引言不应重述或解释摘要。

6. 引言不应对实验的理论、方法和结果做详尽叙述，也不应提前使用结论和建议。在引言中应考虑哪些术语需要明确其定义。

3.6.3 引言的写作技巧（商科）

1. 介绍论文关键概念、内容及研究背景

写作这部分内容时，不但需要说明学术论文研究主题所涉及的研究领域，最好还能一并说明该研究领域的重要性或意义。注意，这里的研究领域比论文研究的具体问题的范围更加宽泛。例如，如果论文的主题是研究某具体社会或经济现象问题的数学模型，那么，这里就应该具体介绍所用的数学模型的理论基础及其拓展应用的现有成果等。在介绍这一理论主要研究成果及实际应用时，要注意切合自身研究，体现研究与所属理论的贴合度和严谨性。例如，某作者在写作应急物资生产模型时，谈及本文采用的理论基础——期权契约时，在引言部分明确提到了期权契约理论的发展过程及现有研究的介绍，并且不仅仅局限在自己所研究的问题上，还拓展到整个供应链契约理论的研究现状、研究成果及典型案例应用等，这样，读者就会明白自身论文所涉及研究一旦取得了一定进展，必将在应用后产生巨大的效益，论文研究主题的重要性也会因此得到彰显。所以，在一篇论文中，用1~2句话就可以说明研究主题的所属领域及其重要性。在学位论文中，由于对字数的限制更加宽泛，这部分内容可以扩充为 1~2 段。

2. 对研究现状进行综述分析，剖析现存问题

这一部分内容是引言中的主题内容，当然也是最难写作的一块。主要有以下几点要求。

1）要在充分了解所研究领域的基础上，根据论文研究主题选出已有研究中的代表性成果进行综述。

2）在综述的基础上指明其中存在的问题。

3）当指明的问题不唯一时，还需要特别说明哪一个问题是本论文研究的主题；当现有问题包含内容较多、范围比较宽泛时，就需要说明研究主题是针对现有问题中的哪一个方面。这样写的目的是反证你研究内容的必要性，也就是说明开展论文所涉及研究内容的原因。

以上要求看似简单，却是引言部分中最难把握、也是对研究者要求最高的地方之一。这要求作者首先要充分了解研究现状；其次，要学会如何在众多已有学术论文文献中选取代表性、具有里程碑意义的科研成果；再次，要懂得如何对重要文献成果进行恰到好处的综述；最后，要在众多研究成果中整理总结现有成果存在的不足及进一步的研究方向，指出目前仍存在的关键性问题。做到以上几点，才可以说达到了这部分写作的科学性、可信度和严谨度要求。

3. 清晰地描述表明自身研究的目的及研究内容

在前面综述研究现状的基础上，我们可能发现很多问题，同时在一个问题中可能存在多个方面。因此，我们在做研究时，必须根据自己已有的研究基础和实验条件遴选出论文研究所针对的具体问题。在写论文时，也要声明论文研究针对的是已有问题中的哪个问题或问题的哪个方面，这就是研究的主要目的。此后，还要声明为达到上述目的而开展的具体研究内容。这是编排论文"结果"部分内容前后次序的主要依据。通常，在期刊论文中，这一部分内容用 3 句话左右就可以叙述完毕。这部分内容在整个学术论文中的作用就像是给将来的读者在浏览论文主体内容前发的一个提纲，清楚地给出了需要浏览的内容。这样，就可以使读者对论文的后续内容有了预期，会极大地方便读者理解和把握论文的主旨。

4. 概述自身研究的重要意义、研究价值和所获成果

这部分内容需要用一两句话声明论文主要成果及其在相关研究领域的价值或意义。目前，仍有相当一部分研究者认为这部分内容不是引言的必要组成部分。有些读者可能认为在引言部分就述及最重要的研究结果为时过早。也有读者觉得这样有点"王婆卖瓜，自卖自夸"的感觉。同时，这种做法也恐怕是相对内敛的国人不太擅长的事情。然而，我们写作学术论文的目的之一就是要让读者通过阅读文章来认识到自己研究的价值。正如我们前

面提到的，对一个事情的认识是和人的自身素质相关的。因此，即便是阅读了一样的材料，不同的读者也会有不同的认识或达不到我们想让读者达到的认识程度。所以，在这方面就需要尽可能早地引导读者，而引言的结尾处就是我们在论文正文中最早的选择。虽然这里还没有实验数据或理论验证支撑、读者也不会就此接受，但是它会起到引导读者的作用。这样的作用是毋庸置疑的。因此，这部分内容虽然不是传统学术论文中的必要组成部分，却已经被越来越多的研究者认同。

3.7 正文

正文是引言之后，结论之前的部分，是论文的主体和核心部分，是具体体现研究工作成果和学术水平的主要部分。由 1.3 节学术论文的分类可知，学术论文的分类可以按照学科分类，可以按照用途分类，亦可按照其研究方式和内容进行分类，学术论文的正文根据研究内容的不同，从而呈现不同的格式结构，因此，本节对正文的介绍需要根据学术论文具体内容的分类进行介绍。一般来说，学术论文按研究方式和论述内容可分为实验型学术论文、观测型学术论文、设计计算型学术论文、理论型学术论文、管理型学术论文，除此以外，还有一种较为特殊的学术论文——综述性学术论文，当然，截至目前，没有较为统一的分类标准，上述分类仅供参考。

3.7.1 实验型论文的正文

实验型论文在理工科专业中较为常见，有着较为系统化的写作方法，也有部分商科专业需要实验或计算机仿真方式来进行科学研究。实验型论文的正文一般有三个部分，即材料和方法、结果与分析、讨论，但也可因材而异，根据具体问题灵活取舍，下面主要介绍这三个部分的撰写。

1. 材料和方法

材料和方法的目的是介绍获得研究结果的手段和途径。它反映研究工作的思想方法、技术路线和创造性等。一般来说，创造性的实验和方法更容易获得创造性研究成果。当然，也有一部分研究工作是利用别人的实验而观察到别人所没有观察到的结果，这时材料和方法部分一般可省略，只需在结果部分作简略说明。该部分内容通常包括以下 3 方面。

1）介绍实验所用材料，包括材料的来源、产地；材料的制备、加工方法；材料的性质、特性；材料的代号、命名等。如果实验的对象是人，应将小标题改为"对象和方法"。

2）介绍实验设备、装置和仪器，具体包括它们的名称、型号、精度、生产厂家等。使用的装置和仪器不是标准设备时，必须注明，并对其测试精度做出检验和标定，以便保证实验结果的可靠性和准确性。如果是自己研制的设备或对已有设备做了改进，应着重说明，讲清设计的理论根据，并画出原理图或构造示意图。

3）介绍实验方法和过程，包括创造性的观察方法、观察结果的运算处理方法和公式、实验过程中出现问题的处理方法、操作应注意的问题、观察结果记录的方法和使用的符号等。

再次强调，上述内容是撰写一篇实验型论文所应包括的项目。具体到某一实验时，并非要逐一列出。主要的实验过程一般按进行的先后顺序来写，也可按作者的认识过程，从感性到理性认识的逻辑顺序来安排。在能给读者提供重复该实验时所必需的信息的前提下，力求简洁明了。一些常见的实验材料、众人皆知的方法均不需要详细介绍，并且如果是采用别人的方法，注明一下即可。一般论文中只写成功的方法。材料很多、装置复杂、方法抽象时，可用图表来简化说明。

2. 结果与分析

结果是实验过程所观测到的现象和数据，属于实验型论文正文的核心内容。该部分包括实验的产品、实验过程所观测到的现象、实验仪器记录的图像和数据以及对上述现象、数据进行的统计分析等。通常要求以下6个方面。

1）数据必须准确可靠。数据是分析结论的基石，有时检测结果的微小差错都可能推翻整个分析结论。实验中倘若产生反常的实验现象和结果，应在论文中加以特别说明。

2）数据充分，重复性好。实验结果或数据的实验次数应足够充分，一般应重复实验3~5次或更多，这样才更有说服力。

3）科学处理和选择实验数据。切记论文中的结果不是原始实验现象、数据等的照抄，应该用科学的数据处理方法对结果进行严格的统计分析及筛选，注意围绕主题选择数据，去除与主题无关的东西。同时，也应注意避免个人偏见。

4）实验结果按一定的逻辑顺序编排。这样做不仅能使论文条理清楚，增强可读性，而且体现了论文的科学性。在很多论文中，结果排列的顺序本身就明显地反映出一定的规律。

5）尽量通过图表表达"结果与分析"。部分要罗列大量数字和资料的论文，采用单纯叙述的方法往往使人感到枯燥、厌烦，复杂的资料也很难叙述清楚，采用图表则可一目了然。使用图表时要注意，凡是图表已清楚表明的问题，不要再用语言文字重复详述，只需作扼要归纳。专家在阅读实验型论文时，注意点往往是图表。

6）分析合乎逻辑。有理有据分析是感性到理性的逻辑推理过程，应采取客观、认真的态度，不应凭主观成见寻找对自己有利的实验数据来为自己的观点辩护。分析过程中说得清的要说透，说不清的最好不说。如确有必要说，应该老老实实地注明在这里未说清，或者是属于推测、预测的看法。应突出论文的重点，进行精辟的分析。

3. 讨论

讨论是对实验方法和结果进行的综合整理分析研究。作者创造性的发现和见解主要是通过讨论部分表现出来的。内容包括以下5个方面。

1）实验结果的综合分析。

2）与其他同行有关实验结果进行比较，说明有何异同，有何新的发展。

3）根据自身实验研究得出的结论，或提出假说或学说。

4）说明自身研究对理论研究、生产实践中的重要价值和意义。

5）对实验结果总结性地提出新的待进一步研究的问题等。

讨论部分尤为重要，是作者理论水平的具体体现，实验研究的水平不仅体现在结果上，还必须充分展开讨论，要阅读有关的文献，掌握大量资料，才能进行深入的分析讨论。但讨论要限于与本文有关的领域内容。从论文内容需要出发，正确取舍，适当重点突出，且要详略得当，推理严密，逻辑清晰，或引经据典予以说明，或运用数学公式演算推导。当然，讨论虽然写法上有繁简不同，但都必须以自身研究的实验结果为基础，以理论为依据，进行科学的分析。

需要说明的是，在一些学术论文中，结果与讨论两个部分常常是合二为一的，一般有两个原因：一是讨论内容单薄，无需另列一个部分；二是实验的不同结果之间独立性强，内容偏多，需逐项进行讨论，这样，全文的条理更清楚。

3.7.2　观测型论文的正文

观测型论文是指通过反复细致的观察、测量，从而揭示事物的本质，寻找到一般规律的研究论文。它往往以现象和数据作为研究对象，经过分析研究，得出结论以解决问题。因此观测型论文的正文常常有以下特点。

1. 直观性

所谓直观即不经过中间介质就能够直接反映客观事物的认识形式，观测型论文中的直观性体现在对观察或测量对象的感性直观映像的写实性记录。在论文中所记录、观测、分析的对象，是能够直观听、看、闻、尝、摸、感受的对象；其次，通过研究的对象和数据能够想象人的感官通过模拟观察对象的直观形象直接获得认知，无需经过逻辑判断和理性思维。

2. 客观性

在观测型论文全文写作的过程中，客观性原则需要一以贯之，要尽最大努力将观测研究中的主观因素带来的误差最大限度地缩小或消除，以获取经得起推敲和验证的真命题。因此，一要坚持辩证唯物论的观点，以求真务实的科学态度排除各种主观臆断或是个人偏见；二要坚持在自然状态下进行观测，以取得真实反映研究对象真实面目的信息；三要系统、全面地进行多维观察，善于发现区别于其他研究对象的异同点。

3. 选择性

观测型研究，向来是有准备、有目的的指向性科研活动，观测对象、环境条件、观测工具以及观测方法都要正确且科学地选择，"凡事预则立，不预则废"。正文要通过正确的取舍以体现观测研究的科学性和价值性。

综合以上观测型论文正文内容的特点，在实际撰写论文时，要注意正文的结构主要由观测对象和数据的描述、分析过程、观测记录、结果与讨论等部分构成，需要强调的是：第一，要认真细致地完成观测记录。观测过程中使用的技术手段、环境条件过程变化等有关数据必须做好记录，并且要能够做到认真、准确地在论文中描述重要的观测记录；第二，注重运用专业知识。观测具有一定的感性认识，但不能忽视科学研究的专业性，归根结底，观测是由专业人员有意识地进行的重要科研活动。"内行看门道，外行看热闹"，熟悉专业知识和词汇是开展科学观测和撰写观测型论文的必要前提。

3.7.3 理论型论文的正文

这类论文运用的主要研究方法是理论分析或理论推导求证，其正文通常无固定格式要求。此类论文的特点如下：

1. 证明某一定义、定理，进行讨论与分析，以拓展理论应用等；
2. 分析某种理论的局限或意义，做出修正、补充或验证质疑；
3. 研究某种理论的运用，如为了解决某一实践中的问题建立数学模型，给出实验方法等。

对应的正文常见结构形式为以下3点。

1. 证明式，即给出定理、定义，然后逐一证明；
2. 剖析式，即将原理或理论分解为一些方面，逐项研究；
3. 验证式，即先给出公式、方程或原理，然后进行计算推导，最后运用实例进行验证。

总之，它们是通过严密的理论推导或数学运算或计算机推演或系统仿真来获得研究结果的。理论阐述的要点是：假设、前提条件、分析的对象、所引用的数据及其可靠性，适用的理论或新模型的提出，分析方法，计算过程，新理论或模型的验证，推导出的结论。

3.7.4 设计计算型论文的正文

设计计算型论文的正文，往往是基于一些具体的工程、技术或管理问题，要符合一般问题解决的逻辑结构，即"提出问题、分析问题、解决问题"的逻辑思维结构。因此，在撰写设计计算型论文的正文时，也较容易排兵布阵，往往分为问题描述、参数说明或编程设计、求解过程、结论与证明等，以全面系统地展示问题解决的方法和过程。在进行设计计算型论文的正文撰写时，要注意以下原则。

1. 行文要简洁明了。在内容的安排上要保证素材的组织上不得堆砌，对问题的描述不必赘述，只求简单清晰地表达问题即可，对问题的求解和证明过程去粗取精、去伪存真，充分反映问题求解的科学性、严谨性。

2. 公式要准确优美。要选择恰当的公式编辑工具，优雅地展现数学之美、计算之美，且要逻辑严密、重点突出、脉络清晰、自成系统。

3. 整体要严谨科学、步步为营、有理有据。对工程、技术或管理问题的解决，不仅是求解出正确的结果，还要对问题原理、方法与计算的收敛性、稳定性、精确度等进行分析，做到对问题全面解析和渗透。

3.7.5 管理型论文的正文

管理型论文即在管理科学的研究和实践中写出的学术论文，商科大部分专业都在进行着管理科学的研究，因此管理科学研究的范围很广。微观层面如设备与设备之间（规划方案）、生产与设备之间（人机工程、工业工程）、人的需求与激励、人与人之间的协作与网络关系（人力资源、经济社会学）；中观层面如企业管理、企业网络管理、产业管理、组织行为管理、群体行为；宏观层面如国家宏观经济管理、政策管理、公共卫生管理、突发事件应急管理等，这些是常见的管理型论文中涉及的主要研究领域。一般而言，管理型论文正文会根据研究设计的方法不同而略有不同，常见的管理研究方法有资料分析法、文献分析法、调查访谈法、实地研究方法、实验研究方法、比较研究方法、逻辑研究方法、统计分析方法、案例研究方法等。这些方法各有千秋，能够应用在不同的研究内容中，且不同方法还有进一步细分方法，这里就不做赘述，虽然在方法上千变万化，但在撰写管理型学术论文的正文时，往往有共通之处。一般而言，管理型学术论文正文的结构一般包括：1. 研究问题与假设；2. 研究手段或方法；3. 研究过程与证明；4. 研究结果与讨论。

其中，结果与讨论部分的重点是保证论文内容的可靠性、外延性、创新性和可用性。

可靠性：指论文提供的实测值或计算值是否可靠，类似于回归分析中验证是否具有一致性，要用重复性和误差分析来说明。可靠性还要与其他人的测定成果进行对照，因此要尽可能搜寻已有的文献值，进行对比，以说明本论文数据在合理的范围内。

外延性：指通过本论文所提供的数据可供读者在更大范围内使用，因此要尽可能给出数据关联式。

创新性：要与引言部分一致。在引言部分中指出本论文总的创新性，在讨论中要把这点具体化。其具体内容大致上要表达：文献上有无同样的方法，或是把原有的方法得以提高，即精度或测量范围的扩大；文献上有无用同样方法或不同方法的测量结果，通过文献数据与本论文数据的对比，说明本论文数据更可靠或提供了前人未测定的数据。

可行性：包含两层意思。第一层与外延性一致；另一层意思是把数据变活，把不同条件的数据做对比，并尽可能做出优化选择，提出最优条件或最佳结果。

3.7.6 综述型论文的正文

综述型论文是一种较为特殊的学术论文分类，它是为了综合介绍、分析、评述该学科（专业）领域里国内外的研究新成果、发展新趋势，并表明作者自己的观点和想法，做出学科发展关键方向预测，提出比较中肯的建设性意见和建议。

综述型论文的内容一般包括：1.问题的提出；2.发展历史的介绍；3.现状分析；4.未来发展趋势和建议。

这类论文的价值在于作者通过对已有文献的综合和归纳，分析某学术领域或某一方面研究工作的发展历史和现状，指出该领域科学活动的发展方向，提出具有科学性、创造性和前瞻性的研究课题。

撰写这类论文时应当注意以下 4 点。

1. 要综合归纳已经正式发表的该领域有影响的研究成果，不要把作者自己未公开发表的某一具体研究工作掺杂进去。

2. 要直接参考引用原始文献，不要在他人综述论文的基础上做"二手综述"。

3. 要观点与材料统一，理论与实践统一。

4. 要有科学性、创新性、前瞻性和指导性的见解。

3.7.7 正文撰写规范

1. 分标题的确定

确定分标题的原则：凡能形成独立的一个观点或一部分内容的都可设立小节和相应的

标题。

1)不同的论点或内容叙述时,应该设立分标题;

2)节(章)的标题要与文章的总题名紧密联系起来,各节的标题尽可能格调一致,并能表达节(章)所表达的内容;

3)章、节、段在构思时要注意层次性、相关性和递进性。

2. 结构层次的安排

层次是论文在叙述时形成的意义上相对独立完整、结构上相互联系的部分。层次的安排可以有以下几种顺序。

1)时空顺序。按写作对象发生的时间先后顺序或者以空间的位置为序排列。

2)推理顺序。按照逻辑推理、分析问题或理论推导步骤为序排列。

3)并列顺序。根据写作对象的类别,分别列举叙述。

4)总分顺序。按写作对象的总体和分解的几个问题逐一排列叙述。

段落是文章构成的基本单位。层次和段落是相互联系的。层次与结构的内在逻辑及意义表示彼此的区别,段落借助于外部形式来表达。简单的层次可以是一个自然段落,复杂的层次则要由几个自然段来表达。段落的安排要注意以下几点。

1)完整性。一个意思要在一段中讲完。

2)单义性。一个段落只讲一个意思。

3)逻辑性。段落之间的衔接顺序要符合逻辑顺序、因果顺序、总分或并列顺序。

4)匀称性。文章中的段落长短要适中,不要一篇文章一段到底。

3. 整体写作要求

1)主题明确。全文围绕主题展开讨论,不离题。

2)论证充分。有观念、有思路、有材料、有说服力。

3)结论清楚。从研究导出的结论不含糊、易理解。

4)逻辑严密。文字力求避免杂乱无章、条理不分。

3.8 结论与致谢

结论本是论文正文的组成部分,但由于其重要性特别突出,且其文字短而简明,因此在内容上又有其相对独立性。在本书中,将结论看成是学术论文构成的一个组成项目。

致谢是指学术论文在撰写完成后,作者对在论文撰写过程中提供帮助的人员,例如参与学术论文撰写、承担课题部分任务、提供指导建议的个人或集体等,在文章的开始或结尾书面致谢,属于可选项,同属于一篇学术论文撰写的收尾性工作之一,这里与结论放在同一节。

3.8.1 结论的撰写

结论是论文研究要点的归纳和拔高,因此结论不单单是研究过程中观察和实验的结果,也不单单是正文讨论部分的各种意见的简单合并和重复。而是那些经过充分实证、实验或试验论证,能判定具有科学性的观点才能归纳总结写入结论中。如果现阶段的研究工作尚且不足以得出结论,不要写入结论。

结论是整个研究过程的结晶,是全篇论文的精髓,因此,结论写作要十分严谨,撰写时,要反复推敲,语句应像法律条文那样,严谨而可靠,不能有第二种解释。切忌出现"大概""可能"一类的模糊性词语。解决了什么问题,得出了什么规律,存在什么问题,应该分而答之,清晰明了。写结论时,对结论的结果应善于进一步思考,发散思维,使认识深化,可以用别人已有的结论、方法作进一步讨论、验证和比较,要防止由于主观片面而做出绝对肯定或绝对否定的结论;结论可以引用一些关键的数字,但不宜过多,且不要在结论中重复讨论的细节,不要评述有争议的各种观点。综合以上表述,在结论的撰写中应该注意以下 3 点。

1. 精练恰当

结论要写得精练、完整、恰当。内容较多的论文,可以将结论要点一一列出,其结论可以按研究结果的重要性依次排列,分项标出序号进行叙述。每项自成一段,由几句甚至一句组成均可,切忌烦琐、冗长。另外,结论部分有的还需引入作者的建议,例如,下一步研究工作的设想,关键研究问题展望,亟须解决的技术问题等。

2. 总结提高

结论的内容不是用实验、验证结果和观察所得的各种数据或材料简单堆砌而成,而是经过去粗取精、由表及里的处理和综合分析后,提炼出典型的论据,构成若干概念和判断,并且是经过逻辑推理后形成的最终的、总体的论点,并作出的恰当评价。因此,结论使研究由感性认识上升到理性认识。它以正文的论述为基础,但较正文的表述更精练、更集中、更典型、更有价值。

3. 前后照应

在一些学术论文中,开头引言问题引出与结尾结论或结果不一致,前后逻辑性缺失,缺乏前后呼应。如在引言中提出了论文的主旨和目的,但却未在结语(或结论)中说明目的实现的情况，得出了什么规律，解决了哪些理论的和实际的问题；在引言中谈到历史背景和前人的工作，但在结语（或结论）中却未说明对前人或他人有关问题做了哪些检验，哪些与本文研究结果一致，哪些不一致，作者做了哪些修改、补充、发展、证实或否定，还有哪些未解决的遗留问题等。因此，学术论文的写作讲究首尾呼应的技巧。

3.8.2 致谢的撰写

致谢的言辞要真诚恳切，实事求是，不是出于客套的寥寥数语，同时要避免滥用词汇，过于拉拢、攀附。

致谢对象主要包括以下几种情况。

1. 国家科学基金、资助研究工作的奖学金基金、合同单位、资助或支持的企业、组织或个人。
2. 协助完成研究工作和提供便利条件的组织或个人。
3. 在研究工作中提出建议和提供帮助的人。
4. 给予转载和引用权的资料、图片、文献、研究思想和设想的所有者。
5. 其他应感谢的组织或个人。

有许多致谢写得简短、中肯而实事求是，是很不错的。例如：The author of this paper thanks a doctor for his suggestion to simplify the proof by using the regression equation method, and thanks a limited company for its financial support.（本文作者感谢某博士，由于他建议使用回归方程的方法，简化了证明，感谢某有限公司在经费上的支持。）

当然，以上是学术论文后所附致谢的惯用方法。倘若是学位论文，由于其篇幅巨大，洋洋数百页，工作系统且创新性强，包含着完成论文过程中所付出的尽人皆知的艰辛。在这样的情况下，致谢中对于导师的感激，或是对父母、学长学姐在完成工作过程中给予的支持，或是对年轻夫妻一方身负家庭重担，全力以赴支持对方顺利完成学业，便情不自禁地在致谢中晓之以理、动之以情，对感情上、生活上给予支持者致以敬意，表达在完成学业、授予学位之日，犹如昔日金榜题名之时，在这样的论文致谢中，可不强调删去感情方面的致谢词，但宜实、宜简练，切忌以此来渲染自己的荣耀。

3.9 参考文献及注释

参考文献实质上是引文注释，是标准化了的文后注，其著录格式应符合国家标准 GB/T7714—2015《信息与文献——参考文献著录规则》的规定。严格来说，参考文献是学术论文的有机组成部分，它在学术论文中具有独特的作用，同时也容易出问题。例如，许多学者同行写作学术论文时，在参考文献的引文格式、文后标号、作者数量、录入形式、文献标题和出处、文献出版年代、卷、期和页码等许多方面出现或大或小的问题，学术研究讲究严谨科学，这些问题会严重影响论文评审者对论文的第一印象，甚至会影响对论文作者品性的直观感受。这其中的原因除了其论文内容本身很复杂外，最主要的原因还是论文作者重视不足，许多研究者并没有完全了解其中的要求。因此，本节将在细致剖析参考文献在学术论文中作用的基础上，具体介绍参考文献的录入要求。

3.9.1 概述

科学没有国界，但科研成果具有继承性，研究成果绝大部分是前人工作的开展和继续，所以学术论文必然要引用参考文献，这也是对前人尊重和敬佩的体现。

所以，学术论文后需要列出参考文献，其主要目的一是反映出真实的科学依据，便于查阅原始资料中的有关内容；二是体现严肃的科学态度，分清是自己的观点或成果还是别人的观点或成果，以对前人的科学成果表示尊重；三是有利于缩短论文的篇幅，并表明论文的科学依据。

我国国家标准局已先后发布很多相关标准，最早可追溯到 GB/T 7714—1987《文后参考文献著录规则》，但是由于科技的发展，特别是随着电子文书的快速普及，2005年3月23日，国家质量监督检验检疫总局和中国标准化管委会又发布了 GB/T 7714—2005《文后参考文献著录规则》，代替 GB/T 7714—1987，这一标准非等效采用了国际标准 ISO 690 和 TSO 690-2，规定了各个学科、各种类型出版物的文后参考文献的著录项目、著录顺序、著录用的符号、各个著录项目的著录方法以及参考文献在正文中的标注法。2015年12月1日起，国家标准 GB/T7714—2015 发布实施，代替了 GB/T 7714—2005《文后参考文献著录规则》，更名为《信息与文献——参考文献著录规则》；将"文后参考文献"和"电子文献"分别更名为"参考文献"和"电子资源"；在著录项目设置方面，为了适应网络环境下电子资源存取路径的发展需要，新增了"数字对象唯一标识符"（DOI）等等，下面进行具体的介绍。

3.9.2 参考文献的标注规则

在介绍参考文献具体的标注规则前，先介绍一下参考文献的主要来源，按照文献的功能和使用性来分，可以分为两类，一类是常规性文献资料源，另一类是特殊性文献资料源。

其中，常规性文献资料源主要有期刊（Journal）、书籍（Book）、工具书（Handbook）、会议录和资料汇编（Proceedings & edited-collections）、技术报告（Technical report）、专利（Patent）、档案资料（Deposited document）、学位论文（Dissertation）、其他（Others）。

特殊性文献资料源主要有新闻、报刊（News & newspaper）、电影、电视节目解说词（Caption in movie or television）、广告（Advertisement）、私人通信（Private letter）、录音带、录像带、VCD 等（Video cassette tape & VCD）、其他（Others）。

随着时代的发展，近年来，电子文献资源的作用和地位逐渐凸显，很大一部分参考文献来自于电子资料源，具体有数据库（Database）、计算机程序（Computer program）、电子公告（Electronic bulletin board）、磁带（Magnetic）、磁盘（Disk）、光盘（CD）、联机网络（Online）等。

不同的参考文献来源，在进行参考文献标注时，需要注意有不同的标识代码，详情见表 3-6、表 3-7。

表 3-6 文献类型和标识代码（参考 GB/T 7714—2015）

参考文献类型	文献类型标识代码
普通图书	M
会议录	C
汇编	G
报纸	N
期刊	J
学位论文	D
报告	R
标准	S
专利	P
数据库	DB
计算机程序	CP
电子公告	EB
档案	A
舆图	CM
数据集	DS
其他	Z

表 3-7 电子资源载体和标识代码（参考 GB/T 7714—2015）

电子资源的载体类型	载体类型标识代码
磁带（magnetic tape）	MT
磁盘（disk）	DK
光盘（CD-ROM）	CD
联机网络（online）	OL

国家标准局规定，学术论文的参考文献标注方法有顺序编码制和著者-出版年制两种。下面对这两种方法进行详细介绍。

1. 顺序编码制

顺序编码制是引文采用序号著录，参考文献表按引文的序号排序的参考文献著录体系。

1）顺序编码制是按正文中引用的参考文献出现的先后顺序连续编码，并将序号置于方括号中。如果顺序编码制用脚注方式时，序号可由计算机自动生成圈码。

例如，"西门子（SIEMENS）通过分析每天来自世界各地近10万个发电机组的运行状态大数据，分析用户的操作行为[1]；波音 BOEING[2] 通过搜集并分析飞机飞行过程中的实时大数据，在飞机降落前即可提前通知地面工作人员潜在的维护问题"。

2）同一处引用多篇文献时，应将各篇文献的序号在方括号内全部列出，各序号间用","。如遇连续序号，起讫序号间用短横线连接。此规则不适用于计算机自动编码的序号。

例如，"传统的产品工艺设计方法较多基于仿真与实验来进行[2,4-6]，产品工艺设计与数据驱动的典型流程如图1所示"。

3）多次引用同一著者的同一文献时，在正文中标注首次引用的文献序号，并在序号的"[ ]"外著录引文页码。如果用计算机自动编序号时，应重复著录参考文献，但参考文献表中的著录项目可简化为文献序号及引文页码。

2. 著者-出版年制

著者-出版年制是引文采用著者-出版年著录，参考文献表按著者字母顺序和出版年排序的参考文献著录体系。

1）正文中引文用括号内著录著者姓氏、出版年的形式。若仅标注著者姓氏无法识别该人名时，如中国、韩国、日本等国家的著者，可标注著者姓名。集体著者的文献可著录机关、团体名称。若正文中已提及著者姓名，则在其后的括号内只著录出版年。

例如，"制造大数据的显著特征是多样性、复杂性和不确定性，对制造大数据的统一表达是解决数据融合问题的关键和难点（Bleiholder，2008）"。

2）正文中引用多著者文献时，中国著者应著录第一著者的姓名，其后附"等"字，欧美著者只需著录第一个著者的姓，其后附"et al."。姓名与"等"之间加逗号，姓氏与"et al.""等"之间留适当空隙。

例如，"……反过来，榕属植物为传粉榕小蜂提供栖息和繁殖场所，它们之间高度密切的互惠共生关系是动植物协同进化系统中最为特化的一种（GALIL et al.，1973；

WIEBES，1979；WEIBLEN，2002；杨大荣，等，2000）。"

3）在参考文献中著录同一著者同一年出版的多篇文献时，出版年后用小写字母 a，b，c，…区分。

4）多次引用同一著者的同一文献时，在正文中标注著者与出版年，并在"（ ）"外以角标的形式著录引文页码。

3.9.3 参考文献的著录项目和著录格式

在介绍参考文献著录规则时，会接触到许多术语或专用名词，如著录项目、著录格式等，这里做以下说明。所谓著录项目，是指在每一条参考文献的构成中，需由许多项内容组合在一起，才能完整地表达出该条参考文献的提示要求。包括哪些项目是不可省略的，哪些项目是可供选择或可省略的等。所谓著录格式，是指构成参考文献的各个著录项目编写顺序及规范的表述方法。不同种类参考文献的著录项目和著录格式略有不同。下面为部分举例及说明。

1. 期刊文献

期刊中析出文献的著录格式为：

[标引项顺序号] 析出文献主要责任者 . 析出文献题名 [文献类型标识 / 文献载体标识]. 期刊名：其他题名信息，年，卷（期）：起讫页码 [引用日期]. 获取和访问路径 . 数字对象唯一标识符 .

示例如下：

[1] 张雅欣，杜汋，陈欣，等 . 国际应急管理领域热点与前沿研究——基于 citespace 的知识图谱分析 [J]. 中国应急管理，2020，(06): 70-73.

[2] Reza-Zanjirani Farahani, Lotfi M-M, Baghaian Atefe, et al. Mass casualty management in disaster scene: A systematic review of OR&MS research in humanitarian operations[J]. European Journal of Operational Research, 2020, 287(3): 787-819.

[3] 扈衷权，田军，冯耕中 . 基于供应方生产能力的应急物资生产模型 [J]. 运筹与管理，2019, 28(4): 100-108.

2. 报纸文献

报纸中析出的文献的著录格式为：

[标引项顺序号] 析出文献主要责任者 . 析出文献题名 [文献类型标识 / 文献载体标识]. 报名，出版年 - 月 - 日（版次）[引用日期]. 获取和访问路径 .

示例如下：

[1] 赵先刚．智能化网络防御"智"在哪[N]．解放军报，2021-03-02(007)．

[2] 梁晓波．人工智能如何影响舆论战[N]．解放军报，2021-03-02(007)．

[3] 盘和林．科技公司跨界造车"成色"几何[N]．国际金融报，2021-03-01(003)．

3. 专著

专著是指以单行本或多卷册形式在限定期限内出版的非连续出版物，包括图、书、古籍、学位论文、技术报告、会议文集、汇编、多卷书、丛书等。其著录项目及格式为：

[标引项顺序号]主要责任者．题名：其他题名信息[文献类型标志/文献载体标识]．其他责任者．版本项．出版地：出版者，出版年：引文页码[引用日期]．获取和访问路径．数字对象唯一标识符．

示例如下：

[1] 闭春华，魏家旭，唐洪．市政道路建设管理理论与应用[M]．成都：西南交通大学出版社，2018: 281．

[2] 包兴．基于运营能力的运作系统应急管理研究[M]．杭州：浙江工商大学出版社："组织．战略．创新"系列丛书，2013: 237．

[3] 唐钧．应急管理与危机公关[M]．北京：中国人民大学出版社：公共危机与风险治理丛书，2012: 258．

4. 学位论文

学位论文的著录格式为：

[标引项顺序号]著者．题名[文献类型标识/文献载体标识]．保存地点：保存单位，年份：引文页码[引用日期]．获取和访问路径．

示例如下：

[1] 刘青．基层市场监管体制改革后存在问题及对策研究[D]．南昌：南昌大学，2020．

[2] 孙宇．协同治理视野下的P市市场监管研究[D]．济南：山东大学，2020．

[3] 冯伟龙．中国工商银行欧洲市场发展战略研究[D]．长春：吉林大学，2020．

5. 专利文献

通常专利文献是指包含已经申请或被确认为发现、发明、实用新型和工业品外观设计的研究、设计、开发和试验成果的有关资料，以及保护发明人、专利所有人及工业品外观设计和实用新型注册证书持有人权利的有关资料的已出版或未出版的文件（或其摘要）的总称，是参考文献中的一类重要参考资料。作为参考文献时，其著录格式：

专利申请者或所有者．专利题名：专利号[文献类型标识/文献载体标识]．公告日期或公开日期[引用日期].获取和访问路径.数字对象唯一标识符.

示例如下：

[1] 高毅，袁振东.基于人工智能的智能关联答复方法、装置、计算机设备：CN112328741A[P]，2021-02-05.

[2] 余志伟.确定用户特征和模型训练的方法、装置、设备及介质：CN112328778A[P]，2021-02-05.

[3] 米兰，宋源，姚勋元，等.一种数据处理方法、系统及存储介质和终端设备：CN112330368A[P]，2021-02-05.

6. 技术标准

所谓技术标准文献是指按规定程序制定，经公认权威机构（主管机关）批准的一整套在特定范围（领域）内必须执行的规格、规则、技术要求等规范性文献，简称标准。作为参考文献时，其著录项目及格式为：

[标引项顺序号]著者.题名[文献类型标识/文献载体标识].保存地点：保存单位，年份：引文页码[引用日期].获取和访问路径.

示例如下：

[1] 全国广播电视标准化技术委员会.广播电视音像资料编目规范：第2部分广播资料：GY/T 202.2—2007[S].北京：国家广播电影电视总局广播电视规划院，2007: 1.

[2] 国家环境保护局科技标准司.土壤环境质量标准：GB 15616—1995[S/OL].北京：中国标准 H151，1996:2-3[2013-10-14].http://wenku.baidu.com/view/b950a34b767f5acfa1c7cd49.html.

7. 报告（含调查报告、考察报告）

报告的著录格式为：

[标引项顺序号]主要责任者，题名：报告题名：编号[文献类型标识/文献载体标识].出版地：出版者，出版年：引文页码[引用日期]，获取和访问路径.

示例如下：

[1] 冯西桥.核反应堆压力容器的LBB分析[R].北京：清华大学核能技术设计研究院，1997.

8. 电子资源

电子资源是以数字方式将图、文、声、像等信息存储在磁、光、电介质上，通过计算机、网络或相关设备使用的记录有知识内容或艺术内容的文献信息资源，包括电子书刊、

数据库、电子公告等。由于电子资源在现代科学技术中的重要地位,其使用频率越来越高。电子资源的著录格式为:

[标引项顺序号]主要责任者.题名:其他题名信息[文献类型标识/文献载体标识].出版地:出版者,出版年:引文页码(更新或修改日期)[引用日期].获取和访问路径.数字对象唯一标识符.

示例如下:

[1] 李强.化解医患矛盾需釜底抽薪[EB/OL].(2012-05-03)[2013-03-25].http://wenku.baidu.com/view/47e4206b52acfc789ebc92f.html.

3.9.4 注释

注释是对学术论文中的内容进行补充的解释,直接注释时,可以在文中添加括号,还可以通过添加脚注进行。注释没有固定的要求,在不同的期刊中也有不同的规范,具体视情况而定。

第 4 章 学术论文写作规范

4.1 量和单位的写作规范

学术论文中广泛使用的量和单位均符合我国于 1993 年修订的国家标准 GB 3100~3102—1993《量和单位》。该标准涉及自然科学的各个领域,是我国社会各行业必须实施的强制性基本标准。它所规定的物理量及其计量单位名称和符号为标准名称和符号,所规定的计量单位为法定计量单位。正确使用量的符号,有利于科学论文内容的准确表达,提高学术论文的科学性和可读性。

4.1.1 量

"量"是物理量的简称,根据《国际通用计量学基本名词》的定义即指现象、物体或物质的可定性区别和定量确定的一种属性。凡是可以定量描述的物理现象都是量,且均为可测,使用单位为法定计量单位。在计量学领域,往往把物理量称为可测量,且习惯上将计数得出的量称为计数量,例如价格、质量、时间等属性。

此外,根据物理属性的不同,物理量可以分为几何量、力学量、电学量、热学量等不同种类的量。一种量不同于另一种量,它们不能互相比较。具有相同性质的量,如长度、距离、高度、直径、波长等,可以互相比较。任何可以相互比较的量都叫做同类量,相似的量有相同的维数。同类量可以加减,不同类别的量只能乘除。

1. 量的单位和数值

所有可以相互比较的量称为同类量。为了定量地确定,必须从同一类中选择一个称为单位的参考量。那么该类的任何其他数量都可以用这个单位与一个数字的乘积来表示,这个数字被称为该量的数值。例如,$t=27s$,其中 t 是时间的量符号,s 是时间单位秒的符号,而 27 则是以 s 为单位时间的数值。对于任何一个量 A,量和单位的关系可以表示为 $A=\{A\}\cdot[A]$。式中 A 为某一量的符号,$[A]$ 为某一单位的符号,$\{A\}$ 是以单位 $[A]$ 表示量 A 的数值。

不同的单位会导致数值发生变化,而量的符号不会发生变化。例如,将某一量用另一单位表示，但此单位等于原来单位的 k 倍，则新的数值等于原来数值的 $1/k$。这就表明作为数值和单位乘积的量与单位的选择无关，即当选取不同的单位表达量时，量的大小（即量值）本身不变，也就是选择不同的单位时，只会改变与之相关的数值，而不会影响量值的大小。

2. 量的名称和符号

量都有各自的名称。GB 3100~3102—1993 共列出了 614 个量的名称，规定了标准化的量名称；同时，GB 3102.1~GB 3102.13 中对所有物理量的符号进行了规定，这些符号就是标准化的符号。量名称的规范使用如下。

1）不使用废弃的旧名称。例如，使用"密度""比热容"等标准量名称代替"比重""比热"等废弃量名称。

2）避用含义不明的词组作为量名称。

3）不要使用与标准量名称有出入的字来书写量名称。例如，不要将"傅里叶数"写为"傅立叶数"或"付立叶数"或"付里叶数"。

4）不要使用"单位+数"的形式作为量名称。例如，不用"重量数"表示质量，不用"小时数""秒数"表示时间。

5）不要混淆不同量的概念。例如，把"重量"理解为"质量"，以"重量"错误表示"质量"。重量是指使物体在特定参考系中获得其加速度等于当地自由落体速度时所受的力。在地球上，重量即指物体的重力，量符号为 w，单位名称为牛［顿］，单位符号为 N。质量是量度物体惯性大小的物理量，即物体中所含物质的多少，量符号为 m，单位名称为千克（公斤），单位符号为 kg。

3. 量符号的正确使用

1）在同一篇学术论文中，应尽可能选用不同的符号表示不同的物理量。一般情况下，每个量只给出一个符号，但也有的量给出了两个以上的符号。当给出两个以上符号而未加区别时，表明这些符号具有同等的功用，在使用时可任选一种。

2）当国家标准中对一个量给出两个符号，其中一个未加括号，而另一个加了括号时，括号中的符号为"备用符号"，供在特定情况下主符号以不同意义使用时使用。例如，反射系数的符号为 $\gamma(\rho)$，但是若在同一篇学术论文中 γ 已作为传播系数使用，此时就应选用 ρ 为反射系数的符号。

3）量符号必须使用斜体表示（只有 pH 例外），量符号在公式中作为下标时也要用斜体表示。

4）人名命名的量符号用大写斜体，其余用小写斜体。

5）当同时有两个下标时，中间用逗号隔开。

6）应采用国家标准中规定的量符号，尤其要注意量符号的大小写字母是不能随意互换的。

7）标准中没有规定符号的，可以使用量的中文名称和单位的中文符号。表示量值时，应写明单位，单位符号前应空 1/4 字的空隙。

8）表示数值的符号应与表示对应量的符号不同。

4. 量符号下标的正确使用

为了表示量的特定状态、位置、条件或测量方法等，常常需要在量的符号上附加其他标志。例如，最大应力 σ_{max} 是在应力符号 σ 上加下标"max"表示的。在实际应用中，量的下标是使用最多的情况。量的下标的采用和书写是有严格规定的。

1）当在一段文字中有不同的量用同一字母符号，或有一个量使用于不同情况或有不同的量值要表示时，为了相互区别，可采用下标。

2）必须优先采用新标准规定的下标符号，如果找不到国际性规定的下标才能考虑使用汉语拼音或汉字量名称的缩写作下标。

3）要正确区分下标字母的正斜体。凡是量符号和代表变动性数字及坐标轴的字母作下标时，采用斜体。例如，样本统计中常用到的自由度为 V_{n-1}，t 值表中的临界值用 t_a；I_i、I_j、I_k 中的 i、j、k 为变动的数字；其他情况一律用正体。阿拉伯数字中的 0 和常数作下标时一律用正体。

4）注意区分下标字母的大小写。凡是量符号和单位符号作下标，其字母大小写同原符号。除来源于人名的缩写作下标时用大写外，其他情况下一般用小写。

5）应尽可能避免使用复合下标。确需使用时，复合下标各部分应略分开，其间一般不加"，"（但为了防止混淆，也可以加）。关于复合下标各部分的排序，目前无规则可循，但最好把表示量的种类的下标放在前面，把表示特定情况的下标置于最后。

4.1.2 计量单位

1. 单位的概念

单位是计量单位（也称测量单位）的简称，是约定定义和采用的用以比较并表示同类量中不同量大小的某一种特定量（即物理常量）。这种约定的范围是不受限制的，包括国际约定、一国约定或更小范围的约定。单位恒为特定量，当然属于物理量，因此也有量纲。单位并不要求数值为 1，因此不能把单位理解为数值为 1 的量。

2. 单位制

国际单位制（SI）是由国际计量大会所采用和推荐的一贯单位制。SI 是一个完整的单位体系，由单位和单位的倍数单位两部分构成。其中 SI 单位又分为 SI 基本单位和 SI 导出单位。

SI 基本单位由相互独立的 7 个基本量组成，如表 4-1 所示。

表 4-1 SI 基本单位

量的名称	单位名称	单位符号
长度	米	m
质量	千克（公斤）	kg
时间	秒	s
电流	安［培］	A
热力学温度	开［尔文］	K
物质的量	摩［尔］	mol
发光强度	坎［德拉］	cd

SI 导出单位是用 SI 基本单位以代数形式表示的，单位中的乘、除用数学符号表示，共 21 个，如表 4-2 所示。

表 4-2 具有专门名称的 SI 导出单位

量的名称	单位名称	单位符号	其他表示示例
［平面］角	弧度	rad	
立体角	球面度	sr	
频率	赫［兹］	Hz	s^{-1}
力	牛［顿］	N	$kg \cdot m/s^2$
压力，压强，应力	帕［斯卡］	Pa	N/m^2
能［量］，功，热量	焦［耳］	J	$N \cdot m$
功率，辐［射能］通量	瓦［特］	W	J/s
电荷［量］	库［仑］	C	$A \cdot s$
电位，电动势，电势	伏［特］	V	W/A
电容	法［拉］	F	C/V
电阻	欧［姆］	Ω	V/A
电导	西［门子］	S	Ω^{-1}
磁通［量］	韦［伯］	Wb	$V \cdot s$
磁通［量］密度，磁感应强度	特［斯拉］	T	Wb/m^2
电感	亨［利］	H	Wb/A

续表

量的名称	单位名称	单位符号	其他表示示例
摄氏温度	摄氏度	℃	K
光通量	流［明］	lm	cd·sr
［光］照度	勒［克斯］	lx	lm/m²
［放射性］活度	贝可［勒尔］	Bq	s⁻¹
吸收剂量，比授［予］能，比释动能	戈［瑞］	Gy	J/kg
剂量当量	希［沃特］	Sv	J/kg

在各学科领域实际使用中，SI 基本单位、SI 导出单位及其倍数单位是单独、交叉、组合或混合使用的，因此就构成了可以覆盖整个科学技术领域的计量单位体系。

我国法定计量单位以国际单位制为基础包括 5 大部分（见图 4-1），即全部的国际单位制单位，具有专门名称的 SI 导出单位和 SI 辅助单位，由国家选定的非国际单位制单位，由以上单位构成的组合单位和由 SI 词头与以上单位构成的倍数单位。

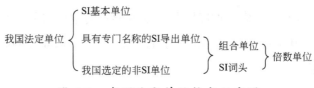

图 4-1 我国法定单位构成示意图

根据实际应用情况，我国法定计量单位加选 16 个非国际单位制的单位，见表 4-3。

表 4-3 我国选定的 16 个非国际单位制的单位

量的名称	单位名称	单位符号
时间	分	min
	［小］时	h
	日（天）	d
［平面］角	［角］秒	″
	［角］分	′
	度	°
旋转速度	转每分	r/min
长度	海里	n mile
速度	节	kn
质量	吨	t
	原子质量单位	u
体积	升	L'（l）

续表

量的名称	单位名称	单位符号
能	电子伏	eV
级差	分贝	dB
线密度	特［克斯］	tex
面积	公顷	hm^2

注：平角角单位度、分、秒的符号，在组合单位中应加括号，即采用（°）、（′）、（″）的形式。

3. 单位名称及其符号的规范使用

1）相除组合单位的名称与其符号的顺序要一致。符号中的乘号没有对应的名称，除号对应的名称为"每"，无论分母中有几个单位，"每"字只能出现1次。例如，机械臂转动关节角速度单位"rad/s"名称不是"弧度秒""秒弧度"或"每秒弧度"，而是"弧度每秒"。

2）对乘方形式的单位名称要加以区分。乘方形式的单位名称，其顺序应是指数名称在前，单位名称在后，相应的指数名称由数字加"次方"二字构成。例如，惯性矩单位"m^4"的名称为"四次方米"。

3）书写组合单位名称时不必加不需要的符号（如表示乘、除的符号或其他符号），即单位名称中不得加任何符号。例如，工程建设单位使用的起重机机臂的转动惯量的单位"$kg·m^2$"的名称是"千克平方米"，而不是"千克·平方米"。

4）读写量值时不必在单位名称前加"个"字。例如，不要将"14小时"读写为"14个小时"。

5）不要使用非法定单位名称（包括单位名称的旧称）。例如，不要使用达因、马力、公尺、公分、英尺、公升等非法定单位名称，而要使用牛、焦、瓦、米、厘米等法定单位名称。

4. 单位中文符号的规范使用

要按标准的中文符号来书写单位。组合单位的中文符号由每个单位的中文符号组合而成；相乘单位只有加"·"一种形式，相除单位有加"/"或"·"两种形式。具体有以下规则。

1）不要把单位名称作为单位中文符号使用。应将法定单位名称的简称作为单位中文符号。例如，力单位"N"的中文符号是"牛"，而不是其名称"牛顿"。

2）不要使用不规范的形式表示组合单位。由两个以上单位相乘所构成的组合单位，其中文符号只用一种形式，即用居中圆点代表乘号；由两个以上单位相除所构成的组合单位，其中文符号可采用居中圆点代表乘号（使用负幂形式）和用"/"代表除号两种形式之一（注意单位符号中的"/"不得超过一条）。例如，动力黏度单位"Pa·s"的中文符号是"帕·秒"。

3）不要使用不是单位中文符号的"符号"作单位中文符号。例如，面质量单位"kg/m²"的中文符号是"千克/米²"或"千克·米$^{-2}$"，而不是"千克/平方米"或"千克/二次方米"。

4）一般不要在组合单位中并用单位符号与中文符号两种符号。

5）摄氏温度单位"摄氏度"的符号"℃"可作为其中文符号使用，"℃"可与其他中文符号构成组合形式的单位。

6）单位中文符号只在小学、初中教科书和普通书刊中在有必要时使用。

5. 单位符号的规范使用

1）规范使用字体

书写单位符号要严格区分字母的类别、大小写及正斜体。单位符号一般多用小写字母表示，但来源于人名首字母时应该用大写字母表示；无例外均采用正体字母表示。

2）规范使用法定单位符号

不要把不属于法定单位符号的"符号"作单位符号。例如：表示时间的非法定单位符号，如旧符号 sec（秒）、m（分）、hr（时）、Y 或 yr（年），其法定单位符号分别是 s、min、h、a；rpm、bps 或 Bps 等符号，其法定单位符号应分别是 r/min（转每分）、bit/s（位每秒）或 B/s（字节每秒）。

4.1.3 量纲

1. 量纲的概念

如果一组量中的各个量之间存在着确定的关系，则这组量就形成了一种量制。以量制中基本量量纲的幂的乘积表示某量量纲的表达式，称为量纲式。量纲的符号规定为与基本量符号相对应的大写正体字母。表示某个量的量纲时，采用符号 dim（取量纲英文名称 dimension of a quantity 的前3个字母）。国际单位制（SI）中规定了7个基本量，它们的量纲符号如下：长度 L、质量 M、时间 T、电流 I、热力学温度 Θ、物质的量 N、发光强度 J。

在国际单位制所采用的量制中，根据定义，某量 Q 的量纲一般可表示成如下的量纲积：

$$\dim Q = L^{\alpha} M^{\beta} T^{\gamma} \Theta^{\delta} I^{\varepsilon} N^{\zeta} J^{\eta}$$

式中 L、M、T、…表示基本量 l、m、t、…的量纲，α、β、γ、…称为量纲指数。

2. 量纲一的量

量纲一的量是所有量纲幂指数为零的量（曾称为"无量纲量"，现标准称为"量纲一的量"）。在实际应用中，时常遇到所有基本量的幂数均等于零（即 $\dim Q=1$），其量纲积或量纲为 1 的物理量。如力学中的体应变、线应变、切应变、静摩擦因数、动摩擦因数等；机械制图中的立体角 Ω、平面角 θ 等。

3. 量纲一的量的 SI 单位

物理量的量值通常由数字与单位的乘积来表示，例如，$F=125\text{N}$，$W=3.7\times10^8\text{J}$ 等。而量纲一的量其量值通常用纯数字表示，如 $\eta=76\%$ 等。

国家标准规定，任何量纲一的量的 SI 单位名称都是汉字"一"，符号是阿拉伯数字"1"。在表示量值时，一般不明确地写出量纲一的量的单位符号 1。

4.1.4 词头

词头是用来构成法定计量单位十进倍数或分数单位的因数符号，它只有与单位结合才有意义。使用 SI 词头后，应当使量的数值处于 0.1~1000，如 $1.2\times10^4\text{N}$ 可写成 12kN。每个词头代表一个因数，具有特定的名称和符号（见表 4-4）。

表 4-4 SI 词头

倍数和分数	词头	符号	英文	倍数和词头	词头	符号	英文
10^{24}	尧［它］	Y	yotta	10^{-1}	分	d	deci
10^{21}	泽［它］	Z	zetta	10^{-2}	厘	c	centi
10^{18}	艾［可萨］	E	exa	10^{-3}	毫	m	milli
10^{15}	拍［它］	P	peta	10^{-6}	微	μ	micro
10^{12}	太［拉］	T	tera	10^{-9}	纳［诺］	n	nano
10^{9}	吉［咖］	G	giga	10^{-12}	皮［可］	p	pico
10^{6}	兆	M	mega	10^{-15}	飞［母托］	f	femto
10^{3}	千	k	kilo	10^{-18}	阿［托］	a	atto
10^{2}	百	h	hecto	10^{-21}	仄［普托］	z	zepto
10^{1}	十	da	deca	10^{-24}	幺［科托］	y	yocto

1. 词头的符号

1）词头的中文符号就是其中文名称的简称，如"y"的中文名称为幺［科托］，幺就是 y 的中文符号。

2）词头符号按其名称或简称读音，而不是读其字母的读音。

3）词头的符号一律用正体字母。

4）注意区分词头符号的大小写。区分词头的大小写有规律可循：表示的因数 $\geq 10^6$ 的词头用大写字母（共 7 个）；表示的因数 $\leq 10^3$ 的词头用小写字母（共 13 个）。

5）词头符号与紧接的单个单位符号又构成了一个新的单位符号，所以词头符号与单位符号之间不留空隙，也不加任何符号。

2. 词头的使用规则

1）词头不能单独使用或重叠使用

由于词头只有与单位结合才有意义，所以词头不能单独使用或重叠使用，如"μm"不能用"μ"表示，"nm"不应写作"mμm"。但是，亿、万等虽不是词头，因是我国习惯用数词，仍可使用。如万千米可写成"万 km"或"10^4km"；万吨千米可写成"万 t·km"或"10^4t·km"。

2）平面角、时间单位（s 除外）和 kg 等不能使用词头构成倍数单位。

3）乘方形式的倍数单位的指数，属于包括词头在内的整个单位。

词头符号与所紧接单位是一个整体，它们共同组成一个新单位。因此，乘方形式单位使用词头，一定要加倍注意：词头与紧接的单位符号具有相同的幂次。例如，hm^2 是"平方百米"，不是"百平方米"。km^3 是"立方千米"，不是"千立方米"。

4）组合单位中词头的使用

（1）组合单位中一般只用 1 个词头，而且尽可能是组合单位中的第 1 个单位使用词头，但 kg 是个例外。

（2）通过相乘构成的组合单位，其词头加在整个单位之前，如"kN·s"不宜写成"N·ks"，"kV·A"不宜写成"V·kA"。但也有特例，如物流货运量单位"吨·千米"，按习惯写成"t·km"，词头"k"置于第 2 个单位之前。

（3）在相除构成的组合单位的分子、分母上同时加词头，实际上属于词头的重叠使用。因此，通过单位相除构成的组合单位，词头一般加在分子的第一个单位前面，分母中一般不使用词头，但质量单位 kg 在分母中是例外。

（4）当组合单位的分母是长度、面积、体积单位或分子是 1 时，分母可以使用词头，但此时分子不能使用词头。例如，体积电荷单位"C/mm"、电子捕获检测器灵敏度数单位"A/（g·mL）"等。质量单位"kg"是个特例，它具有两重性，一方面它是 SI 基本单位，另一方面，在构成十进倍数单位或分数单位时，"kg"又被视为词头，"k"与单位"g"的组合。所以"mg""μg""ng"等不得写作"μkg""nkg""pkg"。

4.2 数字与数值的写作规范

数字能够简练、准确、醒目、直观地说明不同事物的质与量,反映事物间的关系,揭示其发展变化规律,所起作用是其他文字无法代替的。数字在学术论文中占据极为重要地位,正确使用数字,对精确、规范地阐述研究对象和提高论文的可读性非常重要。

4.2.1 数字的种类

数字的种类多种多样,可以从多种不同角度对其进行分类,如语言种类、测定方法、来源、精密程度等。根据语言进行分类,常用的数字主要有 3 种,分别是阿拉伯数字、汉字数字、罗马数字,如表 4-5 所示。

表 4-5 常见数字种类及表达

阿拉伯数字	汉字数字		罗马数字
0	〇	零	
1	一	壹	I
2	二	贰	II
3	三	叁	III
4	四	肆	IV
5	五	伍	V
6	六	陆	VI
7	七	柒	VII
8	八	捌	VIII
9	九	玖	IX
10	十	拾	X
100	百	佰	C
1000	千	仟	M
10000	万	万	

4.2.2 数字的规范使用与准确表达

1. 阿拉伯数字

阿拉伯数字构造简单科学,形象简明清晰,在学术论文中应用最为广泛。

1)阿拉伯数字的常见使用场合如表 4-6 所示。

表 4-6 阿拉伯数字常见用法

常见使用分类	用法
记录时间	公历世纪、年代、年、月、日、时、分、秒等时间单位。例如，20 世纪 50 年代，2021 年 3 月 18 日，22 时 20 分 18 秒，8:12（8 时 12 分）。此外，年、月、日之间可以使用连字符或下脚圆点号连接，时、分、秒之间的分隔符使用冒号，年份不能简写
表示计数和计量	计算用的数字或统计表中的数字，其中包括正负整数、小数、分数、百分数、约数、比例等
	物理量的数值，即计量单位前的数值。例如，7 min、350 km/s、36.5 ℃、500 mm×300 mm×230 mm 等。注意：数值与单位符号间应该留一空隙
	概数，如"800 余万""约 1 亿千克""100mg·d^{-1} 左右"，用"约""上下""左右""余"等表示部分约数。注意不得重复使用约数
	表示元件型号、设备仪器型号、样品编号、序号、标准代号等。学术论文中常见的型号、编号、代号中的数字等都应使用阿拉伯数字。如"运 20""MJ2530 大功率三极管""TL 3850 型测试仪"等
	非古籍参考文献著录中的数字。参考文献中的顺序编号、版次、出版年、卷、期和起止页码都用阿拉伯数字表示

2）阿拉伯数字的使用规范

表示数值的书写

（1）书写纯小数时须写出小数点前定位的"0"，小数点是齐底线的黑圆点，尾数"0"不能随意增减。

（2）书写尾数有多个"0"的整数和小数点后面有多个"0"的纯小数时，应按照科学计数法改写成"$a×10^n$"的形式，其中 a 为 10 以下的正整数或小数点前只有 1 位非"0"数字的小数（即 $1 \leqslant a < 10$），n 为整数。例如，"9660000"可写为"$9.66×10^6$"（保留 3 位有效数字）。

（3）阿拉伯数字可与数词"万""亿"连用。例如，"四十一亿五千六百万"可写为"41.56 亿"，但不能写成"41 亿 5 千 6 百万"，因为这里的数词"千"是单位词头；不得使用词头的还有摄氏温度单位"摄氏度"，平面角单位"度、分、秒"，时间单位"日、时、分"，质量单位"千克"。

（4）对 3 位以上的数字要采用三位分节法，即从小数点算起，向左和向右每 3 位数分成一组，组间空 1/4 个汉字（1/2 个阿拉伯数字）的空隙，一般不宜用逗号或其他符号来分组（除非专业性科技出版物）。例如 4 588、5.325 886 54。

（5）多位数在同一行写不下而转行时，须将整个数字全部转入下一行，不能将其断开转行，尤其不能将小数点后的数字或百分数的百分号转至下一行。

表示数值的范围

（1）用两个数字表示某一数值范围时，中间用连接号"~"（浪纹线）。例如，1~10，300~600，0.001~0.162。学术论文中的中文部分通常不用一字线或半字线作为数值范围的连接号，因为容易与数学中的负号混淆。

（2）不是表示数值范围就不要用浪纹线。例如，"4~5次"这样的表述不妥，"4"与"5"之间没有其他数值，应改为"四五次"。

（3）用两个百分数表示某一范围时，每个百分数中的百分号（%）都不能省略。例如，"0.1%~60%"不能写成"0.1~60%"，后者容易理解为"0.1~0.60"。

（4）用两个有相同幂次的数值表示某一范围时，每个数值的幂次都不能省略。例如，"$1.67×10^5$~$2.29×10^5$"不能写成"1.67~$2.29×10^5$"，后者容易理解成"1.67~229000"。

（5）用两个带有"万"或"亿"的数值表示某一范围时，每个数值后的"万"或"亿"都不能省略。例如，"1万~2万"不能写成"1~2万"，后者容易理解为1~20000。

（6）用两个单位相同的数值表示某一范围时，前一个量值后边的单位可以省略，省略后通常不会引起误解。例如，"50g~150g"可以写成"50~150g"；但"3°~10°"不可写为"3~10°"，以免将角度的单位"°"与弧度的单位"rad"相混淆，即将3°错误理解成3rad。

（7）用两个单位不完全相同的数值表示某一范围时，每个量值的单位都应该写出。例如，"6h~8h 30min"不写作"6~8h 30min"，最好写成"6~8.5h"。

表示公差及面积、体积

（1）中心值与其公差的单位相同。当上下公差也相同时，单位可写一次。例如，"72.4mm ± 0.3mm"可写作"（72.4 ± 0.3）mm"，但不能写成"72.4 ± 0.3mm"。当上下公差数值不相等时，公差应分别写在量值的右上角、右下角。若公差的单位与中心值相同，则在公差后面统一写出单位；例如，可以写成"$70.1\text{mm}^{+0.10\text{mm}}_{-0.02\text{mm}}$"或"$70.1^{+0.10}_{-0.02}\text{mm}$"，但不能写成"$70.1^{+0.10\text{mm}}_{-0.02\text{mm}}$"；若公差的单位与中心值不同，则分别写出中心值与公差的单位。例如可以写成"$70.1\text{cm}^{+0.10}_{-0.02}\text{mm}$"。

（2）中心值上下公差的有效数字不能省略。例如，"$14.5\text{mm}^{+0.20\text{mm}}_{-0.03\text{mm}}$"不能写成"$14.5\text{mm}^{+0.2\text{mm}}_{-0.03\text{mm}}$"。

（3）中心值上或下公差为0时，0前的正负号可省略，如"$48^{+0.2}_{0}\text{mm}$"。

（4）用两个绝对值相等、公差相同的数值表示某一范围时，表示范围的符号不能省略。例如，"（−72.4 ± 0.2）~（72.4 ± 0.2）mm"不能写成" ± 72.4 ± 0.2mm"。

（5）中心值与公差是百分数时，百分号前的中心值与公差用括号括起，百分号只写一次。例如，"（50 ± 5）%"在任何时候都不能写成"50 ± 5%"或"50% ± 5%"。

（6）用量值相乘表示面积或体积时，每个量值的单位都应该一一写出。例如，"70m×50m"不能写成"70×50m"或"70×50m^2"；"60cm×50cm×20cm"不能写成"60×50×20cm"或"60×50×20cm^3"。

表示数值的修约

对实验测定、观测或计算所得的数值常常要进行修约。所谓数值的修约就是用一个比较接近的修约数代替一个已知数，使已知数的尾数简化。该修约数即来自选定的修约区间的整数倍。为避免多次修约和可能产生的误差，对一个已知数必须1次完成修约。对于极大值或极小值进行修约时，应遵循"极大值只舍不入，极小值只入不舍"的原则。

表示数值的增加或减少

表示数值的增加或减少有以下规则。

（1）数值的增加可以用倍数和百分数来表示，但必须注意用词的准确性，用词不同，所表示的含义也就不同。例如，"增加了3倍"，表示原来为1，现在为4；"增加到3倍"，表示原来为1，现在为3；"增加了60%"，表示原来为1，现在为1.6。

（2）数值的减少只能用分数或百分数来表示，但必须注意用词的准确性，用词不同，所表示的含义也就不同。例如，"降低了30%"，表示原来为1，现在为0.7；"降低到30%"，表示原来为1，现在为0.3。

表示约数

"约""近""大致"等与"左右""上下"等不能并用，例如"净流入现金约为800左右""大致有80台上下"等表述均是错误的；"最大""最小""超过"等不能与约数或数的大致范围并用，例如"超过100~150字""最小收益为220万左右"之类的表述是错误的。

2. 汉字数字

汉字数字使用场合如下：

1）固定词语中作定语的数字。数字作为词素构成定型的词、词组、惯用语、缩略词或具有修辞色彩的语素时，必须要用汉字。例如，"二级市场""三级价格歧视""十四五"规划等，在叙述时必须用汉字数字。

2）相邻的两个并列数字表示的概数。相邻的两个数字并列连用表示概数时必须用汉字，且连用的两个数字间不应用顿号隔开。例如，二三百元、四十五六岁、八九成熟、十之八九等。

3）干支纪年，农历月日、历史朝代纪年及其他传统上采用汉字形式的非公历纪年等等，应采用汉字数字。如清咸丰十年九月二十日。

4）带有"几"字的数字表示的概数。带有"几"字的表示概数的数字必须用汉字。例如，十几年来、几十年如一日、几十万分之一、好几百元等。

5）含有月日简称表示事件、节日和其他特定含义的词组中的数字必须用汉字。如果数字中含一月、十一月、十二月，还应采用间隔号"·"将表示月、日的数字隔开，并外加引号，以避免歧义。涉及其他月份，是否用引号，取决于事件的知名度，知名度高的可不用引号。例如，"一二·九"运动、"一·二八"事变、五四运动、九一八事变、八一建军节等。

6）古籍文献标注中的卷次、页码等。引文若来自古籍应与所据版本一致，其中数字必须使用汉字。

7）"零"和"〇"。汉字数字有"零"和"〇"两种形式。一个数字用作计量时，其汉字书写形式要用"零"；用作编号时，书写形式要用"〇"。

8）其他使用汉字的场合，如：

（1）星期中的数字一律用汉字，如"星期三"。

（2）并列的几个阿拉伯数字与其复指数相连时，复指数要用汉字；例如，"这几组数据中都含有6，8，9三个数。"

（3）形容词前面的数字要用汉字；例如，"本方法有三大优点""长江是中国三大河流之一"。

（4）名词前面的数字要用汉字；例如，"这一性质非常奇特""运算中把这一约束删除""用这一办法很难解决问题"。

（5）"一"与量词组成数量词组做定语泛指时用汉字。

3. 罗马数字

罗马数字在学术论文中有时也会出现，其基本数字只有I（1），V（5），X（10），L（50），C（100），D（500），M（1000）七个。

罗马数字的记数法则有以下几条：（1）一个罗马数字重复几次，表示该数增加到几倍。例如，Ⅱ表示2，Ⅲ表示3，CCC表示300。（2）一个罗马数字右边附加一个数值较小的数字，表示这两个数字之和。例如，Ⅶ表示7，是"5+2"所得，Ⅻ表示12，是"10+2"所得。（3）一个罗马数字左边附加一个数值较小的数字，表示这两个数字之差。例如，Ⅳ表示4，是"5-1"所得；Ⅸ表示9，是"10-1"所得。（4）一个罗马数字上方加一横线，表示该数字扩大到1000倍。（5）一个罗马数字上方加两横线，表示该数字扩大到100万（10^6）倍。

4.3 数学符号和公式的写作规范

数学符号与公式包括字母、数字、符号等组成要素，被用来表达物理量之间的逻辑和运算关系。准确、简明、规范的公式排版对于提高数学式的表达质量、缩短论文篇幅等起到极大的作用。

学术论文中的数学式分为数学公式（简称公式）、数学函数式（简称函数式）、数学方程式（简称方程式）和不等式。公式是已经得到证明和大家公认的式子，函数式用来表示因变量随自变量变化的关系，而方程式是含有未知数的等式。方程式又分为量方程式和数值方程式。

4.3.1 数学式的特点

从写作和排版的角度概括而论，数学式具有以下特点。

1. 使用多种类字符

数学式中可能有多种字母和符号，如英文、希文、俄文、德文等，字母还有字体、字号、大小写、正斜体、黑白体、上下标之分。

2. 符号或缩写字多

符号包括运算符号、关系符号、逻辑符号、函数符号等，各有各的含义和用途。数学式中还可能包括缩写字、词，如 $\log$、$\max$ 等。

3. 层次重叠多

字符在数学式中的上下左右排列位置不同，例如有上、下标，上、下标中可能还会含有上、下标（即复式上、下标）；有的数学式中含有繁分式（叠排式）、行列式、矩阵，排版上非常复杂。

4. 容易混淆的字符多

很多字母或符号形体相似，但表达的意义和适用场合往往不同。例如，a 与 α，0 与 o，o 与 O，C 与 c，P 与 p 和 ρ 等，写作、排版或校对时稍不留心就会出错。

5. 变化形式多

同一个数学式有不同的表达方式，从而有不同的表示形式。例如，分数式既可写成 $\frac{a}{b}$ 的形式，又可写成 a/b 或 ab^{-1} 的形式。同一符号在不同数学式中的含义可能不同，例如，Δ 可以表示有限增量，也可以表示拉普拉斯算子，而 Δ 也可以表示某一量的符号；π、e、d 分别表示圆周率、自然对数的底、微分符号，而 π、e、d 也可分别表示某一量的符号。

6. 限制条件多，占用版面多

数学式中，符号的使用，式子的排式、排法，都有相应的规范要求。重要的数学式（一般需要对其编号）应单独占一行或多行排，有的式子的前边或式与式之间的连词（包括关联词语）等通常要求单独占行排；含有分式、繁分式、行列式、矩阵等的数学式会占用更多的版面。

4.3.2 数学式的规范使用

1. 数学式的排版格式

1）居中排

居中排是指公式独立占行，排在每行的中间（左右两边空距相等）。示例如下：

$$F=P\times(1+i)^n$$
$$ROI=EBIT/TI\times100\%$$

符合下述3种情况之一者，需要另起一行居中排。

（1）重要式子，另行居中排以引起读者重视，也便于查找。

（2）长式，带积分号、连加号、连乘号的式子，以及比较复杂的式子（如繁分式）。

（3）需要编式码的式子，另行居中排，以便把公式序号写在规定的位置上。

2）空格排

空格排是指公式独立占行，左起空两格起排。示例如下：

$(\sin x+\cos x)^2=1+\sin 2x$

$2\sin\alpha\cos\beta=\sin(\alpha+\beta)+\sin(\alpha+\beta)$

对于可居中排的公式，也可以空格排，但要全文体例一致，不能居中排和空格排在同一论文中互用。

3）串文排

为节省版面，并使整个版面连贯完整，一些简单的、叙述性的及不需要编式码的公式可采用串文排。

2. 数学式的排式规则

数学式自身的排式有以下规则：

1）数学式主体对齐。主体对齐是指无论式子是单行式还是叠排式，无论式中是否有根号、积分号、连加号、连乘号，无论式中各符号是否有上下标，凡属式子主体的部分都应排在同一水平位置上，属式子主体部分的符号有=、≈、≠、≤、≥、<、>及分式的分数线等。

2）数学式主辅线分清。叠排式中有主、辅线之分，主线比辅线要稍长一些，而且主线与式中的主体符号应齐平。同时，式子编号应放在式中主体符号或主线的水平位置上。

3）数学式各单元排列层次分明。数学式中的一些符号，如积分号、连加号、连乘号、缩写字等，应与其两侧的另一单元的符号、数字分开，以达到层次分明，不能将它们左右交叉混排在一起。

4）数学式与其约束条件式的排列规则。数学式（下称主式）通常居中排，但如果还有约束条件式，当约束条件式较长时则应将主式与约束条件式作为一个整体左对齐排列，约束条件式排在主式的下方。这样，当约束条件式较长时，主式就不用居中排了，而是将约束条件式居中排，再将主式与约束条件式左对齐排；当有多个约束条件式时，应将这些条件左对齐排列。

5）函数排式严格。除指数函数外，函数的自变量通常排在函数符号的后面，有的加圆括号，函数符号与圆括号之间不留空隙，如 $f(2y)$；有的不加圆括号，函数符号与自变量之间留空隙，如 $\exp x$、$\ln x$、$\sin x$ 等；对于特殊函数，其自变量有的排在函数符号后的圆括号中，如超几何函数 $F(a,b;c;x)$、伽马函数 $\Gamma(x)$ 等，有的直接排在函数符号后不加括号，如误差函数 $\mathrm{erf}\, x$。如果函数符号由两个或更多的字母组成，且自变量不含"+""-""×""÷"等运算符号，则自变量外的圆括号可以省略，但函数符号与自变量之间必须留一空隙，如 $\mathrm{ent}\, 2.4$、$\cos \omega t$ 等。为了避免混淆，表达函数时应注意合理使用圆括号，如不应将 $\sin(x)+y$ 写成 $\sin x+y$，因为 $\sin x+y$ 可能被误解为 $\sin(x+y)$。

复式函数中的括号一般都用圆括号，如 $g(f(x))$、$h(g(f(x)))$ 等。在表达分段函数时，函数值与函数条件式之间至少空一字宽；各函数值（有时为数学式）一般上下左对齐或上下左右居中对齐；各函数条件式上下左对齐或自然排在函数值的后面，后面宜加标点。

3. 数学式的转行

当数学式很长一行排不下时（或串文中的公式处于转行位置），必须设法转行排。但转行必须遵循一定的规则，不得随意转行，否则将导致错误。一般常用的转行规则有以下几点：

1）优先在"=、≈、≠、≤、≥、<、>"等关系符号之后转行，转行后符号排在行末，下行行首不必重复出现关系符号；且多次转行时，转行符号要上下对齐。其次，可在"+、-、×、÷"等运算符号处转行，转行后符号排在行末，下行行首不必重复写出符号。不得已时，可考虑在"$\prod$、$\sum$、$\mathrm{d}x$"等运算符号和"lim、exp、ln"等缩写之前转行，但绝不能在这类符号之后立即转行，同时也应尽量避免将这些符号后的被运算对象分开。

2）对于长分式的分子、分母均为多项式，则可在运算符号"+""–"后断开并转行，在上一行末尾和下一行开头分别加上"←""→"符号；若分子分母均为非多项式，则可在适当的因子间各自转行。

3）矩阵、行列式一般不宜转行，但如果矩阵或行列式的元素为较长的数学式难以在一行内排下时，则可以使用字符来代替这些元素，同时在矩阵的下方对所使用的每个字符加以解释说明，以使矩阵或行列式得以简化而将其整体宽度减小到不超过一行的宽度。

4. 数学式的排式转换

数学式的表达不仅要准确，而且形式上要简明、美观，这就要求作者在版式的合理安排上下功夫。如公式的转行要恰当，必要时还要对公式作某种形式上的变换，以达到简明、美观的效果。

数学式变换的目的：一是为了节省版面；二是变换公式便于转行；三是变换公式可以减少排版困难。变换公式应遵循的基本原则是"只变形式，不改变原意"。常见的有以下3种形式。

1）用斜分数线代替横分数线，将直排分式改为卧排式，或将层数较多的繁分式的层数降低。此时应注意分子或分母是否需加括号，以避免改变原意。如繁分式

$$H = \frac{P_{12} - \frac{P_1 + P_2}{2}}{\frac{P_1 + P_2}{2}}$$

可以转换为 $H = [P_{12} - (P_1 + P_2)/2]/[(P_1 + P_2)/2]$。

2）将分式的分母写为负数幂的形式。如 $1/n$ 可改为 n^{-1}。

3）根式改写为分数指数形式。如 $f(x) = \sqrt{1 + x + 5x^2 + \frac{1}{2}x^3}$ 可改为 $f(x) = (1 + x + 5x^2 + \frac{1}{2}x^3)^{\frac{1}{2}}$。

5. 矩阵与行列式的表达

学术论文中矩阵与行列式的排版难度较大，特别是元素较复杂的情况，现分别说明如下。

1）元素为单个字母或数字时，每列应使正负号对齐；元素为一式子时，每列以中心线为准对齐，行要左右对齐。通常列距为一字，行距为半字。

2）高阶行列式或矩阵可用"…"代替省略的元素，省略号应与元素主体对齐。对角矩阵或单位矩阵中的零元素可省略。

3）行列式或矩阵中诸元素式子太长，通栏排不下时，可使用简单字符来代替元素，然后对每个字符加以说明。一般不能从行列式或矩阵的中间拆开转行。

6. 数学式中的符号字体选择

由于数学式中符号所表达的意义各不相同，因此，在写作过程中符号正、斜体的选择至关重要。

1）正体外文字母主要用于表示公式中的各种运算符号和缩写运算号等，如 $\sum$（连加号）、lim（极限）等；常数符号，如 π（圆周率）、e（自然对数的底）等；指数函数、对数函数、三角函数及双曲函数符号，如 exp（指数函数）、ln（自然对数函数）、sin（正弦函数）、sinh（双曲正弦函数）等；某些特殊函数和集的符号，如 $\Gamma(x)$（伽马函数）、**N**（非负整数集）等；物理中的计量单位、量纲符号和词头。

2）斜体外文字母主要用于表示变量和一般函数；量符号及量符号中代表量和变动性数字的下标符号；量纲一参数符号；矢量与张量。矢量和张量用黑斜体。

3）大小写外文字母主要用法：量纲符号用大写；源于人名的单位符号的首字母均用大写；除源于人名以外的一般单位符号用小写；部分约定俗成的，分别采用大、小写处理。

7. 数学式标点符号问题

数学式与其前后的文字或其他公式构成句子，并在句子中充当一定的句子成分，该句子有可能在公式的前后需要停顿，在停顿的地方就应该有停顿符号，即标点符号。所以无论公式是串文排还是居中排，在公式与公式之间、文字与公式之间，都要按实际确定是否需要使用标点符号。至于在何种情况下需要使用标点符号，使用什么标点符号，完全取决于该公式在句中的语法作用及与下文关系，并遵循汉语标点符号使用的一般规则。

8. 数学式的编号

对于在上下文中被多次引用的数学式或重要的结论性数学式，应按其在文中出现的顺序给予编号（简称式号），以便查找、检索和前后呼应。为数学式编号有以下原则。

1）式号均用自然数，置于圆括号内，并右顶格排。

2）文中各式子的编号应连续，不能重复，不能遗漏。

3）若式子太长，其后无空位排式号或空余较少不便排式号，为了排版需要，则可将式号排在下一行的右顶格处。

4）编号的式子不太多时，常用自然数表示式号，如（1）、（2）等，但对性质相同的一组式子，则可以采用在同一式号后面加字母的形式，如（1a）、（1b）等。

5）对一组不太长的式子，可排在同一行，而且共用一个式号。

6）同一式子分几种情况需上下几行并排时，应共用一个式号，各行的左端可加一个大括号且左端排齐，式号排在各行整体的上下居中位置。但是，对于一行排不下而转行排的同一式子，式号要排在最后一行的末端。几个式子上下并排组成一组且共用一个式号时，各行式子的左端应排齐，式号应该排在该组式子整体的上下居中位置，必要时可以在该组式子的左端或右端加一个大括号。一组式子无须编式号但需要加大括号时，大括号通常加在这组式子的左端，对于联立方程更应如此。

7）正文与式子要呼应，而且正文中式子的编号也应采用带圆括号的形式。要避免"上式即为……的计算式""将上式与式（2）比较可知……""如下式所示"之类的叙述，这是因为即使作者非常清楚所述的"上式""下式"具体是指哪个式子，但对读者来说并不一定清楚其具体所指，容易造成误解。

8）通常只有后文中要引用的前提性和结论性居中排公式才需要编式号，对文中没有提及或不重要的、无须编号的式子，即使采用了另行居中排的形式，也不用对其编号。

4.4 插图的写作规范

插图是信息表达的一种常用形式，可以直观地反映事物的形状、结构、变化趋势和特征，减少繁琐的文字描述，甚至描绘难以用文字清晰表达的内容。

4.4.1 插图的分类

学术论文的插图种类多种多样，可以从其形态、色彩等多个角度来分类。一般可以分为线条图、网纹图、黑白版画和彩色版画等；在实际写作过程中，为清晰简明地说明问题，技术图解性插图一般分为线条图和照片图等。

线条图又称墨线图，是指用墨线绘制出来的示意图形，作为学术论文中最常用的插图形式，它具有线条简洁、表达清晰、制作方便的优点。根据构图方式的不同，可分为坐标图、等值线图、示意图、地图等。

1. 坐标图

坐标图通常有两种形式：一种表述的是定性变量，坐标轴没有给出具体标值；另一种是定量变量，坐标轴明确标注标值，其中又分为点图、线图、面图、条图、记录谱图等。

1）点图。点图是用点来表示两个或多个因素的函数关系图。点图的点用大小相等的圆点或圆圈等表示，点的大小可根据制图的比例确定。点图又可分为一般点图和散点图两种。

（1）一般点图。一般点图是用点的疏密程度（点的数量）来表示某项指标或参量在特定条件下出现的频率分布的一种函数关系图，常用于对比观察或分析的场合。

（2）散点图。散点图是用坐标图上离散的数据点来表述事物或现象中关联参数间相依变动规律的一种函数关系图。常用于函数关系相对比较模糊的场合，但从点的分布仍能看出事物或现象运动的趋势，如图 4-2 所示。

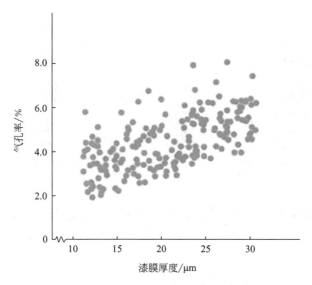

图 4-2 机械焊接工艺中漆膜厚度与气孔率的相关关系

2）线图。线图是依靠直线、曲线、折线定量描述变量关系的图（见图 4-3），在学术论文中应用于连续性的统计资料。

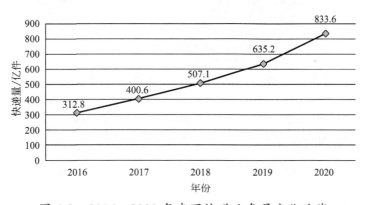

图 4-3　2016—2020 年我国快递业务量变化曲线

3）面图。面图是用面来表示不同因素之间的大小、性质、形状的图形。不同于线图，面图仅适用于间断性统计资料，包括直方图和构成比圆图等。

（1）直方图。直方图是用来表示变量的频数分布的图（见图 4-4），它是函数关系为阶跃形的普通函数线图的变换，图中的各矩形面积分别代表相应参量的频数。

（2）构成比圆图。构成比圆图用来表示在全体中各部分的构成比例。它是一个整圆，以圆的 2π 弧度中心角作为 100%，用不同的线型或图案构成部分所占的比例把圆分割成若干扇形面（见图 4-5），各个部分标注的数字、字母和符号可直接置于扇面内，或用引线拉出圆外。

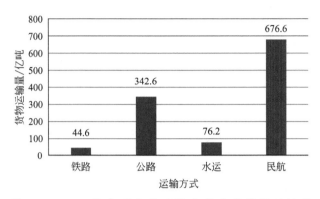

图 4-4　2020 年我国各种运输方式完成货物运输量

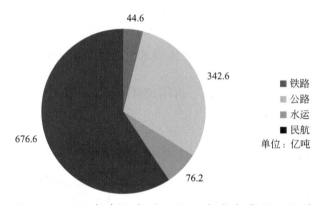

图 4-5　2020 年我国各种运输方式完成货物运输量

4）条图。条图是用宽度相同的直条表示相互独立的各参数大小或全体中各部分构成多少的一类图形。常用的有直条图和构成比直条图（见图 4-6）。条图只适用于间断性统计资料，不适用于连续性统计资料。

图 4-6　2016—2020 年我国货物进出口总额

5）记录谱图。记录谱图是用专门仪器，从其荧光屏或其他显示仪器屏幕显示出来的一种图形（见图4-7）。这种图形如果是用仪器拍摄下来，它就是照片图形式；如果是用记录仪自动绘出的曲线，就类似于线条图。

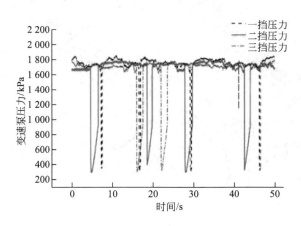

图4-7　装载机各挡位下变速泵压力

2. 等值线图

等值线图是用线条反映某种物理量在被研究的对象面（平面、曲面、切割面）上分布的一种图形。图中每一条等值线代表某一等级（值）物理量的点的集合，这样的一组等值线可以描述出整个面域内该量的分布情况。常见的等值线图如气象图中的等压线、等高线、等温线，地形的等高线图，海洋、湖泊的等深线图，带电物体的等电位线图等。

3. 示意图

示意图使用简单的长线或符号来表示原始的复杂事物，这些事物介于真实事物和不真实事物之间。示意图主要用于定性描述。由于其具有形式多样、表达力强、图形简洁、绘制简单等优点，也被广泛用于科学论文中。

1）结构示意图。结构示意图是用线条描绘物体外形的轮廓及其与周围环境关系的图形。一般用来表达用文字难以叙述清楚的物体，而且它在表述形态变化的细节方面甚至优于照片。常见的结构示意图有生物器官示意图，设备、仪表、机器等的零部件或整体示意图，地质地貌，分子、原子结构等示意图，此外，还有光、声、电、热、力等不可视或无定型的物质的传递系统装置或零部件结构示意图（见图4-8）。对于某些难以排版的图形、符号或化学结构式等，也可绘制成这类图形。

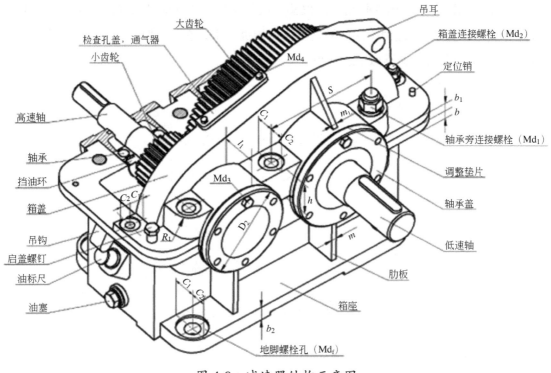

图 4-8 减速器结构示意图

2）流程图。流程图也称方框图，是用一定的图形（圆形、菱形、方框等）表示事物之间的相互关系。它可以用方框表示网络关系、计算过程、工艺流程等，如图 4-9 所示。

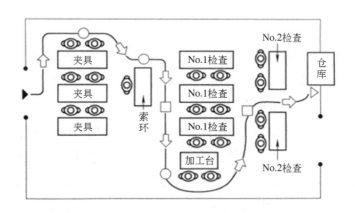

图 4-9 现场设施布置以及物流路线图

3）工程图。工程图用于绘制机械制造、土木建筑等工程实用图。

4）电路图。电路图是人们为研究、工程规划的需要，用物理电学标准化的符号绘制的一种表示各元器件组成及器件关系的原理布局图。

4. 地图

地图是指把地球表面（包括地壳和大气层）的自然现象和社会现象，用地图投影等方法描绘在平面上的图形。它运用不同的符号、颜色和标记，概括地定性或定量反映各种事物和现象的地理分布、相互联系、相互制约关系以及发展变化，综合反映地表物体、自然现象与社会现象的一般特征。

照片图指图像显示的图形，它是学术论文中常用的图像显示形式之一，比线条图更加形象直观，立体感强。照片图的优势主要表现在它的传真特性，以摄像技术捕捉到的图像信息。根据插图的色彩可分为彩色图和黑白图。彩色图片色彩丰富，形象逼真，表达效果十分理想，但由于彩色图片对印刷设备及印刷技术要求较高，故而印刷成本高。黑白图印制方便，费用低，可以达到一定的描述效果，学术论文也最为常见（见图4-10（a）、（b））。

（a）　　　　　　　　　　　　　　（b）

图4-10　相关物流设备

4.4.2　插图的选用原则

1. 精选插图

考虑到学术论文内容和读者水平诸因素，选择插图时，要遵循简明原则，对插图进行精简，去伪存真，突出重点，所要表述的对象如果能够使用文字简洁说明问题，则可以摒弃插图；在初步确定采用插图的基础上对同类插图进行分析比较，确定可否将同类插图合并和删减。

合理选择插图类型。根据撰写内容的性质，论述的目的和内容，印制成本等多种因素来选择最适宜的插图类型。例如，线条图含义清晰、线条简明，适合表达说理性和假设性较强的内容，也适用于表达事物间的定性或定量关系，制作方便；照片图层次变化分明，立体感较强，适用于反映物体外形或内部显微结构要求较高的原始资料。此外，能用线条图表示的就不用照片图，单色图可以清晰表达的内容就不用彩色图。

2. 规范使用插图

完整的插图，必须具有必要的信息，能够使读者完整准确理解其表达的内容，保证插图的自明性。插图的图序、图题、幅面尺寸、合理布局和图形的画法，图中的数字、符号，文字，计量单位、线型、线距、标目、标度、标值，以及说明、附注等，均需符合制图的国家标准、行业标准和惯例。

3. 图文并茂

论文中的插图直接用来帮助表达正文内容，必须将自然语言和插图有机地结合起来；避免用文字和插图表述同一内容，或多张插图表述类同的事实和现象。正确配合文字表达是指插图与文字的表达要恰当配合，表现为插图位置安排合理与图文表达一致两个方面。插图位置遵循先出现文字叙述后出现插图（先见文，后见图），不要跨节等原则。

4.4.3 插图的设计构成

每张插图，都由三个必备要素（图序、图题、图身）和一个非必备要素（图注）构成。图序为该图在论文中的顺序编码。按照图在文中出现的先后顺序，使用阿拉伯数字连续编排序号，如"图1""图2""图2-2"等。每一插图都必须有序号，即使全文只有一张图，也要标示"图1"或"图2-1"等。

图题指图的题名。每一张插图都必须有题名。图题应当简短准确地反映图的特定内容，具有专指性。对于拟定图题要求，与拟定论文的题名类同。

图身即图样本身。

图注也称图例，必要时，应将图上的符号、标记、代码以及实验条件等，用最简练的文字表述，作为图注说明，统计图中的曲线图可使用"○""·""△""×"等图注符号；照片图可用"1…；2…；3…；4…"或"A…；B…；C…；D…"等图注符号。

规范设计制作插图的一般要求如下。

1. 插图的设计制作要符合我国国家标准、行业标准及其他有关标准、规定。引用国外文献中的插图时，被引用插图的画法也应符合我国现行有关标准。

2. 插图中的文字多采用6号或小5号字，在特殊情况下可以改变字体、字号。例如，为突出某些文字，可以增大字号和（或）改变字体；为突出层次、类属，也可以减小字号和（或）改变字体。

3. 插图中指引线的长短和方向要适当；线条要干净利落，排列整齐、均匀、有序，不可互相交叉，而且不要从图中的细微结构处穿过；两端不要用圆点、短横线和箭头等，即用直线段或折线作指引线，画成折线时，只可折一次。

4. 插图中箭头的类型要统一，箭头的大小及其尖端和燕尾宽窄应适当，同一图中的箭头的类型、大小等要一致。

5. 插图中线条的粗细要分明，同类线型粗细应一致；曲线过渡要光滑，圆弧连接要准确。

6. 要善于利用不同的图案来区分插图中性质不同的部分。例如，在条形图中，要用有明显区别的线条图案来区分不同的条，如果必须使用灰度来区分，则不同条的灰度通常应有较为明显的差别。

7. 条形图、比圆图的构成部分的数量不宜太多，如果构成部分数量很多，则考虑使用表格。

8. 对于线图，确定同一幅图内放置曲线的数量，应以可辨性作为原则，曲线的数量不宜太多，曲线布置也不宜太密。

9. 尽量采用清楚、简单的几何图形来表示不同的数据类型，最好选择空心圆圈、实心圆圈、三角形、正方形或菱形等图形来表示。

4.4.4 坐标图

学术论文中使用最多的插图是坐标图（见图4-11）。坐标图的规范性表达如下。

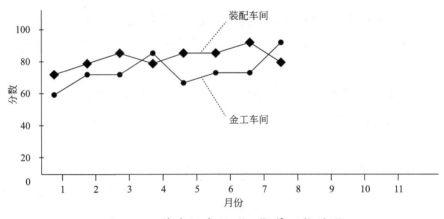

图4-11 某车间实现"5S"管理推移图

1. 坐标图应带有标目和标值。标目由物理量名称或其符号和相应的单位组成，能够说明坐标轴的物理意义，标目尽量用量与单位比值的形式表达，即"量名称或量符号/单位"，例如 m/kg、$c/(mol/L)$、p/kPa 等形式。物理量的符号应使用国家标准规定的斜体字母标注，尽量避免使用中外文的文字。单位符号应该使用国家标准规定的正体字母标注。纵坐标标目应按"底左顶右"的顺序竖排。

标值是坐标轴定量表述的尺度，应写在坐标轴线外侧，紧靠标值短线的地方。要通过改用标目中单位的方法，使标值的数字应尽量不超过3位，或小数点后不多于1位。例如将 47000m 改为 47km。

2.坐标轴具有具体标值时，因标值的大小已明确表述了增量的方向，就不应在给出标值的同时，再重复给出箭头标志。只有当坐标轴表述的是定性的变量，即没有给出具体值时，坐标轴的末端才应按增量方向画出箭头，并标注 x，y 及原点。

3.线条图中的尺寸线和纵横坐标线应当用细实线，其他线条则用粗实线。

4.5 表格的写作规范

学术论文的表格是记录论文中数据或事物分类等的一种有效表达方式，作为文字叙述的辅助和补充，能够系统、简洁、集中和逻辑性、对比性较强地表述科学内容，是学术论文重要的表达形式。

一般来说，表格用来描述那些用文字难以表达或不能完整表达的数据内容，如描述的重点是对比各事项间的隶属关系或对比量、数值的准确程度，或者定量反映事物的变化过程和结果的系列数字。

4.5.1 表格的分类

学术论文中表格的形式主要有系统表、无线表、卡线表与三线表。系统表是用横线、竖线或大括号把文字连贯起来的表格，用以表示系统中隶属关系和多层次事项。系统表如表 4-7 所示。

无线表是一种整个表中无任何线即以空间来隔开的表格（见表 4-8）。常用于项目和数据较少、表文内容简单的场合。

表 4-7 程序分析的种类

程序分析
- 工艺程序分析
  - 产品、材料的工艺程序分析
  - 作业人员的工艺程序分析
- 流程程序分析
  - 产品材料的流程程序分析
  - 作业人员的流程程序分析
  - 生产设备的流程程序分析
- 布置和经路分析
- 管理事务分析

表 4-8 动作分析举例

序号	左手动作	右手动作	符号标记	次数	MOD
1	移动放置零件 A M3P2	移动放置零件 B M4P2	M3P2M2P2	1	9

卡线表是一种用横栏线、竖栏线将整个表格分隔为小方格并在小方格内填写有关文字和数据的表格（见表 4-9）。卡线表的优点是：数据项分隔清楚，隶属关系一一对应，读起来不易串行。因其功能较为齐全，故得到较为广泛的应用。

表 4-9 服务型企业运作类型的划分

按运作系统特点分 \ 按顾客需求特点分	通用型服务	专用型服务
技术密集型企业	航空、运输、金融、旅游、娱乐、通信、邮电、广播电视	医院、汽车修理、技术服务业
人员密集型服务	零售、批发、学校、机关、餐饮	咨询公司、建筑设计、律师、会计师事务所

4.5.2　三线表的构成要素及其规范表达

三线表是一种经过简化和改造的特殊类型的卡线表，在科技书刊中得到普遍使用，其形式如表 4-10 所示。三线表并不一定只有三条线，必要时可加上辅助线。辅助线起着和栏目线相呼应并与有关数据相区隔的作用，但一个三线表无论加了多少条辅助线都仍然称为三线表。

表 4-10 2020 年房地产开发和销售主要指标及其增长速度

指标	单位	绝对数	比上年增长 /%
投资额	亿元	141 443	7
其中：住宅	亿元	104 446	7.6
房屋施工面积	万平方米	926 759	3.7
其中：住宅	万平方米	655 558	4.4
房屋新开工面积	万平方米	224 433	−1.2
其中：住宅	万平方米	164 329	−1.9
房屋竣工面积	万平方米	91 218	−4.9
其中：住宅	万平方米	65 910	−3.1
商品房销售面积	万平方米	176 086	2.6
其中：住宅	万平方米	154 878	3.2

续表

指标	单位	绝对数	比上年增长/%
本年到位资金	亿元	193 115	8.1
其中：国内贷款	亿元	26 676	5.7
个人按揭贷款	亿元	29 976	9.9

三线表中一般有三条线，即顶线、底线、栏目线，除此之外，三线表的构成要素还有表序、表题、项目栏、表身和表注等。

1. 表序与表题

表序即表格的序号。表序按表格在文中出现的先后顺序用阿拉伯数字连续编号，即"表1""表2""表3"等。表题指表格的名称，说明表的内容，表题应能准确、精炼地表达表格的中心内容，并与学术论文的内容相对应，以不超过15字为宜，不用标点符号，必要时还需注明资料的时间和地点。表题应避免使用泛指性词，如"数据表""对比表""计算结果"等缺乏专指性，不便读者理解表格的内容。表序与表题之间空一字，不用标点，居中排在表格之上。表序和表题的总长度不宜超过表格的宽度，若表题字数太多则应转行排。

2. 表线

三线表通常有三条表线，即顶线、底线和栏目线。顶线和底线用反线（粗线），栏目线用正线（细线）。表格中不用纵线和斜线，两端不设置竖线，采取开放式。三线表内尽量少用线条，但对于某些比较复杂的三线表，单靠三条线是不够的，解决的办法是添加辅助线。在项目栏中添加辅助线，是为了解决栏目多层次的问题，如若不添辅助线，就理不清不同层次的栏目隶属关系；在表身上添加辅助线，是为了解决阅读时的清晰度问题。当信息量大时，表身上的数值显得太乱，不便于查找，如果每隔一定行数增加一条辅助线，矛盾就解决了。

3. 项目栏

项目栏是指表格顶线与栏目线之间的部分。项目栏中一般要放置多个"栏目"，即该栏目的名称，它反映了表身中该栏信息的特征或属性。根据其位置和作用，项目栏分为横向栏目、竖向栏目和总栏目。横向栏目又称谓语，是研究事物的指标，表示对主语的说明，位于表的顶端，向下说明各竖栏数字的含义。特殊情况时，主谓语可以换位，但换位后的主谓语性质不变。读表的顺序为主语—谓语—数据，通常应读出一句通顺的句子。竖向栏目又称主语，是研究事物的重要对象，位于表内左侧，向右说明各横行数字的含义；总栏目是对横向栏目或竖向栏目内容的概括，横向栏目的总栏目在需要时才设置。竖向栏目的总栏目位于表的左上角，栏目的安排要围绕主题，力求醒目、鲜明，层次清楚，文字简明，给读者留下深刻印象。

4. 表身

三线表内底线以上，栏目线以下的部分称为表身，它容纳了表格内大部分或绝大部分信息，是表格的主体，主要含有数据、单位、文字等元素。

1）数字。表身内的各种统计数字和试验数字一般用阿拉伯数字表示，同一指标的有效数字位数要一致，小数点前的"0"不能省略，上下各行的小数点或个位数字应对齐，数字间夹有"±""~"号者，要以这些符号为准对齐。各小格内上下或左右数字相同时，要重复写出，不能用"同上""同左""ibid""loccit""opcit"等代之。

2）显著性检验结果标注。应在有显著性的数值右上角（上标）加注"＊"号，"＊"表示差异显著（$P \leq 0.05$），"＊＊"表示差异极显著（$P \leq 0.01$），不标注表示无显著性差异。

3）量和单位及其符号。如果整个表格使用同一类物理量和相同的单位（相同的单位是指包括词头在内的整个单位都一样），则在整个表格的栏目上和表身上都可省略单位，把共同单位集中标注在表格顶线上面的右端。对于非共同单位，则应一一标注在相应的栏目或数值上。

4）表内文字。表内文字在有关栏内居中排出。如文字较多需转行时，宜左齐排。表内文字也须正确使用标点，但每项最末不用标点。

5. 表注

一般情况下，表格中的内容格式规整，表达简练，格式化要求很高，这样表格中的某些内容就常常需要注释、补充，整个表格有时也需要作总体说明。有关标准规定，表格传递的某些信息需要注释时，可以加表注。表注有全表注和内容注之分。全表注对应于整个表，一般为表下注，置于表的底线下面；内容注也称备注、表中注，对应于某一项目，如果不设备注栏，可作为表下注。表注多于1个时，可顺序编号。

4.5.3 表格的特殊处理

表格应尽量保持形体完整，没有特殊需要，不要分割成两部分或更多部分。但是，有的表格会超过版心的界限，而内容又无法压缩，只能在编排时进行技术处理。下面将可能出现的情况及其处理方法加以介绍。

1. 续表

一个表格宽度不应超过版心，当长度在1页内排不下时，也可分为两段或多段（这只能发生在转页时），采用续表的形式排版。办法是在该表出现的页上选择合适的行线处断开,用正线封底,以表示此表格未排完,次页的顶线排反线。在跨页表顶线上方右端注明"续表"字样,表序和表题则可省略。跨页表可能是从单页码跨到双页码(简称"单跨双"),也可能是从双页码跨到单页码(简称"双跨单"),或者继续往下跨。跨页的续表(除单页码的卧排续表外)在下一页应重排横向表头,以便于阅读。

2. 转栏表

1)竖表转栏

如果横向标目较多(行数较多),纵向标目较少(列数较少),可将表格从竖向切断后,平行地转成二列和三列的形式。转栏之间用双线隔开,相同栏目重复排出。

2)横表分段

如果纵向标目较多(列数较多),横向标目较少(行数较少),甚至通栏仍然难以排下,可将表格转换成上下叠置的二段或三段,分段之间用双线分开,横标目则重复排印。

3. 分段表

如果表格的横向栏目较多,竖向栏目较少,表形过宽,超过版心宽度,可对横向栏目进行分片转段编排。分段表是将横向栏目分割成若干均等的段落轮排,分段后的竖向栏目需重写,横向栏目紧接前一段的序号编排。其段间要用双正线相隔,以区别一般的行线。各段横切向项目数也应力求相等,以保持各段等宽。

4.6 学术论文的语言规范

4.6.1 学术论文语言特点

1. 术语性

学术论文的研究对象涉及自然科学的各个领域、各类专门学科及交叉和边缘学科。为保证学术论文的准确严谨,作者会使用学科专门的具有固定含义的科技术语、名词,使得文章主体概念明确。广泛使用术语是学术论文写作的一大特点。

2. 符号性

学术论文的高学术性和高理论性要求其需要广泛使用图、表及代表特定意义的符号、公式等形象地说明某一事物及自然现象。应用符号语言有时可以比自然语言更鲜明、直观,甚至更准确地表现某种事物的内在规律与现象,从而提高学术论文的信息量,使其简洁、明了,便于理解。

3. 书面性

学术论文的写作要求语言表达准确、客观、朴实、不带感情色彩，词语使用上严禁主观色彩和着意描绘，排斥口语化表达。要使用书面体语言以保证文章表达内容的纯正、严肃。

4. 陈述性

学术论文一般使用陈述句式，极少出现其他句式，并且句式结构简单、严谨规范，语言陈述朴实、准确、简明。语句层次安排分明，易出现多层次语句。

4.6.2 学术论文常见语言错误

学术论文语言要符合现代汉语语法使用规范，保证文章整体语句的逻辑顺畅，避免出现语病。语病主要是语法方面、逻辑方面和修辞方面的错误。

1. 用词不当

1）词类、词义误用。词类、词义误用是指没有掌握词义、用法或忽略词的意义和类别而随意用词产生的语言表达错误问题。

词具有多种分类，例如代词、名词、动词、副词、介词等。各类词都有其本身的使用规则和语法特点，如不及物动词不带宾语、副词不能修饰名词等，实词都有其特定的意义，同义词之间除某些方面的共同意义之外，还有彼此不同的意义。忽略这些要求，就会产生语法问题。例如，"这篇学术论文使用了一些前辈的部分研究成果"。该句中"使用"所对应的对象应该为工具一类的东西，所以应该修改为"引用"。

2）代词使用不当。代词必须有前词（代词前的词、词组、句子），且只能指定一个前词，否则就容易出现错误造成指代对象不明。例如，"动素分析的实施过程主要分为两部分：第一部分多次观察作业，掌握大致情况；第二部分按照作业的顺序记录相应的双手活动，将动作以动素为单位进行分解。该部分需要将作业过程中明显出现的'眼的活动'与'头的活动'记号化"。此句中"该"字指代对象不清晰，容易引起误解。

3）数量词误用。常见的数量词误用主要有以下几种情况。

（1）数不明确。最常见的就是将表示约数的词语重复使用。

（2）使用倍数表示缩减。倍数常用于表示增加的数量，而缩减一般使用百分比表示。例如，"在该车间弃用'5S'管理方法实践后，其生产效率下降了一倍以上"。此处倍数不能表达缩减，应当修改为"该车间生产效率下降了一半多"。

（3）定数与约数混用。

4）介词使用不当。介词用在名词、代词或名词性词组前面，它们结合在一起，组成

"介词+介词宾语"式的介词词组,在句中做状语,表示动作行为的对象、时间、方向、方式、原因、处所、目的、条件等。介词使用不当有以下几种情况。

(1)介词词组不完整,或者缺介词,或者缺介词宾语。除表示时间、地点的名词前的介词可以省略外,其他情况下介词不可省略。例如,"外圆粗加工使用粗车车削加工最经济有效"。此处"外圆粗加工"并非主语,应当修改为"对于外圆粗加工使用粗车车削加工最经济有效"。

(2)介词与介词宾语不搭配。每一个介词都有一定的管辖范围,每一个介词宾语都有一定的依靠对象,两者应互相配合,否则会造成语病。

5)连词使用不当。将两个或两个以上词、词组、句子连起来的词叫连词。根据连接对象的不同可以分为词连词、句连词,又称关联词。连词可以细致地表示词与词、词组与词组、句子与句子之间的各种连接关系,如连续关系、并列关系、选择关系、递进关系、条件关系和因果关系等。学术论文中常见的使用连词错误有以下情况。

(1)多次使用同一连词。

(2)连词连接的两部分不关联。例如,"在该项实验中,溶液不应当含有其他杂质,尤其不能含有酸性杂质,因为酸性物质会影响碱性体的反应效率和在实验过程中会发生危险事故"。该句中有两个动词性词语作为共同状语可以使用"和"连接,但在后半部分出现了"在实验过程中",导致"会"在结构上不能产生关联。

(3)成对的连词没有互相呼应。例如,"不但"和"而"的混用。"不但"应当配合"而且"进行使用;"而"在广泛使用中代表转折。

6)结构助词使用不当。"的""地""得"是结构助词,读音相同,但用法各异。"的"附在词或词组的后面,表示其前面为定语;"地"附在词或词组的后面,表示其前面为状语;"得"附在词或词组的后面,表示其前面为补语。因此,应根据连接定语、状语和补语的不同需要,严格区分三者的适用场合,否则就会出错。

2. 成分残缺

句子成分残缺是指句子中缺少必要的成分。在学术论文中,我们经常遇到句子成分残缺的问题,主要包括主语残缺,谓语残缺,宾语不完整和其他成分残缺。

1)主语残缺。在现代汉语中,有些句子是没有主语的,也是不必要有主语的,这些句子被称为无主语句;而另一些句子的主语可按照一定的方式进行省略,这些句子被称为省主语句。显然,无主语句和省主语句虽然没有主语,但它们是规范的句子。除此之外,该有而没有主语的句子就是主语残缺句。主语残缺句不符合语法规则,有时还会产生歧义或令人费解,是学术论文写作时必须避免和纠正的问题。

（1）暗换主语。暗换主语是指句中更换主语却没有写出新的主语，导致后面的句子缺少主语成分。例如，"该车间的灯光较暗导致的生产效率下降吸引了老板的关注，并寻求了相关改进工作"。此句中"生产效率下降"为前一分句的主语，而后一分句主语为"老板"，存在暗换主语的问题，应当修改为"老板关注到该车间的灯光较暗导致生产效率下降，并寻求了相关改进工作"。

（2）滥用介词，淹没主语。这类句子本来是有主语的，但由于把全句的主语置于介词词组中，整个介宾短语成了句子中的状语，原有的主语被淹没了。

2）谓语残缺。

（1）不恰当地省略主要动词造成谓语残缺。例如，"生态环境由于人类活动的冲击，北极上空出现了臭氧空洞"。此句缺少谓语动词，可修改为"由于人类活动对生态环境的冲击，北极上空出现了臭氧空洞"。

（2）把不是谓语的词语当作谓语。例如，"研究人员根据30多篇的论文研究成果，推断出这一结论"。其中"根据"为介词被误认为动词，造成句子谓语残缺，应当修改为"根据30多篇的论文研究成果，研究人员推断出这一结论"。

3）宾语残缺。宾语残缺是指结构上应该有宾语而实际表达时却没有宾语，误将谓词性宾语当作要求名词性宾语的宾语。按所要求宾语的不同性质，动词可以分为两大类：一类是要求名词或名词性词组做宾语的动词，常见的如"造成""应用""解决""克服""引进""推广"等；另一类是要求谓词（动词、形容词）或动宾词组、主谓词动词的宾语，如果是谓词性的，就会出现宾语残缺问题。

4）其他成分残缺。

（1）定语残缺。在某些句子中，定语的缺失并不影响句子结构的完整性，但该有而未出现定语，或者定语部分结构不完整，则往往容易导致语意表达不清楚。

（2）状语残缺。学术论文中常见的状语残缺是缺少助动词和状语不完整。例如，"抗生素的大量、频繁使用导致人体出现一定的抗药性"。此处"导致"前加上助动词"会"使句子表达更恰当。

3. 句子搭配不当

句中的任何2个相关成分，如主语和谓语，动词和宾语，主语和宾语，定语、状语、补语与其所限制或修饰的中心词能否搭配，由以下3个方面决定：符合事理；符合语法规则；符合语言习惯。三者中任何一个条件的缺失都会造成语言表达问题。

1）主语与谓语搭配不当。主语与谓语合理搭配，句式才能够完整顺畅，其表达的意思才能准确。但在学术论文写作中，常存在着主语与谓语搭配不当的问题。

（1）主语与谓语搭配不符合事理。

（2）主语与谓语搭配不符合语言习惯。例如，"在实验过程中出现的问题，一定要及时纠正"。此处"问题"与"纠正"搭配不当，问题并不一定特指错误，可以使用"处理"。

（3）对联合词组照顾不周。联合词组做主语或谓语时，要求各项都能配合，否则，也是不搭配。例如用"高"来修饰"数量"；用"长"来修饰"身高"。

（4）把主语的定语当作主语。

2）谓语动词与宾语不搭配。谓语动词与宾语主要有以下4种关系：动作与结果的关系；支配与被支配的关系；宾语表示动作的处所；动作行为表示宾语代表的事物存在、出现、消失的状况。动词与宾语搭配不当就是动词同宾语在语义上、习惯上不存在上述4种关系。

（1）动词或宾语选词不当。例如，"该车间管理办法属精益管理特点，高效持续改善且省时省料"。此处"属精益管理特点"动宾搭配不当，应当修改为"该车间管理办法具有精益管理的特点，高效持续改善且省时省料"。

（2）对谓语或宾语位置上的联合词组照顾不周。处于谓语和宾语位置上的联合词组，一方要同另一方全面配合（即各项都配合），谓语与宾语才搭配。

（3）主语与宾语搭配不当。主语与宾语搭配不当主要是"定义句"。类似于"A 是 B"，但二者并不是从属关系。

4. 语序问题

汉语的显著特征之一是句子中单词的顺序是相对固定的。中文单词缺乏形态变化，这意味着单词和单词之间的关系主要取决于它们的排列顺序。顺序不同，语法关系和语义也不同。

1）主语和谓语次序颠倒。如果主语和谓语的位置不合适，通常会导致语法、逻辑和语义上的错误，主要体现在主语放错位置。

2）定语的位置错误

（1）定语与中心语位置颠倒。偏正词组中，一般都是定语在前，中心语在后，否则句子会不通顺。

（2）应做定语的词做了状语。例如，"这是有效地解决防止员工作业疲劳的方法"。"有效"是"方法"的定语，在此处是"防止"的状语，应当修改为"这是解决员工作业疲劳的有效方法"。

（3）做定语的词组中词语的次序颠倒。当使用词组作为定语时，使用主谓词组，动宾词组或其他词组具有不同的效果。词组中的单词顺序通常决定词组的类型。例如，"工业发展"是一个主语谓词，而"发展产业"是一个动宾短语。如果不注意定语词组类型的选择，通常会使句子尴尬或不舒服。

（4）综合定语的次序不当。综合定语的次序比较严格，一般为领属（名词、代词），时间、处所（时间词、处所词），数量（数量词组或指示代词），性状（主谓词组、动宾词组、介词词组）、质料（动词、形容词、状心词组），种属（不带"的"的名词或形容词）。其中表示"数量"的定语有两个位置，即排在"性状"定语之前或之后均可。不注意这一排列次序，就会出错。

3）状语的次序颠倒。句首的状语，叫句首状语；主语与谓语之间的状语，叫句中状语。句首状语一般是表示限制的状语（如时间名词、处所名词，表示时间、地点、条件、原因、结果等的介词词组），句中状语多是描写性的状语。状语的排列次序依次为时间、方向、处所、方式、情态、对象和动作描写，否则就会出现状语的次序颠倒问题。

4）关联词的次序颠倒。放置关联词的一般规则是：当子句的主语不同时，关联词应放在主语之前；当子句的主语相同时，关联词应放在主语之后。否则语序将被颠倒。

5）注释语的位置颠倒。注释插说成分应在被注释的词语之后。

4.7 标点符号的写作规范

标点符号是书面语言必不可少的部分。它们不仅可以表达停顿、语调以及单词的性质的特定功能，还可以辅助修辞，确保读者区分语句组成部分之间的关系，并在阅读过程中准确理解作者的意思，是学术论文中不可缺少的有机组成部分。标点符号的标准使用有助于学术论文准确表达研究对象。

这里仅介绍标点符号在学术论文语言表达中的几个主要作用。学术论文中标点符号的规范运用遵守和参照国家标准 GB/T 15834—2011《标点符号用法》。

4.7.1 标点符号分类及相关用法

1. 点号

GB/T 15834—2011《标点符号用法》规定，常用标点符号有 17 种，分为点号和标号两大类。点号的作用在于点断，表示语句的停顿和语气。点号又分为句末点号和句内点号。句末点号表示句末的停顿，同时表示句子的语气，有句号（。）、叹号（！）、问号（？）3 种。句内点号用在句内，有顿号、逗号、冒号、分号 4 种，表示句内各种不同性质的停顿。

1）顿号

顿号（、）表示并列的词素、词、词组之间的停顿。顿号的相关用法如表 4-11 所示。

表 4-11 顿号的相关用法

序号	顿号的使用场合
1	句子内部并列的主语、宾语、定语、状语之间的停顿，中间都用顿号。如"本节课需要我们理解经济学理论的内涵、发展演进、学派差异及政策效果"
2	顿号相当于"和""及""与"之类的连词。凡用顿号表示两项事物者，都可用"和""及"等连词代替。如果有3个以上的并列成分，可一"顿"到底，也可最末一个并列成分之前用"和"等连词，前面都用顿号
3	用于某些序次语（不带括号的汉字数字或"天干地支"类序次语）之后

注意：英文标点中没有顿号，所以在英文文献中不得使用顿号。另外，在学术论文中，阿拉伯数字、外文字符、名词术语之间的停顿通常要使用逗号。例如，"NPV, NCFT, ROI"。

2）逗号

逗号（,）表示句子内部的一般性停顿。主要用于以下场合。

（1）较长的主语之后。例如，"项目在其寿命期内所发生的现金流入和现金流出的全部资金收付数量，称为现金流量"。

（2）复句中的分句之间。例如，"经济学是一门研究财富的学问，同时也是一门研究人的学问"。

（3）长宾语之前。宾语较长，而前边的谓语动词常常是表示认识活动的动词，如"知道、认为，指出、发现"等，或者是"是"动词，此时在谓语动词之后需要停顿，用逗号。

（4）句首状语之后。

（5）序次语之后。这里所说的序次语限于用"首先、其次、再次、最后"等词语来表示的，例如，首先，要……其次，要……最后，要……等。

（6）某些关联词语之后。如"但是、可是、于是、因此、所以"等之后常用逗号。

（7）并列词语中间。如果并列的词语较长，或者为了强调，之间的停顿可用逗号。例如，"从数学上讲，杀伤的概率应包括3个部分：目标的暴露概率，对目标的命中概率，目标被命中后丧失战斗力的概率"。

3）分号

分号（;）可以表示并列分句之间的停顿，是介于逗号与句号之间的一种停顿。

分号的常见使用场合如表4-12所示。

表 4-12　分号使用场合

序号	分号的使用场合
1	明显的并列分句之间用分号,即只要其中一个分句以内含逗号的,则各分句之间均用分号
2	一反一正两个并列分句之间用分号
3	分项说明事物时,各项之间常用分号表示停顿

4）冒号

冒号（：）主要在以下几种场合使用。

（1）冒号表示提示性话语之后的停顿。例如,"二十世纪七十年代以来世界三大尖端技术有：空间技术、能源技术、人工智能"。

（2）冒号用在"是、证明、表明、认为、指出、可见"等动词的后边。当这类动词的宾语较长时,宾语前往往有稍大的停顿,用冒号以引起读者对下文的注意。但这类动词的后边不是一定用冒号,用不用冒号要看句子的结构,要看这类动词的后边是否需要有稍大的停顿。

（3）冒号用在总括性话语之前,以总结上文。"总括性话语"指的是用来总结上文的分句,它前边的停顿要用冒号来表示。

（4）冒号用在需要解释的词语后边,引出解释或说明。例如,尼尔逊教授对人工智能下了这样一个定义："人工智能是关于知识的学科——怎样表示知识以及怎样获得知识并使用知识的科学。"

5）句号

句号表示陈述句末尾的停顿,或是语气舒缓的祈使句、感叹句末尾的停顿。GB/T 15834—2011《标点符号用法》规定,句号形式为"。"句号的常见用法如表 4-13 所示。

表 4-13　句号的使用规范

序号	句号的使用场合
1	用于陈述性单句的后面。如"经济学是社会科学中的一门基础性科学。"
2	用于陈述性复句的后面。
3	用于语气舒缓的祈使句或感叹句后面。如"这一问题比较重要,要给予适当的重视。"

6）问号

（1）用于句子末尾,表示疑问语气（包括反问、设问等疑问句型）。

（2）选择问句中,通常只在最后一个选项的末尾用问号,各个选项之间一般用逗号隔开。当选项较短且选项之间几乎没有停顿时,选项之间可不用逗号。当选项较多或较长,或有意突出每个选项的独立性时，也可每个选项之后都用问号。

（3）其他多种使用问号的情形，学术论文当中一般不涉及，这里从略。

2. 标号

1) 引号

引号用来标明行文中直接引用的内容和需要着重论述的对象或具有特定含义的词语。引号有双引号和单引号之分，双引号写为""，单引号写为''。引号里面还要用引号时，外面一层用双引号，里面一层用单引号。双引号里面已用单引号，单引号里面还要用引号的，要用双引号。相关用法如表4-14所示。

表4-14 引号的用法

序号	引号的用法
1	用于行文中直接引用的话。例如，凯恩斯说过："长远是对当前事务错误的指导。从长远看，我们都已经死了。"
2	用于需要着重论述或强调的对象
3	用于具有特定含义的词语，诸如节日、纪念日的数字部分和重大历史事件用数字表示的部分
4	用于行文中的某些简称、别称或反语
5	"丛刊""文库""系列"等作为系列著作的选题名，宜用引号标引

使用引号必须注意以下规范。

在转述他人的话的意思时不用引号。完整地引用原话，而引文又单独使用，最后的点号应放在后引号里。前引号和后引号是搭配使用的，不能只有前引号，没有后引号；也不能只有后引号，没有前引号。引文中有括号、省略号、破折号、连接号、书名号、间隔号、着重号和引用的数字，都要按原文处理，不能改变。

2) 括号

行文中注释性的内容、补充说明或其他特定意义的语句，用括号标明。注释句子里某些词语的句内括号，括注紧贴在被注释词语之后；注释整个句子的句外括号，括注在句末标点之后。

句内括号的例子，如"电木是用石碳酸（苯酚）和福尔马林（甲醛）制成的。"其中使用括号注明不同的名称，可以使语意更精确，不会因名称不同而造成误解。句外括号的例子，如"若S是有限集合，则结论易证。（证明步骤与下面的可数情形类似，从略）"

使用括号时应注意以下几点。

第 4 章　学术论文写作规范

（1）括号不宜使用过多，否则容易打断正文，分散读者的注意力，影响阅读。

（2）注释语句不可过长。

（3）括号有圆括号（小括号）"（）"、方括号（中括号）"[ ]"、大括号"{ }"、方头括号"【】"、六角括号"〔〕"等之分。一句话里需要多次使用括号时，可分别依次采用大、中、小括号，以示区别。此外，括号一般应成对使用，不能只在前面或后面单独使用。

3）连接号

连接号的作用是把意义密切相关的词语连成一个整体。其形式有 3 种：一字线"—"（占一个汉字位置）、短横线"-"和浪纹线"~"（占一个汉字的位置），相关用法如表 4-15 所示。

表 4-15　连接号的相关用法

连接号名称	常见用法
一字线	①连接地名或方位名词，连接时间，表示起止、相关或走向，如"南京—北京航班、漠河—腾冲以西地区"，1991—2002 年，2011 年 2 月 3 日—10 日。 ②连接几个相关项目，表示递进式发展或工艺流程。如"手机的发展可以分为摩托罗拉—诺基亚—HTC—苹果四个阶段"。 ③在标准代号中连接标准顺序号与年份，如"GB/T 15834—2011"。 ④用于表内数字的空缺，表示无法获得
短横线	①产品型号及材料牌号，如"长征-7 号丙型火箭"。 ②连接相关的词语组成复合结构。如"物理-化学反应"。 ③用于公式、表格及插图的编号，如"图2-4""表2-A"。 ④用于全数字日期表示法时，间隔年、月、日。如"2020-03-10"
浪纹线	连接相关的数字，表示数值范围。如"10~15cm""5%~18%""第五~八课"等

4）省略号

（1）省略号用来表示行文中省略的语句及意义的断续等。

（2）用于列举的省略。如"报警装置在银行、商场、仓库、医院、家庭……是不可缺少的"。

（3）省略号还有其他用法，如表示沉默、含混其词、说话断断续续、余意未尽、特定的成分虚缺等。因这些用法在学术论文中很少应用，这里不作讨论。不过，省略号的使用应注意以下问题。

表示列举的省略相当于"等等、等、之类"，二者不能并用，否则，会造成重复。省略号前面如果是完整的句子，句号、问号、叹号等标点符号应保留，说明省略号前面的文字与省略的文字不相连；如果不是完整的句子，其他的点号应同文字一起省略。

5）破折号

破折号用来表示行文中需解释说明的语句。破折号的解释说明语句是正文的一部分，这与括号的作用不同。破折号的常见用法如表 4-16 所示。

表 4-16 破折号的常见用法

序号	破折号的常见用法
1	用于表示注释
2	用于表示事项的列举分承
3	用于副题名前
4	用于引出下文、转变话题

6）间隔号

间隔号表示某些相关成分的分界。

（1）标明部分少数民族人名和外国人名。如"弗里德里希·恩格斯、约翰·梅纳德·凯恩斯"。

（2）间隔号还用于专有名词中的月份和日期。如"3·15"消费者权益日。

（3）用于复合单位间的分界。如"$mol·L^{-1}$、$mg·kg^{-1}$"。

7）书名号

书名号用来标明报名、书名、期刊名、文章名、文件名、影片名、戏曲节目名、诗歌名、软件名等名号，又分双书名号和单书名号。书名号里还要用书名号时，外面的用双书名号，里面的用单书名号。

4.7.2 标点符号的配合使用

1. 括号和点号的配合

括号有句内括号和句外括号之分。句内括号要位于句中或句末的点号之前，句外括号要位于句末点号之后。

2. 省略号与点号的配合

省略号前面的句末点号，说明前面是一个完整的句子，应该保留，但其前面若为句内点号，则不应保留；省略号后面的点号一般是不用的，但如果需要表示不跟下文连接，后面也可以使用点号。

3. 引号和点号的配合

《标点符号的用法》中指出，凡是把引语作为完整独立的句子来用，点号应放在引号之内；凡是把引语作为作者话的一个组成部分，点号应放在引号之外。

4. 破折号与点号的配合

除了话题转变、语意跃进外，破折号前面的点号一般应省去，因为破折号也有表示停顿的意思，省去前面的点号，并不妨碍内容的表达。

第 5 章 学位论文的写作

5.1 学位论文概述

学位论文一般包括本科学位论文、硕士学位论文和博士学位论文。根据国家标准 GB 7713.1—2006《学位论文编写规则》中的定义,学位论文是用于申请相应学位的学术论文,其内容通常是作者在学习或研究中获得的创造性成果或新见解。无论是什么类型的学位论文,写作的基本要求和方法论都是相似的。

5.1.1 学位制度的发展进程

学位制度是现代大学的一个重要特征,它起源于中世纪的学位制度。学位在中世纪的原意是"教学执照"或"教师证书",经过长期的演变,"学位"逐渐被社会接受和认可,同时也被赋予了新的内涵,逐渐形成了现代大学的学位制度。中世纪大学学位制度确定了学位的具体名称、标准和等级,是现代大学学位制度的雏形。

现代意义上的高等教育学位制度起源于英国的大学。在英国的大学里,文学系的老师被称为硕士,高等学院的神学、法律和医学领域的老师被称为博士。英国的学位制度后来被移植到美国。19 世纪以后,随着美国研究生教育的兴起及其对世界各国高等教育的影响,许多国家和地区按照美国模式建立了现代意义上的三级学位制度。

中国学位制度的全面和真正实施是在改革开放之后。1980 年 2 月 12 日,经第五届全国人民代表大会常务委员会第十三次会议审议通过,颁布了《中华人民共和国学位条例》,并于 1981 年 1 月 1 日正式实施。1981 年 5 月 20 日,国务院发布了《中华人民共和国学位条例实施暂行办法》。2004 年,根据 2004 年 8 月 28 日第十届全国人民代表大会常务委员会第十一次会议《关于修改〈中华人民共和国学位条例〉的决定》,对《中华人民共和国学位条例》进行了修改,明确规定我国学位分为学士、硕士、博士三个等级。

我国学位类别分为学术型学位与专业学位。学术型学位按照学科门类授予,分别为哲学、经济学、法学、教育学、文学、历史学、理学、工学、农学、医学、军事学、管理学、艺术学学士学位/硕士学位/博士学位。专业学位虽也分为学士、硕士和博士三级,但一般只设置硕士以上级别。各级专业学位与对应的我国现行各级学位处于同一层次。专业学位按照专业学位类型授予,专业学位的名称表示为"××(职业领域)硕士(学士、博士)专业学位"。

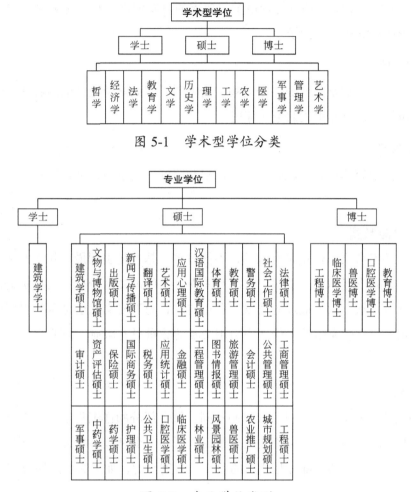

图 5-1 学术型学位分类

图 5-2 专业学位类型

5.1.2 学位论文概念

学位论文是我们通常说的大论文，一般学位论文是由学习期间发表的几篇小论文及还未发表的研究成果综合而成。学位论文是整个学习期间研究成果的汇总，是作者提交的用于其获得学位的文献，按照学校规定格式写作，篇幅相较学术论文更长，因此需要整理成册，通过校内外老师审核，难度低于学术论文。但现在学位论文的审核变得异常严格，尤其对论文重复率的考核要求非常高。两者的写作结构框架类似，但学术论文侧重于一个特定主题的某个重大发现，学位论文则是围绕这个主题进行的一系列研究。通常存在如下的区别。

1. 目的不同

学术论文主要是为了在期刊或会议上发表，进行学术交流，介绍某一问题的研究和成果；而学位论文是衡量学生是否符合该学位要求的重要依据，在一定程度上决定了该学生是否能通过毕业答辩和学位授予。

2. 内容不同

学术论文的内容通常是研究一个问题，清晰明了。而学位论文的内容比较丰富，除了研究以外还包括研究内容相关的论文综述。

3. 篇幅不同

学术论文的内容集中，篇幅较短，字数限制明确。而学位论文篇幅长，对字数没有严格的要求。

4. 参考文献数量

学术论文的参考文献数量是有限的，不能过多。基本是引用最近几年的参考文献，在研究进展、最近的热点和新的学术观点都有体现。学位论文由于有综述和研究部分，需要引用大量的参考文献。除了最近的文献，多年前发表的重要文献也是需要引用的，可以体现作者掌握相关信息的完整性。论文中引用文献的数量没有限制，只要需要相关文献，就可以引用。

5. 详细程度

不同期刊刊登的学术论文对字数限制不同，每个部分的详细程度通常有限，这是写作的难点，需要全面的平衡。学位论文则更重视科研的整个过程。根据这一原则，它应该尽可能详细和完整，即使某一部分是相关的但不是最重要的，如果必要的话也应该写清楚。

5.2 学位论文的选题

选题确定研究和论文写作的主要方向。因此，选题不仅包括科研课题的选择和确定，还包括论文内容的选择和确定。对于学术论文和学位论文的写作，资料的搜集可以在选题后或选题前进行。如果是选题后搜集的资料，就需要对选题后的资料进行掌握。主要步骤是搜集、提炼和利用。如果是选题前搜集资料，则要在对大量已获得的资料进行分析和研究的基础上，提出问题，确定主题。但是，在具体的研究过程中，这两种确定主题的方式都需要重新搜集资料，以便获得更多有用的论据。

5.2.1 选题的目的和意义

选题是提炼论文主题的基础，也是逐步起草论文题目的基础。选题的目的是确定论文的研究目标和写作范围，以及要表达的主要思想或主题。学位论文写什么是作者遇到的第一个问题。所以，如果没有选题工作，就不可能确定科研的目标和范围，任何科研工作都不能开展。

正确恰当的选题对论文的写作具有重要意义。通过选题，大致可以看出作者的研究方向和学术水平。选题不仅仅是一个题目和文章范围的简单界定，更是科学研究的起步。选好题目需要作者多方面思考，互相比较，反复推敲，精心策划。题目一旦选定，说明论文的提纲已经在作者心中大致成型。

只有选题有意义，论文才有价值。如果选的题目没有意义，即使花了很多功夫，文章的结构和语言都很好，也不会有积极的效果。一个好的论文题目可以使读者提前对论文做一个基本的估计，可以看出作者的研究方向、学术创新和学术水平。选题既要有理论意义，即对课题或研究领域的理论贡献；还应具有一定的实用价值，即作者在论文中所研究的问题能够解决某一问题，或有助于解决某一问题。如果选题毫无理论意义和实用价值，即使作者花了很大的功夫去写作论文，即使论文的结构和语言等方面都不错，这样的论文也是不合格的。

5.2.2 选题的方法

选题的基本途径是从阅读和讨论中发现问题，突破学科的"空白"和"空缺"，在学科交叉中产生新思路，把握学科的发展前景。选题方法包括材料提取、假设验证、启发式、社会调查、回顾性、比较、综合等。毕业论文的选题来源于理论与实践的矛盾。实践中提出的新问题，是原有理论难以解决的问题，构成了一个课题。因此，积极参与社会实践和深入的调查研究是毕业论文选题的基本途径，包括以下几个方面。

1. 从读书和讨论中发现问题

在科研成果中，经常会发现"在一定条件下""在一定程度上""在一定范围内""有这样的联系""各种形式"等词语。那么，在什么条件下？到什么程度？在什么范围？这其中有什么联系？有哪些不同的形式？这些都可以构成进一步研究的子课题。坚持探索这些子课题可能会带来新的研究成果。在确定选题前，应广泛阅读自己熟悉或感兴趣的范围内的相关文献资料，分析已有的研究成果，拓宽思路，开阔视野。阅读理解信息，思考选题，是培养学生独立科研能力的好方法。王力先生也主张通过阅读培养选题能力。他说："提问是解决问题的第一步。连问题都提不出来怎么谈解决问题？首先要注意的是什么还没有解决，善于发现问题，善于提问。有的人学了那么多，一点问题都没有，那不好，说明他们白学了。"

2. 材料提取法

在阅读众多的材料时要认真思考，归纳分类，有必要明确哪些问题亟待解决，哪些问题是该学科争论的焦点。经过反复的思考、提炼和升华，形成自己的选题。

3. 拟想验证法

拟想验证法是指先有拟想，而后通过阅读资料并验证来确定选题的方法。根据自己平时的观察和学习，初步确定选题范围，再阅读大量资料，了解学术界的探讨。如有一位研究生以《我国企业资产重组的理论分析与实践探讨》为题探讨国企怎样摆脱困境问题，这个选题就是在搜集大量有关国企资产重组成败案例的资料基础上确定的。

4. 启发法

在教学中，教师将课堂知识与课外阅读相结合，展示对某一问题的观点、依据和方法，以启发学生开拓思路，寻找合适的课题。比如，教师在讲授市场营销理论时，学生深受启发，联想到一个企业在加强品牌管理方面的成功经验，由此确定《关于企业品牌战略再思考》的课题。

5.2.3 选题评议标准

1. 选题是否适合作为本科、硕士或博士阶段的学位论文选题，即所要研究和解决的问题是否达到或超出了所处教育阶段对学生研究水平的基本要求。

2. 硕士学位论文要求在基础学科或应用学科中选择有价值的课题，要对该学科或该研究领域具有理论上的贡献，并对本学科的发展、经济建设或社会进步有一定的现实意义。

3. 博士学位论文要选择在国际上属于学科前沿的课题或对国家经济建设和社会发展有重要意义的课题，要突出论文在科学和专门技术上的创新性和先进性，并对学术发展、经济建设和社会进步有较重要的意义。

4. 题目名称能够以最科学、最准确、最简明的词语表述论文中最重要的特定内容；题名所用每一词语必须考虑到有助于选定关键词，并能够提供检索的特定实用信息。

5.3 学位论文的写作要求

学位论文有三个要素：论点、论据和论证。学位论文不同于一般的论文，有其自身的基本特征。学位论文的基本特征也是学位论文写作的基本要求。综上所述，论文的基本写作要求主要包括以下几个方面。

5.3.1 完成论文的独立性

论文必须由学位申请者独立完成。独立完成学位论文是学位申请人的基本要求。从选题、资料搜集、方案确定、初稿、终稿，学生都不能完全依赖导师。导师只是对学生完成论文起到指导作用，学生不能坐等导师给自己出问题和命题，或者给自己制订计划和思路。任何等待老师定稿，享受他人成果的想法都是错误的，都不符合学位论文写作的要求。原则上，论文（设计）选题要求一人一题。如果一位导师同时指导两名以上的学生，不同学生的题目要有自己的侧重点，不能雷同，要突出自己的研究范围或题目。

5.3.2 论证对象的专业性

学位论文的重要特点是专业性。撰写毕业论文时，无论是内容还是形式都要符合不同学科和专业的要求。本科生和研究生在学习不同专业时，基础理论、专业知识和基本技能差异很大，培养目标和要求也不同。所以他们体现在选定的研究课题和论文中，在内容上自然具有明显的专业特色。学位论文的专业性主要表现在四个方面：一是本学科的研究领域；二是跨学科研究领域；三是该学科理论和方法的移植和应用；四是参加导师科研项目形成的系列论文。

专业性也表现在毕业论文和毕业设计指导的形式上。由于专业不同，毕业论文的结构、语言、演示方式、读者等都不可避免地存在不同。就结构而言，论文的布局除了常规性和共性外，还有其自身的构成特点。就自然科学的论文而言，除了文字之外，还使用了大量的法条、图像、照片、表格、公式等非自然语言符号系统。由于学位论文的学科和专业不同，反映的内容也不同，读者的对象也不同。

5.3.3 研究内容的学术性

学位论文只能以学术问题为主题，以学术成果为导向，以学术观点为论文核心内容。学术和理论紧密结合在一起，所以有些学者会称之为学术理论。论文的学术性主要表现在以下 3 个方面。

1.把感性认识提升到理性认识的高度。找出事物的规律性，把感性认识转化为理性认识，使论文具有很强的理论色彩，并达到一定的理论高度和深度。

2.注重理论论证和客观解释。主要是运用抽象思维或逻辑思维，用科学的方法对客观事物和现象进行分析和推理，从而构建一个严谨的理论体系。

3.引用经典，适当运用专业理论和最新研究成果。论文必须用论据来说明论点，这是论证的过程。要适当运用专业理论和最新学术成果，得出新的理论和结论。学士学位论文不过分强调学术性，硕士、博士学位论文必须强调学术性。

5.3.4 揭示规律的创新性

创新是衡量学术论文价值的根本标准。科研的使命在于创新，作为反映科研成果的学术论文，创新很重要。在揭示规律和进行理论创新的过程中，需要创新方法和实践。理论创新是指提出新的思想和观点；方法创新是指提出新的分析方法、构建新的数学模型和新的评价方法等；实践创新是指提出新的方案，揭示特定对象的本质属性。硕士、博士学位论文一定要有创新。硕士学位论文应在理念、观点、建议和措施上有所创新；博士论文在概念、观点、思想、结论上要有独创性，揭示事物发展的规律。学士学位论文没有过高的创新要求。

5.3.5 研究成果的应用性

硕士学位论文和博士学位论文一般都具有一定的学术价值。同时因为它们在学术上（理论上）解决了一些本专业的实际问题，所以又有一定的实用价值。只有实现选题论证的真实性、论证的科学性、结论的正确性，以及策略、对策、措施和方案的针对性，才能实现论文的学术价值和实用价值。

5.3.6 表述格式的规范性

规范性是学位论文的一个显著特征，无论是毕业论文还是毕业设计，都不同于一般文章写作或文学创作，规范性是它必须遵循的规则和规范，这是由其本质决定的。文学和艺术作品是供人们欣赏的，所以尽量避免相似和公式化的表达。在同一体裁和风格中，它们的结构形式丰富多彩。然而，学位论文则不然，在人们长期使用的过程中，形成了一种相对固定的表达形式。虽然在文体和范畴层次上存在差异，但同一文体的学位论文在内容构成和形式规范方面一般都是固定的。

学位论文与一般学术论文相比，篇幅更长，内容上也更复杂。因此，规范化的表达格式有利于学生撰稿，导师指导，以及有关部门管理。目前，在学术论文的撰写和编辑方面，国际标准化组织制定了一系列的国际标准，不同学科和专业的学术机构也制定了本学科和本专业的行业标准。我国在学术论文的撰写和编辑方面也制定了相应的国家标准和行业标准。学位论文撰写除了必须严格遵守学术论文的这些标准外，还必须遵守学位论文的规范性要求。

学位论文中的规范性要求，各高等学校虽然没有统一，但基本上是大同小异，一般包括摘要、关键词、前言、各章小结、全文总结。在博士学位论文中还包括相关研究与评述、参考文献与注释等共项（或称常项）内容。同时由于学位论文由资料室保管，因此要求装订成册。学位论文编排的顺序及格式通常为:封面;任务书;目录(论文全部章节标题及页码);正文(包括中、英文摘要与关键词、参考文献等);指导教师评议表;评阅教师评议表;答辩小组评议表;封底等。

5.4 学位论文的基本结构

一般情况下,学位论文的格式要求相较于期刊论文更加严格。参考国家标准GB 7713.1—2006《学位论文编写规则》中的规定,规范的学位论文在格式上包括以下几个部分(见图5-3)。

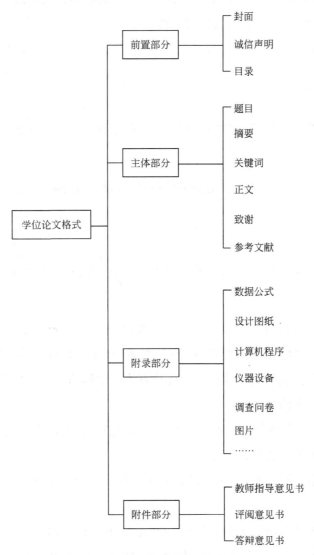

图5-3 学位论文格式要求

5.4.1 前置部分

1. 封面

系、专业、学生姓名、论文题目等。

2. 诚信声明

3. 目录

1）目录是学位论文各组成部分的小标题，文字应简明扼要。

2）目录按章节排列编写，标明页数，便于阅读。

3）章节、小节分别以 1、1.1 等数字依次标出，要求标题层次清晰。

4）目录中的标题应与正文中的标题一致。

5.4.2 主体部分

1. 题目

论文题目应该简短、明确、有概括性；字数要适当，一般不宜超过 20 个。

2. 摘要

简要说明选题的目的、意义、主要研究内容、依据、范围、应解决的问题等，字数在 200~300 字。

3. 关键词

关键词是表述论文主题信息的单词或术语，数量一般在 3~6 个。

4. 正文

正文是论文的核心部分，一般由标题、图表和公式等部分组成，占论文的主要篇幅。

1）论文的正文一般包括：选题背景，设计方案的论证，设计所采用的方法手段与结果，所采用的主要仪器设备规格型号及材料，计算方法，编程原理，数据处理，加工整理和图表，形成的论点和导出的结论等。

2）正文内容必须实事求是，客观真实、准确完整、合乎逻辑、层次分明、语言流畅、结构严谨，用语要规范，要符合各专业的要求。

3）正文一般情况下采用计算机打印，若手写则要求干净整齐，要杜绝错、漏、别字，杜绝病句。

4）论文中的图纸绘制、表格、插图应规范准确，符合国家标准。图纸提倡使用计算机绘图。图面要整洁，布局要合理。线条要粗细均匀，圆弧连接光滑，尺寸标注、文字注释必须符合工程规范。所有图表、曲线、线路图、程序框图、示意图等不得徒手绘制，必须按国家规定标准和工程要求采用计算机或工具绘制。图形应有编号，与正文保持一致。

5. 结果和结论

学位论文的结论除了全文总结外还有每章小结。与科技论文的小结和总结相比，学位论文的小结与总结占论文整体的篇幅更大。

每章小结主要概况本章所取得的主要研究成果，得出的重要结论，通常需要指出作者的创新点。这不仅考查了作者的提炼概括能力，也能帮助读者更高效地进行阅读。

全文总结常以"结论""结束语""结尾语""全文总结与展望"等作为标题。对于动辄几万字、十几万字的学位论文来说，用较大的篇幅进行全文总结是很正常的。

5.4.3 参考文献

参考文献是论文不可缺少的组成部分，也是作者对他人知识成果的承认和尊重。参考文献应按文中引用的顺序全部罗列，附于正文之后。参考文献必须是论文作者真正阅读过的，以近期发表的期刊类文献和图书类为主，且要与论文工作直接相关。通常文献数量要求如下。（各高校要求不一致，仅作简要举例。）

1. 本科学位论文

中文文献 20 篇以上，外文文献 5 篇以上。

2. 硕士学位论文

中文文献 40 篇以上，外文文献 20 篇以上，其中近 5 年的文献应该不少于 1/3。

3. 博士学位论文

文献总量应不少于 100 篇，外文文献应不少于总数的 1/2，参考文献中近 5 年的文献数一般应不少于总数的 1/3，并应有近两年的参考文献。

5.4.4 致谢

简述自己对整个论文写作的体会，并对指导教师以及协助完成论文的有关人员表示谢意。国家标准 GB 7713.1—2006《学位论文编写规则》中规定致谢为前置部分的内容，但高等学校学位论文中的致谢通常列在参考文献之后，可以包含对导师的感激或是对父母、学长学姐等在完成论文过程中给予的帮助和支持表示感谢，也可感谢在感情上、生活上、精神上给予关心和帮助的支持者。

5.4.5 附录

一些不宜放在正文中，但作为论文不可缺少的组成部分，或具有重要的参考价值的内容，可采用附录形式列在主体部分之后。例如，某些重要的原始数据、数学推导、公式推演、计算程序、运行结果、框图、结构图、零件图、装配图及仪器设备图表、主要设备、仪器仪表的性能指标和测试精度、调查问卷及其结果的记录等。附录应当按顺序一一编号，并在论文相关内容处注明。

第 6 章 商科本科毕业论文（设计）撰写

本科毕业论文（设计）是本科专业人才培养方案中重要的综合实践教学环节，是培养学生理论研究能力、创新能力、综合实践能力的重要途径。按照《本科专业类教学质量国家标准》要求，在经济学类、财政学类、金融学类、经济与贸易类、管理科学与工程类、工商管理类、农业经济管理类、物流管理与工程类、工业工程类、电子商务类等商科专业课程设置中，实践教学环节均占比20%以上，而本科毕业论文（设计）又是实践教学环节最重要的组成部分。毕业论文（设计）的学分在诸多课程中最高，至少为6个学分，毕业论文（设计）合格，方可申请学位。

结合布鲁姆教育目标分类方法，毕业论文（设计）涉及的高阶目标较多。这一版布鲁姆教育目标的认知过程包括记忆/回忆（Remember）、理解（Understand）、应用（Apply）、分析（Analyse）、评价（Evaluate）和创造（Create）。可以看出，除了最低层次的记忆/回忆，其他层级的目标都与毕业论文（设计）紧密相关。

表 6-1 布鲁姆教育目标分类修订版

知识维度	认知过程维度					
	记忆/回忆	理解	应用	分析	评价	创造
事实性知识		√			√	
概念性知识		√	√	√	√	
程序性知识			√	√		√
元认知知识				√	√	√

在每个商科专业的毕业论文（设计）撰写中，均要求学生具有：（1）文献检索、中外文资料查阅的能力；（2）根据研究问题进行定性研究和定量研究设计的能力；（3）掌握搜集数据的方法并使用某一类专业软件进行数据分析的能力；（4）综合运用所学专业知识，独立思考与研究、具备解决复杂问题的能力；（5）对展开的工作进行综合和论文（设计）撰写的能力；（6）与他人交流、表达与思辨论文（设计）工作成果、回答问题的能力。这些能力培养与布鲁姆教育目标的认知过程的关系如表6-2所示，其中H表示高度关联，M表示中度关联，L表示低度关联。

表 6-2 商科专业毕业论文能力培养与布鲁姆教育目标的认知过程的关系

	能力1	能力2	能力3	能力4	能力5	能力6
理解	M					
应用	H	L	M	H		
分析	L	H	L	M	M	M
评价			H		H	H
创造		M		L	L	L

总之，本科毕业论文（设计）写作要求学生阅读一定的文献，从前人的相关研究中找到与课题有关的理论基础，要经过数次思考来界定研究问题和研究边界，按照规范的研究设计方法，实施课题研究并通过文字来阐述研究问题、研究方法与过程和研究的结论。但本科生往往缺乏学术研究的经历，对于论文撰写的规范不甚了解，需要在专业教师指导下开展工作。

撰写本科毕业论文（设计）分为选题、研究准备、课题研究、论文完成四个阶段。一般而言，每一个环节都需要学生和指导教师的研讨，这对于即将毕业的本科生还另有深意：一是对于日后读研深造的学生，本科毕业论文（设计）是一个非常好的预演，与本科生指导教师的沟通有助于以后参与研究生学习和硕士论文撰写。二是对于日后参加工作实践的学生，可以将本科毕业论文（设计）撰写视为一个"学习解决问题的过程"，这对之后学生与工作团队的领导和同事进行有效沟通大有裨益。如今，很多高校都在试行本科生导师负责制。指导教师需由具有讲师（中级）以上职称人员担任，每个学生在进入专业学习阶段或二年级就明确专业导师，让学生尽早接触并参与到导师各类科研活动中，提高学生综合素质和能力，学生在三年级下学期应确立毕业论文（设计）指导教师及毕业论文（设计）工作方向。

商科毕业论文（设计）撰写过程涉及选择（安排）指导教师、师生协商选定论文方向、查阅文献资料、撰写开题报告、撰写论文提纲、开展调查研究、进行数据搜集、分析调查数据、结论与论文撰写、答辩等几个主要环节。其中，选题、开题报告、论文撰写工作是重中之重，本书将重点介绍相关内容。

6.1 本科毕业论文（设计）的选题指导

6.1.1 选题的重要性

构思一篇论文第一个要考虑的就是文章要研究什么问题，只有提出真实的问题，结合科学的研究方法和态度，才能写出真实的文章。确定选题是写论文的第一步，也是最重要的一步。选题决定了研究方向和目标，决定着研究成果的价值和论文的成败。有了选题，才能有明确的写作方向和目标，才能避免在许多问题中做漫无目的的思考。

6.1.2 选题的步骤

学生根据自己的专业所学及自身的兴趣爱好确定选题大致方向、查阅文献资料、了解选题方向上的研究概况和热点、考察研究的现实条件和个人兴趣、最终确定选题，整个过程应该是学生和指导教师共同协商探讨。

6.1.3 选题的方法

1. 理论推演法

现代社会发展日新月异，每天都会产生许许多多新的社会现象，其中有许多值得学生去思考和研究的社会问题，然而本专业书本上的知识体系更新具有滞后性，面对变化如此之快的社会问题往往显得力不从心。同时，社会发展的融合性也推动了学科发展的融合，因此一些来自于其他相关学科的学科理论往往能够给学生带来不一样的启发。所谓理论推演就是在吸收融合其他学科的理论过程中，对原本的学科定义进行演绎推理，完善修正本专业知识体系，进而将其用于探索解决本专业问题的新路径。不过对于本科生来说，这种选题的写作难度较大，也难有创新点。

2. 现象驱动法

现象驱动法就是通过观察社会实践中的管理现象并从中获得灵感从而确定有关选题的方法。不论是自然学科还是社会学科都可以通过观察各种各样的现象来获得启发，确定自己研究的方向。对于本科生来说，这种选题比较有趣，也能将本科阶段学习的理论知识应用于毕业论文之中，例如可以考虑的选题有：

1）农村电子商务产业集群对农村家庭创业的影响机理研究；
2）金融素养对农户农业生产投资的影响；
3）品牌原产地信息影响品牌资产的机理研究。

3. 政策引领法

国家政策往往指引了社会的发展方向，根据国家实施的政策来划定选题范围，往往更容易使选题切中社会发展的核心，增加论文的社会价值。同时在论文写作过程中更能凝聚观点，让文章结构和内容更加紧凑。例如，2020年，中共中央政治局会议指出要加快形成以国内大循环为主体、国内国际双循环相互促进的新发展格局，这对各行各业的战略与运营都会产生深刻的影响，例如可以考虑的选题有：

1）××产业服务国内国际双循环发展战略研究；
2）"双循环"新发展格局下我国××产业发展对策研究。

4. 兴趣爱好法

学生可以根据个人的兴趣爱好来确定选题，选择自己感兴趣的题目更能激发自身研究的动力，在面对研究中遇到的困难时也能更好地投入到解决问题的过程中。同时，对选题的浓厚兴趣也意味着自身对选题方向有着一定的了解，比单纯地选择一个完全陌生的选题更容易着手。

5. 职业需要法

职业需要法就是针对自己意向工作的行业类别来确定选题的范围。根据职业的需要来确定选题，可以帮助学生加深对自己未来即将从事行业的了解，同时也使得论文具有较高的实践性和可操作性，一篇贴近行业且具有深度的论文还能在求职时更好地展现自己。例如，从事新媒体营销的本科生可以考虑：
1）××产品意见领袖的特征研究；
2）融媒体营销在××行业（企业）中的体现。

6. 类比移植法

类比移植的重要前提是必须找到两者之间的共同点或联系点，包括选择类比对象和类比推理两个环节。学生可以运用社会学、心理学等领域的某一理论，将其移植到本专业领域，研究本专业的现象。比如，"差序格局"的概念首先来源于社会学，将其引入至工商管理学科，就可以从新的视角对工商管理的现象进行解读：
1）××企业绩效评价"名实分离"现象研究——基于差序格局理论的视角；
2）基于差序格局的家族企业主对员工的信任问题研究。

6.1.4 选题常见误区与解决办法

大多数本科生是在毕业论文环节才初次接触学位论文撰写，难免出现一些选题方面的失误，这些失误基本上可以归结为以下几类。

1. 选题过大

选题过"大"指的是在选题的时候刻意追求题目的高大上，但这种选题方法其实是走进了误区。选题过大会导致在完成论文的过程中抓不住重点，文章难以精炼、完整地表达出核心思想甚至本身就缺乏明确的核心思想。选题过大还会导致查找参考文献和相关资料变得非常困难，因此选择"小"一点的题目更有利于论文写作的开展。在实际选题中可以从具体的一类事物出发，归纳总结提炼这些事物的共同点，从这些共同点出发再总结出一个更高一层的概念来作为选题方向。

2. 选题陈旧

选择一个有过相当数量研究的方向确实能够减少在资料查找和研究过程中的困难，但这会显得文章缺乏新意，且进行大多数人做过的研究本身就缺乏必要性。在选择此类题目时，要注意与当下的社会生活相结合，寻找老题目中的新问题，寻找新的突破口，做到老题新用。

3. 选题雷同

全国各地每年会新增成千上万份论文，算上以前已经完成的论文，存在选题雷同的现象是很正常的。但在选题的过程中，比论文选题更重要的是选题的思路。选择的研究思路是否有价值，是否值得去研究，是否具有创新性和可操作性。当一个选题思路满足以上特征后，总能在思考过程中发现一个更加新颖的切入点，或者是一个可以在前人研究基础上更加深入的研究点。这样，即使初步的选题存在一定程度的相同，但在论文中展现的研究思想却是不同的。

4. 选题随意

本科生毕业论文的选题应该在导师的指导下，结合自身的兴趣共同慎重地决定选题。现实中有的学生完全依赖老师给的题目，缺乏自身的思考，最后发现自己对选题根本不感兴趣，写起来痛苦不堪；有的学生完全"信手拈来"，没有查阅相关资料，随手定下选题，写起来困难重重；有的学生摇摆不定，无法判断自己的兴趣方向，最后草草了事。为了避免选题随意，首先需要学生在选题之前确定自身的兴趣方向，根据感兴趣的点查阅相关的资料，形成初步的选题；其次与导师讨论选题是否合理、新颖等，由导师给出评价或者意见，学生进行微调，最后形成最终选题。

5. 选题过新

学术讲究创新，毕业论文的撰写也一再强调要有创新点，但一些同学往往走入另一个误区——选题过新。这里并不是说创新不好，只是作为本科生，知识水平还没有达到一定高度，为了求新从网络上搜集新兴的概念、名词，不仅自己一知半解，而且由于过新也缺少相关的学术研究参考。在选择一个非常新的概念时，先看看网络上对这一新概念的认知，再看看是否存在相关研究，是否有参考文献，做到"三思而后行"，不可为了标新立异、一鸣惊人选择不熟悉的领域。

6.2 开题报告的撰写规范与技巧

当学生和教师将本科毕业论文（设计）的选题确定之后，学生就要进入撰写开题报告的阶段。开题报告撰写是毕业论文（设计）的整个过程中承上启下的环节。

6.2.1 开题报告撰写的意义

开题报告工作一般是在毕业论文（设计）工作周期的前 1/3 内完成，开题报告的文献综述和研究问题、手段与途径能反映学生对该选题的认识广度和深度，毕业设计（论文）答辩委员会将对此做答辩资格审查，并且会将评分纳入最终毕业论文的成绩。

撰写开题报告的意义主要在这两个方面：对于学生，掌握学术研究的基本步骤，明确课题研究的基本内容，了解课题相关的研究动态，初步设计课题研究的方法和思路；对于教师，了解学生的初始学术水平，便于展开"因材施教"的指导。通过批改开题报告，对学生的课题研究的方法和思路给出指导意见。此外，开题报告还是指导教师和答辩委员会评分的一项依据。

6.2.2 开题报告的主要内容

1. 结合毕业设计（论文）课题情况，根据所查阅的文献资料，每人撰写 2000 字左右的文献综述。
2. 本课题要研究或解决的问题和拟采用的研究手段（途径）。
3. 指导教师意见：①对"文献综述"的评语；②对本课题的深度、广度及工作量的意见和对设计（论文）结果的预测。

6.2.3 文献综述的撰写

正如前文所言，世界是相互联系的，任何课题都不是无源之水，都有研究成果与之相关。本科生在初学写论文时，经常将课题名称作为关键词查找文献，很可能出现"找不到文献"这个现象。这恰巧说明本科生对该领域知之甚少，指导教师的帮助就显得非常重要。比如可以采取滚雪球的方法、变换关键词再次查找、扩大文献搜索的范围等方法获取文献。

文献综述是研究者从第三者视角来审视文献，在搜集大量有关文献的基础上通过对已有研究的综合分析与评价，对文献整理概括形成文字的过程。可以将文献综述的过程类比为"整理衣柜"："文献"就是衣柜中的衣服、"综"就是整理衣柜的过程、"述"就是整理衣柜过后，用语言来表述整理的结果。整理衣柜，可以按照上衣、裤子、内衣来分类，也可以按照季节来分类，也可以同时使用第一种和第二种方法。与之类似的，文献综述也要按照一定的逻辑综合分析、用文字来归纳整理已有文献，简明精炼地告诉读者（答辩老师）课题相关研究的现状，如历史背景、前人工作、争论焦点、研究现状等。需要注意的是，综述需要对课题相关的研究进行评价，不能"只述不评"，要指出现有研究与本课题的关联，用现有的研究结论来解释本课题还存在哪些不足，为课题研究立意留下空间。文献整理的方法有以下2种。

1. 因果关系法

因果关系法是根据事物之间的因果联系，通过分析事理，揭示论点和论据之间的因果关系，来证明论点的一种论证方法。其特点是由因推果或由果推因以证明中心论点的正确性。它可以用原因来证明作为论点的"结果"，也可以以原因的必然性证实结果的必然性。通常，采用这种方法的时候，可以将属于原因一类的文献整合在一起，将属于结果一类的文献也整合在一起，按照逻辑顺序慢慢展开，形成一篇因果关系清晰的文献综述。

2. 生命周期法

生命周期法也称结构化系统开发方法，是目前国内外较流行的信息系统开发方法，在系统开发中得到了广泛的应用和推广，尤其在开发复杂的大系统时，显示了无比的优越性。其基本思想是将软件工程学和系统工程的理论和方法引入计算机系统的研制开发中，按照用户至上的原则，采用结构化、模块化自顶向下对系统进行分析和设计。生命周期法包括五个阶段：需求分析、设计、实施、运行和审计。首先，根据自己的选题分析自己的需求，按照需求"滚雪球"查询文献，广泛阅读文献之后设计自己的文献综述脉络，可以先列提纲，与导师交流之后实施，即开始撰写，写完之后审查所写的内容。

6.2.4 研究问题、方法和途径

商科专业的毕业论文（设计）涉猎的研究问题一般有两类：一是理论驱动型，二是现象驱动型。其中现象驱动型更为常见，如"网红经济背景下自媒体扶贫模式探究"，这类题目来源于社会生活中的各种新现象，而这些新现象基本上来自于社会经济环境、政治环境和技术环境的变化。这类选题比较新颖，通过"提出问题"的方法可以将研究问题细化和深化，进而可以使用成熟的理论解释和解决。一般来说，可以细化为这几个问题。

1. 研究的主体（人、物、属性……）有哪些类别？
2. 主体的绩效指标有哪些？怎么衡量？
3. 哪些因素影响主体的绩效指标？
4. 影响的机制是怎样的？如何通过这个机制来达成理想的结果？

这里，以陈菡、张佳林、罗冬秀（2020）的《拼多多的崛起路径与创新机理》这篇文章为例，从题目中可以明显地看出这篇文章的研究主体是当前社会上比较热门的一个购物平台"拼多多"，衡量一个购物平台的绩效指标有平台上的用户活跃度、平台交易总额及市场占有率等。文章的作者分别从破坏性创新、延续性创新、争议中崛起三个方面抓住"用户"这一核心要素展现了"拼多多"的崛起之路和创新机制，得出"拼多多从低端市场入手，充分发挥网络时代人际交往的特点，以'拼团、砍价、游戏'等嵌入社交属性的购物模式不断提高用户的活跃程度，数字化反向定制下的'透明工厂'模式既加强了供需双方的互动，又提高了互动所产生的交易金额，还推动了拼多多从低端市场领域向主流市场和高端市场前进"。最后提出"拼多多"可以通过"定位目标用户，寻找蓝海市场；不断创新探索，实现延续增长；不断创新探索，实现延续增长"这三点来提升平台的附加价值，即达成理想的结果。

6.3 本科毕业论文的结构

6.3.1 标题

从小学开始写作文时老师就反复强调标题的重要性，阅读理解的题目也往往会问文章标题的作用。标题是论文的眼睛，一个好的标题既能吸引读者的注意力，让读者有读下去的欲望，又能体现作者的写作意图、文章主旨、文章的创新点。一个好的标题必须能概括文章的中心及关键词，语句流畅，遣词造句具有一定的美感。

6.3.2 摘要

本科生毕业论文中中文摘要一般以 300 字左右为佳，英文摘要以 250 个实词为宜。摘要应简明扼要地介绍本文的主题和实质内容，这里需要作者以简洁的笔墨勾勒出文章的全貌，揭示本文的研究重点和研究成果，让读者能产生"窥一斑而知全豹"之感，即读者仅阅读摘要部分就可获知本文的重要信息。撰写摘要时要着重突出论文的创造性成果和新见解，切忌把应在引言中出现的内容写入摘要，最好使用第三人称，如"对……进行了研究/调查"等，不必使用"本文""作者"等词，句型力求简单，做到"短小精悍"。

6.3.3 关键词

关键词，顾名思义，即论文的关键信息，它是从一篇论文中选择的一个词或术语，用于文档索引，用来表示全文的主要信息项。关键词不仅体现论文主要内容，更重要的是，可以让你的论文更容易被搜索到，从而提高文章被引用的次数。一篇论文可以选择 3~5 个词作为关键词。中文关键词用"关键词"，英文关键词用"Keywords"作为标识。

6.3.4 正文

正文包括绪论（引言）、本论和结论，本论是一篇论文的主体。

1. 绪论（引言）

百度百科这样定义引言——也称前言、序言或概述，是指书籍或论文开头说明主旨和内容的部分，经常作为科技论文的开端，提出文中要研究的问题，引导读者阅读和理解全文。引言的目的是向读者简略地介绍文章的相关背景，为接下来的写作做铺垫，使论文更具现实意义。引言最好开门见山，语言简单易懂、突出重点，内容紧扣标题，所写内容尊重科学、实事求是。值得注意的是，引言的内容不应与摘要雷同。

2. 本论

本论是论文的主体部分，是分析问题、论证观点的主要部分，也是最能显示作者的研究成果和学术水平的重要部分。一篇论文质量的高低，主要取决于本论部分写得如何。本论部分的要求：一是论证充分，说服力强；二是结构严谨，条理清楚；三是观点和材料相统一。商科本科生毕业论文的本论部分可以综合运用例证法、引证法、分析法、反证法等多种证明方法来展开论题，对所研究的问题和获得的成果作详细的表述，深刻地进行理论分析，周密地进行逻辑论证，确切地阐明自己的思想、观点、主张和见解。

3. 结论

结论应该是整篇文章的结尾，是整篇文章的目的，而不是局部问题或分支问题的结论，也不是对文章每一段摘要的简单重复。结论应体现作者对某一领域更深层次的理解，是通过推理、论证、归纳等严谨的逻辑分析所得出的学术总论和总论观点。在这里，作者也可以提出自己对问题的总体性看法和意见。

6.3.5 致谢

历尽千辛万苦写完了毕业论文，心中一定感慨良多，也一定有许多值得感谢的人和感恩的事。致谢部分是发泄写完论文的万般情绪，或是抒发大学四年的成长感悟、遗憾失落，又或是表达对给予谆谆教诲的导师、陪伴帮助的朋友、支持理解的家人的感激之情。这一部分完全可以施展你的文学功底，以肺腑之言明心中之志。

6.3.6 参考文献

在这里，要注明自己为写论文而阅读参考过的国内外主要参考文献，包括作者、论文名、期刊名称、出版年月等内容。参考文献的著录均应符合国家有关标准（按 GB7714—

2015《信息与文献 参考文献 著录规则》执行）。

一般来讲，本科生的毕业论文参考文献数量不少于 25 篇，其中中文文献 20 篇以上，外文文献 5 篇以上（指导教师认定为特殊类型的论文，可以不列外文参考文献），且参考文献必须是公开出版、发表的（含网上公开的）著作或期刊（论文），统一放在文后，并按文中出现的先后顺序，用阿拉伯数字进行自然编号，序码加方括号。

6.3.7 附录

为了使论文更加完整，同时具有相关数据支撑，毕业论文中具有重要研究价值的内容因编入正文有损于正文的处理和逻辑性，所以往往会单独地放在论文的最后，作为附录部分，例如问卷调查原件、某些重要的原始数据、图表及其说明等。对于商科本科毕业生而言，很多人会采用问卷调查法来搜集数据、分析数据，这类问卷放在正文显得不伦不类，宜放在附录。需要注意的是，论文的附录的格式需要与正文保持一致，论文的附录依次用"附录 A""附录 B""附录 C"等编号。

第 7 章 商科学术型硕士学位论文撰写

7.1 商科学术型硕士学位论文选题特点与分类

学术型硕士学位论文是指攻读学术型硕士学位的研究生为取得相应的硕士学位而撰写的文章。相对于学士学位论文，学术型硕士学位论文要求更高的学术性，这就要求学术型硕士学位论文对于研究的课题和对象要有新的、独到的观点。因此，学术型硕士学位论文具有一些独特的特点。

7.1.1 商科学术型硕士学位论文选题特点

对于商科学术型硕士学位论文来说，主要可以分为两大类：一类为经济类硕士学位论文，一类为管理类硕士学位论文。这两类学位论文选题除了具有一般学位论文选题的共同特点外，还具有一些独特的特点。

1. 经济类学术型硕士论文选题特点

1）选题与从事专业间有高契合度

在正式确立选题前，作者需要仔细钻研和提炼所学经济类知识，始终把握好专业方向，以确保最后撰写完成的论文能充分地体现专业特色，展示出自己在本专业的学术水平。

2）同时把握理论性和实际性

理论经济学侧重于学术性，而应用经济学强调现实性，但实际上理论意义和现实意义都是学位论文应当考虑的。因此考虑选题时，如果选择现实性较强的课题，在能研究或解决实际问题的基础上，同时又要考虑该选题具不具备理论上的价值。如果选择了侧重于理论类的选题，也应当考虑该类选题能否与当下亟待解决的问题相关联，能为其提供理论的指引。另外，结合当下硕士学位论文对于创新性的要求，倘若选题陈旧且缺乏新意，与学士学位论文难以区分，此类选题就是不合格的。

3）较强的针对性和可行性

对于已经处于硕士学习阶段的学生来说，硕士学位的论文选题更加强调专业性和可行性。正在攻读硕士学位的学生相较于本科学习阶段对于所研究的领域应该是更加深入，研究方向更加精确。因此，硕士学位论文的选题绝对不能过大和不切实际。选题范围过大，难免会泛泛而谈，使得研究问题说不深，说不透。而选题过于脱离实际，则失去了可行性，研究工作难以开展，得不到实际效果。因此，硕士学位论文的选题应当具有较强的针对性和可行性。

2. 管理类学术型硕士学位论文选题特点

1）强调科学性和实践性

组织的管理活动即是实践活动，科学又能指导实践。在进行管理类硕士学位论文选题时，一定要注意所选课题是否符合客观规律，是否有理论和实际事实的支撑。另外，管理类硕士学位论文的选题还应当注重实践性，即能否抓住当下的管理热门问题或难题。

2）强调运用知识的适量性和综合性

组织的管理活动要受到组织内外各种因素的综合影响，因此，研究和解决组织的管理问题，需要对自然科学和社会科学的专业知识进行综合利用。因此，考虑管理类硕士学位论文的选题时，一定要对该选题下可能用到的知识进行梳理，总结需要用到的专业知识和工具。如果不考虑知识综合运用的选题，最后可能导致研究没有深度，涉及的知识太少，整篇论文泛泛而谈，或者选题涉及范围太广，涉及知识众多，从而使得文章过于杂乱，研究问题过于复杂且难以突出重点。

3）具有一定的主观符合性

管理类硕士学位论文的选题和写作强调各种不同领域知识的综合利用，因此学生需要对不同领域的知识进行学习，这就导致学生的研究兴趣在学习过程中可能会产生偏移。管理类论文在选题时，即使涉及不同的知识，在实际写作中对重要的知识和方法也应当有突出和强调。因此，对于相同的管理问题，可能会有多种不同的研究和解决方法。对此类文章进行选题时，学生应适当考虑自己的研究兴趣，合理选择偏爱或擅长的研究方法，提高文章的水平。

7.1.2　商科学术型硕士学位论文选题分类

综合来说，商科学术型硕士学位论文选题可分为以下几类。

1. 关于现代社会或学科发展亟待解决的问题选题

该类选题具有很强的现实意义。一般该类选题所涉及的研究课题已经深入地影响了社会的发展，且这类问题仍等待人们进行解决。就目前来说，例如，在新型冠状病毒正影响全世界的大格局下，无论国内还是国外都暴露出了一些新的经济管理问题，这些问题对社会和国家将产生深远的影响，且并没有全部被人们解决。因此，对于该类问题的选题具有很好的研究价值和意义。以此为研究中心，可以考虑选题如下：

1）新冠疫情背景下国家经济政策影响研究；
2）××行业新冠疫情背景下金融风险与经济发展研究；
3）新冠疫情背景下企业现有管理机制风险研究；
4）新冠疫情背景下企业管理机制转变研究。

又如，目前人工智能技术在全世界范围内普及，怎样运用人工智能技术，促使传统企业向智能化的转型就是社会关切的问题。以此为选题，从经济和管理角度研究，可以考虑传统向智能转变会引起的一系列经济机制改变、经济风险问题及管理问题，从而可以确定选题如下：

1）传统制造业智能化转型的机理与经济机制分析；
2）××企业智能化转型的经济风险评估研究；
3）企业向智能化转变的管理方式变革研究。

再例如，考虑当前时代背景下互联网的火热程度，互联网依旧与经济发展密不可分，怎样理解互联网金融，怎样发展好互联网金融等，也是社会密切关注的问题，以此为研究对象，可以考虑选题如下：

1）金融视角下互联网金融的管制研究；
2）互联网金融的发展路径及监督研究；
3）互联网金融的潜在新风险与发展策略研究。

除了以上三个例子，可供选择的社会热点问题仍有很多。以某一个热点问题为背景，分别以经济或管理的角度去研究问题，寻找思路，确立选题并不困难。

2. 关于交叉型的课题选题

当下是知识信息快速传播发展的时代，各种新兴概念和理论的发展使得传统学科之间逐渐有了交叉，因此诞生了众多交叉型学科。这也为商科学生带来了更为广泛的研究领域，更多具有新意的选题纷纷诞生。此类选题符合时代需求且具备应用价值。从商科学术型硕士论文写作的角度来说，此类交叉型课题的选题更多见于管理类硕士论文写作，因为管理类学科本就融合了一系列学科的知识，更强调综合性。考虑此类选题时，可参考如下：

1）基于××算法的某企业仓库布局优化研究；
2）基于贝叶斯网络的某企业制造现场产品质量研究；
3）基于模糊数学的装配式建筑风险研究。

总之，为了解决所研究的管理问题，往往需要运用到一系列属于其他学科的知识，以所选择的具体方法为角度，结合所研究问题就能合理地确立选题。

3. 关于检验旧说或发展新说的选题

时代的发展使得当今人们对众多科学领域都有了丰富的发现，但人们对于各学科的研究和认识还没到尽头。过去发现的知识不一定完全没有漏洞，未来学科的发展仍需要现在的研究。因此，关于该类的选题，要求作者勇于从过去的研究成果中发现不足甚至错误之处，敢于进行新的研究并纠正。或者更加具有难度的，基于自己的研究提出新的研究成果，推动专业的发展。当然，此类选题较为困难。无论对经济类还是管理类，各种理论与学说经过长时间的发展都已经较为成熟，而发展新说也不是一件简单的事。不过若能结合现代新发展的理论与学说，从而在原有理论的基础上提出一个更为先进的理论，并能验证它，此类选题便是成功的。

7.2 开题报告撰写规范

开题报告的主要作用，是明确研究问题或对象及研究思路。列出计划好的研究方法和期望的研究成果，从而使导师能更好地进行指导工作。一份合格的开题报告应包含：论文题目，目录，摘要，选题背景，选题意义，文献综述（国内外研究现状），研究对象及拟解决的关键问题，拟采用的研究方法，研究创新点，文章的主要研究步骤和技术路线，研究进度安排，参考文献等。以下介绍关于开题报告所涉及的关键因素。

7.2.1 摘要

所谓摘要，顾名思义，是对文章精华部分的摘取，应当做到字字关键，不能讲无意义的话。摘要一般要求包含研究背景，研究目的，研究方法，研究步骤，研究结果等重要信息，使得读者在未阅读正文的情况下，仅仅通过阅读摘要就能获得本篇论文的重要信息。其中研究内容占比为40%以上，研究背景不超过20%，整个摘要字数控制在400字左右。

1. 研究背景。注明你研究问题所处的环境。研究背景决定了研究问题的重要程度和研究意义，能较好地体现论文的价值所在。

2. 研究目的。注明你进行此研究的目的，即通过此研究能产生何种实际意义。研究目的同样能体现一篇论文的研究价值和意义。通常来说，将研究背景和研究目的组合成一个段落并作为摘要的第一段。

3. 研究方法。明确了研究背景和目的后，需要列出文章采用的研究方法。研究方法主要有两类，即定性和定量。对于同一个研究问题或对象，可能存在多种可供使用的研究方法，但不同方法最后得出的结论可能不尽相同，各方法得出的结论间会有精确和偏差。因此，要选择合适的研究方法并将它注明在摘要中。

4. 研究步骤。研究步骤主要表明研究论证的过程，要尽量具体和全面。例如，对于企业内部的研究案例，可以这样写：论文在梳理相关理论的基础上，分析企业外部环境和研究企业内部环境，发现企业在×××方面存在的×××、×××等问题，经过研究和论证，提出了立足于×××的×××改进方法。

5. 结果。注明通过研究最后取得的成果。成果展现了该篇论文研究的成功之处，向读者表明了研究价值和意义，促使读者对正文进行阅读。

7.2.2 关键词

设置关键词是为了让读者快速、准确地搜索到相关专业的文章。一般将研究领域、研究问题或对象、主要采用的研究方法等列为关键词。例如"供应链风险""流水线平衡""债务风险"等。

7.2.3 文献综述

文献综述，通过该部分写明国内外研究现状。将阅读参考过的文章进行观点提炼并在文中注明，可以清晰地向读者展示目前关于该研究领域世界大致的研究进展。同时，可以将自己的研究对象和方法同综述进行比较，以展现自己文章的独特和创新之处。

7.2.4 论文的大纲和技术路线图

在这里，需要列出拟写论文的提纲，一般列到三级目录。比较合理的结构为：一章下包括三到四节，一节下包括三到四个小标题。论文的技术路线是指描述论文每一重要步骤的关键点及互相的逻辑思路，由图和箭头组成。

7.2.5 参考文献

在这里，要注明自己为写论文而阅读参考过的国内外主要参考文献，包括作者、论文名、期刊名称、出版年月等内容，格式同正式论文格式相同。这也是对他人研究成果的一种尊重。

一般来讲，硕士论文的参考文献数量应不少于60篇，其中中文文献不少于40篇，外文文献不少于20篇，且参考文献中近五年的文献数一般不少于1/3，而且应有近两年的参考文献。

7.3 论文的结构设计

商科论文的结构，可依据具体采用的论文写作形式确立。商科学术型硕士论文写作类型，一般包含纯理论研究类、案例分析类、实证分析类、企业诊断类、政策分析类等。

首先，就一篇论文来说，无论其属于什么类型，都离不开书写论文的三大步骤：提出问题、分析问题、解决问题。以此为基础，以下将对不同类型论文结构形式一一作介绍。

7.3.1 纯理论研究类论文的结构设计

一般来说，纯理论类论文的基本结构设计思路为：选择一个具体的研究理论；介绍该理论的背景和具体内容；进行详细的文献综述；分析该理论，指出该理论可能存在的不足之处（或者该理论随时代变革可能要进行的改变、该理论在现实中的应用问题等）；运用相关方法填补理论的空白或进行适当修正。具体反映在结构中，可将论文的结构设计如下。

第一章　绪论

在这部分对所要研究理论诞生的背景、发展历程、理论与现实价值作介绍。

第二章　文献综述

在这部分将自己的文献搜集工作以综述的形式加以体现，主要包括关于此理论前人已经取得的成果，目前该理论仍亟待解决的问题，或者理论的不足之处等。

第三章　理论分析

在这部分，针对论文预期对研究理论所做的工作，无论是意图验证理论，还是修正理论、扩展理论，都应当采用相应方法或者建立相关模型进行分析，以作为支撑观点的论据。

第四章　理论补充（修正或者扩展）与验证

在这部分，依据上一章的分析结果，要有理有据地对理论进行相关补充、修改或扩展。非常重要的是，最后一定要对论文所展示的新的理论进行验证，以保证论文结论的正确性。

第五章　总结和结论

这一部分是对论文的结论和所做的工作进行总结和展望。

7.3.2 案例分析类

针对该类型的论文进行结构设计时，可以大致按照案例内容、分析方法、过程、结论的大结构进行设计。例如，对于某企业运营的某项具体项目开展前、开展过程、开展结果作分析研究，可以设计如下论文结构。

第一章　绪论

在这一章对研究案例的背景、意义及方法等作必要说明。

第二章　文献综述

在这一章将自己搜集的、与论文研究项目和研究方法相关的文献以文献综述的形式加以展现。

第三章　企业及研究项目介绍

在这一章对企业及所研究的项目作详细介绍和说明。

第四章　项目实施过程及结果分析

这一章,对所研究项目实施的前期、中期、后期及其最终取得的结果进行详细说明与分析,并分析结果提出项目存在的问题。

第五章　项目存在问题分析及对策

针对上一章提出的问题,以相应的方法进行分析,说明其本质,并就分析结果,列出可供采用的相应对策。

第六章　总结与结论

7.3.3　实证分析类

涉及该类型论文的结构所采取的一般思路为:首先确定所要研究的对象,再运用选择的研究方法建立相关理论模型,最后将研究对象其中的一个具体案例数据代入理论模型,从而验证论文所建理论模型的合理性。具体到结构设计可参考如下。

第一章　绪论

这一章介绍研究对象的研究背景、意义和方法。

第二章　文献综述

在这一章将自己的文献搜集工作以综述形式进行展示。

第三章　企业介绍及问题分析

根据实证研究的对象,将研究对象的企业情况、存在的问题以及产生问题的原因进行详细的剖析和介绍。

第四章　基于××理论或方法的××研究

运用某些理论或方法,对存在的问题进行研究。通过建立问题模型,设计详细求解方法,经过理论推导或仿真实验对问题进行理论研究。

第五章　实证分析

根据企业的问题实例,采集所建立理论模型对应的各种参数数据,并进行代入,将理论模型最终得出的结果与实际结果进行对比和分析,说明论文所建理论模型的合理性。

第六章　总结和结论

7.3.4　企业诊断类

作为商科学术型硕士,将理论与实际企业相结合进行论文写作是一种常见的手法。这类论文的好处是,有足够的数据支撑,结论更能让人信服,且具备更多的现实价值。所谓企业诊断就是立足于企业目前的生产经营活动现状，运用相关理论对其进行研究分析，发现其性质和本质，并指出存在的问题，再提出合理的解决方案。然后以类似诊断报告的形式将上述过程进行记录并整理成论文。需要注意的是，企业诊断过程大致可分为以下几个步骤。

1. 调研与调查

在此步骤，要与相关的企业领导或部门负责人进行交流与提问以了解企业或部门的真实情况，发现大致存在的不合理的问题。

2. 调研调查结果分析

依据调研和调查取得的第一手资料，通过各种统计工具或模型进行研究分析，将分析结果同标准进行比较，从而发现问题，并寻找制因点。

3. 正式提出研究问题

依据前两个步骤所取得的数据资料，对各个问题的重要程度进行排序，再相应地提出准备研究和解决的问题。

4. 制定实际改进或解决方案

围绕研究问题，运用相关专业知识和经验制定改进或解决的方案，"对症下药"。企业诊断型论文的结构设计可作如下参照。

第一章 绪论

在这一章依旧介绍研究背景、目的、意义、方法等一系列绪论应当具备的内容。

第二章 理论概述

对相关理论及研究成果进行总结，并指出其中可能存在的不足之处。

第三章 企业（部门）现状诊断分析

对企业的发展历程，设计研究对象的组织结构、主要业务作出分析，并阐述选择的诊断方法的原理和选择的理由，再对诊断过程作详细的描述。

第四章 企业（部门）诊断结果

对企业或部门的诊断结果进行详细的说明，为对策的提出提供依据。

第五章 对策及建议

依据得出的诊断结果，结合相应的专业知识，或提出建议，或制定对策。

第六章 诊断对策效果评估（结论）

对对策实施后可能会产生的效用进行评估，以便在未来与实际效果进行比较。

7.3.5 政策分析类

对于商科学术型硕士来说，无论是经济类还是管理类，从政策角度去确立选题和规划论文也是一种常见的手法。政策分析类的论文即是基于某一具体政策，综合运用管理学、会计学、金融学、社会心理学等专业知识对政策进行研究分析，最后进行评价或实施。一般而言，政策分析类的行文结构思路可作如下参考。

1. 确立政策实施的目标。
2. 找出尽可能多的可供选择的备选方案。
3. 运用相关专业知识对每个备选方案进行分析，预测每种方案实施后的可能结果。
4. 确立最合适的备选方案作为最终政策。

例如，以某市人才引进政策为研究对象，政策分析类论文的结构设计可参考如下。

第一章　绪论

介绍研究背景、目的与意义，介绍研究方法，给出文章结构图。

第二章　关于城市人才引进的相关理论和案例概述

阐述人才引进的概念和有关人才引进的相应理论，再列举国内一些著名的城市人才引进案例，并进行分析。

第三章　某市人才引进政策现状及存在的问题

详细介绍研究所在城市的人才引进政策内容，并运用相关理论对该政策进行合理性的分析，再相应地提出该政策存在的主要问题。

第四章　某市人才引进政策的改进建议

依据相关理论和知识，提出一系列可实行的备选方案，并说明理由。再对各个备选方案进行分析和比较，最终选出备选方案中最为适用的一个作为最终改进方案。

第五章　总结与结论

7.4 论文的写作手法

依据专业的不同，硕士学位论文的写作方法分为许多类。这里主要讨论商科学术型硕士学位论文的一些写作方法。

7.4.1 经济类硕士学位论文写作方法

1. 文献搜集法

此方法是在确立选题的基础上，去搜集有关于该选题的文献来获取材料。需要注意的是，搜集文献时要按照选题涉及的关键词来进行搜索，避免所得文献与选题偏差过大。运用该写作方法，最需要重视的是，一定要做好对于文献资料的分析、归纳与总结。

2. 问卷调查法

问卷调查法被广泛应用于经济类学位论文的写作。通过大量搜集资料和数据，再对它们进行分析、比较和总结，从而能够在这些资料中总结出规律性的发现。但对于搜集到的资料的分析，又有着众多不同的分析模型可以使用，因此，该方法对于写作者有着较高的综合素质要求。

3. 定性与定量的写作方法

这两类写作方法也被写作者广泛运用。定性的写作方法侧重于对研究问题"质"的分析，也就是"透过现象看本质"。通过逻辑思维的加工，对问题进行分析、推理与归纳，最后揭示其内在的规律。而定量写作方法侧重于各种数学工具与原理的运用，注重借助数据"说话"。例如，被经济类学位论文作者广泛运用的 MATLAB、SPSS 等软件即是定量方法的重要依靠软件。

4. 实证分析法

实证分析法一般是将现实中的各种事例或现象，导入到作者论文中所建立的理论或模型中，借此来对理论或模型进行合理性的验证，同时对寻找的实例或现象导致的结果进行验证，使得论文所建立的理论或模型更具备说服力。

7.4.2 管理类硕士学位论文写作方法

1. 案例分析法

管理活动本身就是实践活动，因此从现实中的管理案例入手并对其进行研究和总结也是一种很好的写作方法。由于以现实中的组织与个人的管理案例为研究对象，使得论文中涉及的各种数据都真实可靠，从而运用各种理论与模型进行分析的结果也变得真实，令人信服。此外，运用此种写作方法的论文，一般会形成提出问题、分析问题、解决问题的行文逻辑。因此，论文最后得出的结论往往能被真正运用于研究的管理案例中。此类论文也具备较高的意义与价值。

2. 数据分析法

管理类专业的论文写作一般都涉及知识的综合运用，构建模型能很好地将各类专业知识进行综合。同时对管理研究的分析，要做到有理有据。因此，借助合适的数学原理与工具，构建数学模型，再将数据导入模型中，进行计算求解与验证，得出合适甚至是最优的方法与方案，这就是运用数据分析写作方法的主要思路。

3. 比较分析法

不同国家、不同行业、不同部门之间的管理活动存在着差异，也存在着联系。管理方案本身就存在着优劣之分，但也不能否认它们之间的共同点。因此，运用这种写作手法，通过对两种或多种不同实施对象的管理方案的比较与分析，寻找它们之间的共同与差异，再进行验证、总结，就能升华出相应的管理规律与经验。比较分析法还能通过对行业领头组织的学习，为管理者提供先进的方法与经验，从而改进自身。

上文虽对经济类与管理类学位论文的写作方法进行了分类，但实际上，作为同属于商科的专业大类，它们的写作手法是互通的。例如，对于经济类的论文，同样可以通过数据分析的写作手法进行撰写。对于管理类的论文，如果在论文中建立了相关模型，论文最后一部分也可以用实证分析的方法，使得模型和结论更具有说服力。因此，在建立选题的基础上，对于写作方法的选择要结合自身实际，灵活选择，而不能机械死板地选择写作方法。

第 8 章 MEM 硕士专业学位论文撰写

工程管理硕士（Master of Engineering Management，MEM）专业学位是培养既具有扎实的工程技术基础，又具备现代管理素质与能力的高层次应用型工程管理专业人才的硕士研究生专业学位。MEM 的学位论文工作是研究生培养过程的重要环节，论文评审与答辩是检验培养质量和水平的关键节点。学位论文是学生知识、能力和素质的综合体现，是培养学生综合运用所学知识发现问题、分析问题、解决问题能力的关键环节，是授予学位的重要依据。

8.1 MEM 硕士专业学位论文特点与分类

8.1.1 MEM 硕士专业学位论文要求

依据《工程管理硕士（MEM）学位论文工作指南》，MEM 学位论文选题应坚持问题导向，选择具有明确的应用背景，研究成果有实际应用价值的工程管理实际问题；要选择有一定的技术难度，具有一定的理论深度和先进性，能体现先进的管理思想和反映工程技术、工程管理领域的发展趋势，达到硕士层次水平的课题；选题要有足够的独立承担或独立完成的工作量，体现学生系统运用工程管理知识，对实际问题进行分析、研究和解决的能力。

但在实际的论文指导过程中，会发现 MEM 的学位论文常出现以下问题。

1. 论文选题虽来自工程或管理的实际问题，但缺乏从实际问题中抽取或提炼的、确需深入研究和探索的主题，目标不明确，容易变成一份经验总结。

2. 题目太大，内容太空泛，缺乏研究的理论深度或先进性。

3. 题目太小，不值得研究，找不到理论基础，不适合做硕士论文选题。

4. 选题不是来自学生从事的部门或岗位，资料、数据搜集困难，论文很难做下去。

5. 选题不属于工程管理的范畴。

8.1.2 MEM 硕士专业学位论文分类

依据《工程管理硕士（MEM）学位论文工作指南》，MEM 的学位论文可分为以下几类。

1. 专题研究类论文

由于专业本身包含了工程管理科学、工程管理技术和工程管理艺术，因此工程管理往往涉及有关专业技术领域、工程系统流程与规范、责权设计、要素优化等活动，因此专题研究类论文的选题范围十分广泛，建议着重考虑以下几点。

1）坚持研用结合。选题最好是各类需解决的实际问题（如效率、流程、质量、成本、风险、安全、评价、创新、信息、网络、人力资源、经济分析等）。

2）鼓励问题导向。选题应来源于工程管理活动中的实际问题，可以依据工程、技术、管理和人文社科、艺术等社会化活动的背景，考虑工业生产、工程技术、行业服务、行政管理等领域的实际问题。

3）选择合适的理论、方法或工具（如各类定量分析方法、系统工程方法、评价技术、数学模型等），综合运用所学知识高质量地解决所提出的问题。

4）应有足够的深度和广度，有足够的工作量，论文的主体工作应该是作者独立承担或完成的。

2. 设计类论文

设计类论文涉及有关产品、系统、设施、流程、方案等的规划、设计及相应的研究活动。这类论文的目标及产出导向特征明显，选题范围也很广泛，常见有：产品设计与开发；系统分析、仿真与优化；流程分析与优化；方案提出、比较与选定等。此类论文应根据设计对象的特点，重点阐述设计背景、需求分析、设计依据、设计过程、验证与结论等，要有一定的数据支撑、方案比较、分析计算、校验等。这类论文设计成果的水平需另行鉴定与评价，并将结论证明附在论文最后，论文本身则着重考查其逻辑性、完备性和规范性。

3. 调研分析类（含案例研究）论文

1）经济管理类

该类MEM学位论文应用经济管理理论与方法，立足工程与系统，针对其中的经济管理问题开展调研或分析。发现问题、分析问题、解决问题是这一类学位论文最核心的逻辑结构。

学生应结合其所在企业（或机构）工程管理的实际，在深入调查、分析的基础上（必要的量表调研、数据支撑和数学模型），发掘提炼具有中国特色、行业特色、时代特色的经济管理问题，应用所学的管理理论和方法进行剖析研究，并提出解决思路和措施。论文的选题应遵循典型性、科学性和规范性的原则，强调实践导向和应用导向，并尽可能细化和聚焦，围绕我国工程管理，尤其是大型工程管理实践中的独特现象和具体问题，展开研究和撰写。

经济管理类 MEM 学位论文选题十分广泛，常见有：项目管理与评价、工程建设管理、资源管理、风险管理、市场与经营过程管理、服务运作与管理、投资决策与经济评价、金融与互联网安全与管理、公共事务与政府部门决策与管理等。

2）案例分析报告类

案例分析类论文以作者充分了解的工程管理实践为研究对象，提炼出成功或失败的典型事例，以先进的管理理论、工具、方法加以分析，总结成功经验或失败教训并提出解决方案。这类论文能够充分体现 MEM 培养中的实践性目标，对于作者和所涉及的项目或企业具有很强的实践意义。

常见的案例一般分为两种：描述型（平台型）案例和决策型（问题型）案例。案例分析类论文应该选择前者，此类案例侧重描述某个管理故事，并对其焦点（管理现象、管理事件等）进行描绘与分析。

案例分析类论文的整体写作步骤主要包括：确定论文主题、搜集案例素材、撰写背景和案例事件、对案例展开分析与讨论、提出可执行的管理方案。论文应该体现"发现问题、分析问题、解决问题"的基本思路，在整体构思论文内容时，避免前后逻辑混乱、缺乏联系。构思过程中注意兼顾论文的学术价值和实践价值，不局限于案例描述，更要通过科学的方法进行案例分析，获得管理启示。案例分析类论文的主题应具备典型性与代表性，并突出实用性。

论文中所选择的案例应优先选择与作者工作相关的，或能够充分了解的相关管理实践，以此保证案例资料的翔实性和真实性。论文应产生一定的实践参考价值，同时应进一步做到有合理的理论指导，并体现较新的管理思想。

在论文结构上，论文应包括绪论、案例描述、案例分析、解决方案设计与实施、结论与展望和参考文献等内容，其中案例描述、案例分析和解决方案设计与实施可根据实际情况进行必要的调整。如有必要可增设附录。

对案例问题进行分析时，需用管理学科的相关理论、方法和技术，多角度分析案例反映的问题、过程与结果，评估其优劣成败、利弊得失，并在此基础上总结相应的经验和教训。同时应注意逻辑清晰、有主有次，可以使用数据和实例提高分析的可信度。

8.1.3 MEM 硕士专业学位论文选题范围

通过对全国范围内随机抽查和单位推荐的论文分析，得出如下选题范围，所列分类并非基于一个标准，可能存在重叠，供师生参考。

1. 生产与制造系统工程与管理：产品设计与开发、流程分析与优化、精益生产、智能制造、数字化工厂、实验设计与工艺优化、生产线平衡、设备维修与管理、系统集成、质量工程、标准化设计与管理、可靠性与安全工程、物流工程与供应链管理等。

2. 工程或工业系统分析方法与优化技术：系统工程理论与方法、运筹学、系统结构化模型、系统仿真、博弈论、决策分析、综合模糊评价、层次分析法等。

3. 现代项目管理与评价技术：项目管理与评价、资源管理、风险管理、市场与经营过程管理、服务运作与管理、投资决策与经济评价、金融与"互联网+"、安全与管理、公共事务与政府部门决策与管理等。

4. 工程建设管理：工程项目的策划、融资、设计、施工、进度、质量、投资、安全、风险等方面的现代工程管理，采掘类矿业工程的矿建、土建、安装、环境等的工程建设管理。

5. 信息技术与管理信息系统：管理信息系统、数据库、数据挖掘、大数据、人工智能、BIM建筑信息管理平台等。

6. 服务系统运作与管理。

7. 物流系统设计、优化与供应链管理。

8. 人因工程、安全工程分析设计与管理。

此外，还可以是公共事业及政府部门的决策与管理、可靠性与质量工程、经营过程管理、创新与研发管理、投资决策与经济评价、软件工程与互联网应用、标准化工程领域的研究与实践等课题。

8.2 MEM硕士专业学位论文的写作要求

8.2.1 MEM硕士专业学位论文的水平要求

依据《工程管理硕士（MEM）学位论文工作指南》，工程管理专题研究类论文必须体现实用性、翔实性和严谨性，深入分析或解决工程技术或工程管理的问题；体现在成果具有一定的直接或潜在经济和社会效益，或是结论对类似问题的解决或相关领域具有借鉴和参考价值。论文资料应真实、典型和充分，紧扣主题；论文内容充实，工作量饱满，有一定的深度和难度；论文论点表述准确，论据概念清晰、逻辑严谨、结构合理、条理清楚、数据可靠、格式规范。工程管理设计类论文水平评价，应在重点评价设计成果的基础上，考查论文的逻辑性、完备性和规范性。

1. 学位论文的规范要求

论文写作要求格式规范、概念清晰、结构合理、层次分明、图文对应、文理通顺、用词准确、表述规范。学位论文一般由以下几个部分组成：中、英文封面、独创性声明、学位论文版权使用授权书、摘要（中、英文）、关键词、论文目录、正文、参考文献、发表文章和申请专利目录、致谢和必要的附录（如鉴定分析结论证明）等。

2. 专题研究类论文的水平要求

工程管理专题研究类论文需要对相关文献和行业现状开展分析，以便选择相应的研究思路、过程和理论、方法或工具，并为研究目标设定提供依据。要求作者结合所选实际问题，深入了解相关的理论、方法、工具、思路、及行业最佳实践；作者应通过专著、论文、专利等的检索和阅读，了解相关理论、方法和工具，并对其进行深入分析和评价，以指导论文研究；通过调查和分析相关行业的实际案例或技术水平，结合本单位实际和所选问题，提出研究要达成的目标和研究思路；一般情况，文献资料应不少于60篇。应选择适用的理论、方法、工具，以便高质量地解决所研究的问题；应选择难度适中的理论、方法、工具，要求能为行业多数同行所理解和认可；应能正确地使用所选的理论、方法、工具，论证有力。

3. 其他类型论文的水平要求

工程管理设计类和工程管理调研分析类（含案例分析）论文往往也需要选择合适的理论、方法和工具等对有关文献、数据、行业进行必要的分析，但可根据论文实际情况进行一定简化。

8.2.2　MEM硕士专业学位论文写作常见问题

1. 论文水平和工作量问题

1）论文要达到的目标不清楚，逻辑关系不明确，研究内容不具体。

2）调研不充分，缺乏翔实、真实的数据分析，也缺乏认真的文献资料搜集与分析。

3）为验证某种理论或方法而选题，本末倒置。特别是应用一些评价理论和方法的论文，没有真正理解，分析的重点不正确。

4）论文实际工作量较小，论文篇幅太少，特别是研究生本人独立完成的工作量较少，且水平不高。

5）论文一无数据支撑，二无理论指导，三无方法应用，全是叙事性的论述。

6）论文题目是重大工程建设项目，或我国产业、工程和科技重大布局与发展战略的意见与管理，或是重要复杂新产品、设备、装备在开发、制造生产过程中的管理，又或是技术创新、技术改造、转型转轨、与国际接轨的管理，都是需要一个团队完成的，而研究生本人参与多少，具体工作较难考核。

7）参考文献中列出的许多文献，作者并没有看过，特别是外文文献。

2. 其他写作问题

MEM 论文内容上与 MBA、工程类硕士专业学位，甚至工学硕士论文趋同严重。论文技术属性明显，而管理的属性较弱。有些论文，或者是像特定工程领域的纯技术问题，或属于人文社科范畴，较难把握。

8.3 MEM 硕士专业学位论文的研究方法

MEM 的硕士论文写作中常见的研究方法很多，大致可以分为两类：分析与评价。常见的分析包括了对管理中出现的各种问题的成因分析、流程分析、优化分析、决策分析、影响因素分析、因果关系分析、投入产出分析等；评价包括如风险评价、效率评价等不同类型。

8.3.1 常用的分析方法

MEM 专业学位论文的写作经常要对某项管理的具体方面进行研究与分析，需要借助合适的数学原理与工具，构建数学模型，再将数据导入模型中，进行计算求解与验证，得出合适甚至是最优的方法与方案，这就是运用数据分析的写作方法的主要思路。

1. 因子分析法

因子分析是指研究从变量群中提取共性因子的统计技术。最早由英国心理学家 C.E. 斯皮尔曼提出，他发现学生的各科成绩之间存在着一定的相关性，一科成绩好的学生，往往其他各科成绩也比较好，从而推想是否存在某些潜在的共性因子，或是某些一般智力条件影响着学生的学习成绩。因子分析法可在许多变量中找出隐藏的具有代表性的因子，将相同本质的变量归入一个因子，可减少变量的数目，还可检验变量间关系的假设。在实际应用中，通过因子得分可以得出不同因子的重要性指标，而管理者则可根据这些指标的重要性来决定首先要解决的市场问题或产品问题。

2. 结构方程模型

结构方程模型是一种建立、估计和检验因果关系模型的方法。很多管理、教育、社会等概念，均难以直接准确测量，这种变量称为潜变量，如智力、动机、家庭社会经济地位等，因此只能用一些外显指标去间接测量这些潜变量。传统的统计方法不能有效处理这些潜变量，而结构方程模型则能同时处理潜变量及其指标，模型中既包含有可观测的显变量，也可能包含无法直接观测的潜变量。结构方程模型可以替代多重回归、通径分析、因子分析、协方差分析等方法，清晰地分析单项指标对总体的作用和单项指标间的相互关系。简而言之，与传统的回归分析不同，结构方程分析能同时处理多个因变量，并且可比较及评价不同的理论模型。结构方程模型与传统的探索性因子分析不同,在结构方程模型中,可以通过提出一个特定的因子结构,来检验它是否与数据吻合。

3. 解释结构模型

解释结构模型法简称 ISM 法,是一种使用广泛的系统科学方法。ISM 方法是先把要分析的系统,通过梳理拆分成各种子系统(因素、要素),然后分析因素以及因素之间的直接二元关系,并把这种概念模型映射成有向图,通过布尔逻辑运算,最后揭示系统的结构,并给出在不损失系统整体功能前提下,以最简的层次化的有向拓扑图的方式呈现出来。相较于表格、文字、数学公式等方式描述系统的本质,ISM 具有极大的优势。因为它是以层级拓扑图的方式展示结论,这种展示效果有直观性,通过层级图可以一目了然地了解系统因素的因果层次,阶梯结构。

4. 数据包络分析

数据包络分析(DEA)是一种基于线性规划的用于评价同类型组织(或项目)工作绩效相对有效性的特殊工具手段。DEA 是一个线性规划模型,表示为产出对投入的比率。通过对一个特定单位的效率和一组提供相同服务的类似单位的绩效比较,它试图使服务单位的效率最大化。在这个过程中,获得 100% 效率的一些单位被称为相对有效率单位,而另外的效率评分低于 100% 的单位被称为无效率单位。这样,企业管理者就能运用 DEA 来比较一组服务单位,识别相对无效率单位,衡量无效率的严重性,并通过对无效率和有效率单位的比较,发现降低无效率的方法。例如学校、医院、银行的分支机构、超市的各个营业部等都属于这类组织,它们各自具有相同(或相近)的投入和相同的产出。衡量这类组织之间的绩效高低,通常采用投入产出比这个指标。

8.3.2 常用的评价及决策方法

1. 层次分析法

层次分析法是一种定性与定量分析相结合的多因素决策分析方法,经常被用于评价、决策。这种方法将决策者的经验判断给予数量化,在目标因素结构复杂且缺乏必要数据的情况下使用更为方便,因而在实践中得到广泛应用。层次分析的五个基本步骤:在确定决策的目标后,对影响目标决策的因素进行分类,建立一个多层次结构;比较同一层次中各因素关于上一层次的同一个因素的相对重要性,构造成对比较矩阵;通过计算,检验成对比较矩阵的一致性,必要时对成对比较矩阵进行修改,以达到可以接受的一致性;在符合一致性检验的前提下,计算与成对比较矩阵最大特征值相对应的特征向量,确定每个因素对上一层次该因素的权重,计算各因素对于系统目标的总排序权重并决策。

2. 物元可拓分析法

物元，是描述事物基本元素的简称，它由事物、特征和量值三个要素所构成。物元可拓分析是根据已有的数据将评价对象的水平分成若干等级，由数据库或专家意见给出各级别的数据范围；通过将评价对象的指标代入各等级的集合中进行多指标评定，评定结果按它与各等级集合的关联度大小进行比较，关联度越大，它与其等级集合的符合程度就越佳，以此来实现不相容问题条件下的多目标和多属性决策。

3. 灰色关联度法

灰色关联度分析法（Grey Relational Analysis）是灰色系统分析方法的一种。它是根据因素之间发展趋势的相似或相异程度，亦即"灰色关联度"，作为衡量因素间关联程度的一种方法。对于两个系统之间的因素，其随时间或不同对象而变化的关联性大小的量度，称为关联度。在系统发展过程中，若两个因素变化的趋势具有一致性，即同步变化程度较高，即可谓二者关联程度较高；反之，则较低。

4. 模糊综合评价法

模糊综合评价法是一种基于模糊数学的综合评价方法。该综合评价法根据模糊数学的隶属度理论把定性评价转化为定量评价，即用模糊数学对受到多种因素制约的事物或对象作出一个总体的评价。通常分为建立综合评价的模糊因素集、建立综合评价的评价集、进行单因素模糊评价，获得评价矩阵、确定因素权向量、确定综合评价模型、确定系统总得分等几个步骤来进行模糊综合评价。它具有结果清晰、系统性强的特点，能较好地解决模糊的、难以量化的问题，适合解决各种非确定性问题。

第 9 章 MBA/MPACC 学位论文撰写

工商管理硕士（MBA）和会计专硕（MPACC）的学位论文类似，目的都在于考查学生综合运用所学理论知识和方法解决各种实际问题的能力，尤其是考查学生的独立分析能力、研究解决实践中各种问题的能力、管理决策能力及创新意识等。MBA/MPACC 论文是学生学习阶段和培养过程的最后也是最重要的环节，是授予 MBA/MPACC 学位的重要依据之一。

9.1 MBA/MPACC 学位论文特点与分类

9.1.1 MBA/MPACC 学位论文特点

MBA/MPACC 学位论文强调从实践中寻找问题，用企业的实际案例和数据来进行分析论证，注重"实用价值"和"学以致用"，主要是为了培养学生分析解决实际问题的能力。因此，MBA/MPACC 学位论文的特点如表 9-1 所示。

表 9-1 MBA/MPACC 学位论文的特点

对象	特点
研究对象	具体化、针对性强
研究内容	实践领域、现实问题
研究性质	应用性研究、问题导向
研究方法	理论联系实际、强调量化分析
研究结论	可操作性强、有实际应用价值
论文形式	灵活多样、遵循学术规范

根据 MBA/MPACC 学位论文的特点，在进行选题的时候，应符合如下要求：1. 必须密切联系实际，力求研究和解决作者所在的组织或行业、地区等存在的实际问题；2. 确定明确的调查研究对象或单位；3. 有明确的研究目的，采用适当的研究方法；4. 选题应有现实意义、应用价值或一定的理论价值；5. 所选题目及所做研究应有时代性、典型性、代表性；6. 所选题目应该是作者感兴趣的题目、并已修完相关课程。

9.1.2 MBA/MPACC 学位论文分类

一般来说，MBA/MPACC 的论文形式并没有统一的要求，根据全国 MBA 和 MPACC 教学指导委员会的基本精神，我国 MBA/MPACC 学位论文可以采取多种形式，主要根据学生自己的研究兴趣和工作实际而定。但无论采用哪种形式，都应该遵循其"基本的套路和范式"。目前我国 MBA 学位论文主要有如下几种形式。

1. 专题研究

专题研究就是指运用管理学、经济学的基本理论和方法对典型、特别具有代表性的问题，进行深入系统的研究，并给出明确的解决办法或思路。这类论文必须坚持问题导向，分析过程必须紧密围绕现实、普遍、典型的企业管理等问题展开。这类论文的选题要特别注意体现出专题的特点。而专题又必须具有代表性、普遍性或者独特性、典型性，能够通过对它的研究揭示若干具有指导性的思路、方法、方案、措施与政策等。同时专题应当专，不应过于宽泛，提倡小题大做或小题深做，切忌大题小做或大题泛做。在论文撰写中必须就事论理，即综合运用所学的管理、经济理论，对所研究的问题进行理论抽象和提炼，所得出的结论应当具有科学性、普遍性和典型性，在一定意义上具有应用性、参考性和可借鉴性。

2. 调研报告

调查研究报告型论文强调运用科学的调查研究方法对企业、组织、决策行为等对象进行调查研究，总结出调查研究报告，根据需要可以提供有关的决策建议。这类学位论文的基本要求如下。

1）背景分析

调研报告应重视相关背景分析，以便尽可能搜集与组织相关的信息，避免片面、局部地分析和研究问题。

2）问题明确

明确提出拟解决的关键问题，问题阐述应明确、具体，能够体现调研的理论依据，能够说明调研主题与调研结论之间的一般逻辑，能够确定调研数据或指标的需求。

3）数据支撑

调研报告分析应采用科学的工具、图表、方法来表述，不能仅仅依赖大段的文字描述来说明问题。调研报告强调数据的客观性与科学性，注重用数据说明问题，数据必须真实、可信。

4）方法科学

依据调研问题选择合适的调研方法和调研工具。在调查的基础上综合运用所学的各方面知识和分析工具进行分析。鼓励采用具有一定科学性的数学模型描述和分析问题。

5）实用价值

注重研究结果的实用性和指导价值。应尽可能根据需要提出具体的决策建议，以便有针对性地解决研究对象面临的实际问题。反对结论假、大、空，要求理论联系实际。

3. 企业诊断报告

企业诊断就是根据所学的有关知识，运用科学、有效的方法，在充分调查、研究、分析、计算的基础上，找出企业在经营过程中存在的问题，并着重分析造成这些问题的内因与外因，最后提出改进建议。企业诊断可划分为三种类型：综合诊断（如企业成长力诊断、收益力诊断等）、基本诊断（如营销诊断、环境诊断等）和活动诊断（如销售诊断、财务诊断等）。这类学位论文的基本要求如下。

1）诊断对象有代表性

诊断研究对象应为某个企业（不得虚拟），诊断内容应是企业急需解决的重要问题。企业诊断对象应具有一定的代表性，对同行企业或相关企业具有一定的参考价值。

2）诊断工具和方法科学

企业诊断要运用恰当的理论，找准科学可行的定性与定量诊断方法，确保诊断作业的质量和效果。

3）改进方案可行

诊断报告要解决问题，注重实效。要对问题产生的原因进行科学分析，并提出具有可行性的改进方案。

4. 案例分析报告

案例分析实际上是个复杂的过程，它涉及许多具体的专业知识和技巧，案例分析者要"进入角色"，在决策者的位置上"进行决策"。案例分析的要点有四个方面：首先是定义问题；其次是清楚而准确地表述可选择的方案；再次是详细分析各个方案；最后是提出一个可行的解决方案。案例分析的关键是如何应用科学理论或知识解决案例中的实际问题。这类学位论文的基本要求如下。

1）案例的典型性

案例研究中的案例是典型示范性案例。案例研究应以企业或行业的事件为依据和研究对象，了解案例的价值，内容要具有代表性和现实性。

2）资料真实可靠

案例研究论文应具有作者搜集的第一手资料、访谈内容和统计资料，反映较为全面的信息，而不能仅将他人提供的文字、音像资料或口头介绍等第二手资料经过整理、编写而成。

3）启示与总结

案例分析报告以解决企业（或组织）实际问题或是总结企业实践为目标，要在深度分析管理问题的基础上，归纳总结他人的管理经验，提出具有管理高度、启发性的结论和观点。

9.2 MBA/MPACC 学位论文结构设计

9.2.1 专题研究类论文的结构

专题研究类论文通常包括绪论、企业介绍、问题分析、解决问题过程及结论等要素，专题研究类学术论文的一般结构如下。

一、绪论

1. 问题的研究背景（或问题的提出）。
2. 研究目的与意义。
3. 文献评论（文献综述）。文献评述或综述要求作者对所研究的问题及领域的国内外研究现状、水平等做较详细的概述，使读者了解你对该问题的把握和熟悉程度，以及你所研究的起点，进而考查你论文的创新点。此部分也可以放在第二部分，学术、理论和研究通常单独有一部分。
4. 研究思路与方法。
5. 研究的基本内容和框架结构。

二、文献综述或相关理论介绍（根据需要还可以放在绪论中）。

三、企业介绍及问题分析。主要包括公司发展历程、组织结构、业务状况、经营范围、市场和客户分布、企业存在的问题，问题产生的原因等，要强化现实问题与所运用理论之间的关系和逻辑。

四、解决问题过程。分析假设、拟采用的方法、建立模型，分析过程要有理论支撑和定量分析方法，这部分根据内容可能分为多个章节。

五、研究结论。

9.2.2 调研报告类论文的一般结构

调研报告的格式并不是固定的，根据调查内容、性质、用户的不同可以有不同的调研报告。下面是调研报告的基本要素和一般结构。

一、绪论。主要包括调研的背景、调研的目的和意义、理论基础、调研方法和论文结构。

二、调研情况介绍。企业介绍、问题的提出、调研对象、处理问题的途径等。

三、调研方案设计。说明调研工作的基本情况，主要包括数据来源（第一手资料和第二手资料）、调研方法（观察法、小组深度访谈法、调查法、实验法、行为数据法等）、调研工具（调查问卷、访谈大纲、相关仪器和其他辅助工具）、抽样计划（主要涉及抽样对象、样本数量和抽样程序）和接触方法（邮寄问卷、电话访问、个人访问、网上访问等）。

四、数据处理与分析、调研结果。数据搜集主要包括两部分内容：一是关于调查的组织实施，应当详细介绍调查的组织实施过程，即数据采集过程。如调查人员的确定、培训方案、激励计划以及监督和控制、调查实施的时间、地点等。二是调查中遇到的问题及其解决方案。调研结果分析也主要包括两部分内容：一是数据分析方法和程序，二是调查的主要结果。对于前者，应该说明数据的分析方法和过程；对于后者，应该简要陈述调查研究的主要发现，并将其与调查问题、研究目标结合起来。

五、结论、局限性及其必要说明、对策建议等。从调查研究结果中得出结论，提炼出理论观点，重点分析一些调查中发现的深层次原因。结合调查的现实背景，阐述调查结论对于实践的指导意义，提出有针对性的具体建议。阐明调查过程中还存在的问题和局限，并说明这些问题和局限可能对研究结果产生了什么影响，在此基础上说明今后研究应当注意的问题。

六、附件。调查问卷、数据、背景材料、统计输出部分结果等。

9.2.3 企业诊断报告

企业诊断报告类论文的主要要素和一般结构如下。

一、绪论。主要包括：研究背景、研究问题（本文诊断的焦点问题）、研究目的和意义（诊断目的和意义）、文献综述（可选）、研究技术路线等。

二、行业背景与企业概况。包括诊断问题所产生的背景信息，主要涉及诊断企业的行业现状及总体趋势、企业基本状况（发展历程、组织结构、股权结构、业务构成、经营业绩以及其他有价值的资料）。

三、诊断过程。这部分可以分为2~3章内容。包括**诊断问题描述**（一是病症分析，描述通过诊断发现的主要病症或问题；二是原因分析，包括问题分析、事件分析、数据分析、资料分析和环境分析等）、**诊断流程**（构建对焦点问题进行诊断的总体框架或基本流程，阐述诊断组成人员的构成情况、概述诊断时间、对象、范围、诊断经过及内容要点等）、**诊断方法**（指诊断过程中所运用的方法或技术。基本方法包括文献研究、案例研究、调查研究和实验研究；具体方法包括资料搜集方法和资料分析方法，前者主要涉及问卷法、观察法、量表法、访谈法、实验法等，后者主要涉及统计分析法、比较法和内容分析法等）。

四、诊断结论和建议。根据诊断结果，得出若干结论，并提出系统的改进建议或启示，必要时还可以指出今后的研究方向。

9.2.4 案例分析报告

案例实际上也是"教材"，它是使案例的使用者面临实际生活中的管理决策问题，其目的是把学生（或使用者）放在决策者的位置上，并进行实际的决策，从而检验、考查案例分析者某一方面的能力。值得注意的是，编写案例并不是简单地叙述所发生的一切，也不是材料的简单堆积。案例是对一个企业或组织的真实情景的叙述，通常叙述企业或组织目前的状况、案例中的关键人物、面临的关键问题、实际的决策（或问题解决）过程。因此，案例中要有"背景、时间、地点、人物、剧情（故事情节）、矛盾及冲突、待解决的问题"等。一个好的案例应包括（或体现）如下要点：一是问题的一般背景；二是所涉及的企业或组织的一般背景；三是决策者所面临的具体问题；四是案例使用者解决问题时所涉及的问题；五是用来编写案例的参考资料。案例分析报告的主要要素和一般结构如下。

一、绪论。主要包括选题的背景和动机、问题的提出、研究的意义、研究目标、研究的思路、技术路线和方法等。

二、研究综述。要全面系统地梳理现有国内外与论题相关的文献，要有评有述，评述结合，要指出现有文献的贡献和不足之处，指出进一步的研究方向。

三、案例背景。主要为案例公司的总体情况，可以包括企业和产品、经营绩效、组织架构、行业和市场环境以及发展历程等。这部分是全景式的描述，全面介绍案例公司在某一业务不同发展时期的经营情况。这里面不能有个人评价，要求客观中立。

四、案例发现与分析。主要涉及案例对象、研究方法、数据搜集方式等。要强调案例选择的代表性，说明案例研究方法为什么适合研究论文的问题和所选择的案例。尽可能使用多证据来源，可以从资料的适用性、全面性、真实性、典型性几个方面进行数据选择。确定案例分析要采用的数据处理方式，有统计分析技术、文本分析技术等；确定案例分析所要采用的策略，如模式匹配、使用逻辑模型、时间序列分析等。这部分内容是论文的主体，大概需要2~3章内容。

五、研究结论和未来研究建议。通过案例剖析，升华经验总结，上升到管理理论，进一步指明未来研究的方向。

9.3 MBA/MPACC 学位论文写作应注意的问题

1. 论文题目

所选题目不要太大、太空。题目最忌讳的字眼应尽可能避免，比如："对……的思考""对……探索""对……的初步探讨"等。另外题目要与内容配套，常见的毛病就是过分夸大自我的代表性，例如写的是某省甚至只是某市、某县的情况，可是题目却是"论中国的……"。如果要谈的是全国性的一例事实，那就必须附上全国多个地方性的资料，而且要把地方性的执行情况上升到全国整体性考虑的层次。解决此类问题的方法是使用两层题目法，即"正标题 + 副标题"。

2. 逻辑结构

论文的逻辑结构代表作者思维的逻辑，所以行文的先后顺序和文字的繁简安排都很重要。为了能让读者在最短的时间内看出整个论文的思路、逻辑以及主要观点，作者在谋篇布局和行文时，必须重视论文目录和内容提要的表述。目录编排应力求规范，通常要标列至二级标题，对于论文中的核心内容，则应视具体情况，考虑标列出三级标题。内容提要应切中核心，言简意赅，其中主题词的选用要求准确、恰当。

3. 内容的深度和广度

评审一篇 MBA/MPACC 的硕士论文，最重要的是要看论文内容的深度和广度，如果学生本身没有接触太多相关理论，又欠缺较为成熟的工作经验，同时，又没有下足功夫作深入的调查研究，那么就非常容易让别人看出论文的深度和广度不够的硬伤。同时，MBA/MPACC 的论文又比较强调内容的实证性、实效性，这就要求论文作者在广度方面把与题目有关的要点逐一讲清，而在深度方面则要能在理论结合实践的基础上提出自己的一套有系统的观点和主张。

4. 资料处理

立论既要有良好的基础，又要在资料的处理方面下功夫，但很多人在这方面往往掉以轻心。常见的毛病是引用资料无出处说明；自行调查的资料既不说明调查日期，也不说明调查方法；通篇文章中无图表、数据使用无来源和日期；实证分析无具体案例佐证等。对资料处理的随意性，一方面留下做事不严谨的不良印象；另一方面也可能带出一连串的有关立论欠深度的问题。实践中往往因为论文资料处理不善，令论文评审者根本无法分辨哪些是事实、哪些是别人的理论、哪些是立论者的论点，从而影响评审者对论文的公正评价。

5. 语言表达

论文应严格把事实、他人的理论和自己的论点分开,从而在语言表达方面做到起、承、转、合。常见的问题是写论文的人没有把三者分开,语气是说教式的一套,让看的人感到非常不舒服,而分析也没有太大的说服力。另外,文中应避免使用一些主观的词语,比如:我国、我们、我认为等。

第 10 章 学位论文的答辩

答辩包括"问"和"答"两个方面。学位论文答辩是由学位论文答辩委员会向学生提出问题，学生回答问题或答辩论点的有目的、有计划、有规范的双向教学过程。论文答辩的主要形式是提问、回答问题或辩论。学位论文答辩不仅是学位论文的一种考试形式，也是评估学生知识和能力综合水平的重要教学环节。通过答辩，可以客观认定论文的真实性和实际效果，帮助和引导学生进一步加深对所学知识的理解。

10.1 学位论文答辩概述

10.1.1 学位论文答辩的目的

学位论文的答辩神圣而庄严，大学生和研究生要想获得学位证书，就必须撰写论文并进行答辩。

1. 了解论文的写作过程

在答辩开始时，学生应首先向答辩委员会（或答辩小组）做简短的自我报告。在论文的简要提纲中，学生应介绍选题的背景和意义、研究问题的重点、解决问题的对策和特点、对策的论据和结论。因此，通过答辩，可以充分了解论文的写作过程，有效防止捉刀代笔、抄袭等不良学术风格，进一步检验论文质量。

2. 考查论题的研究情况

论文由论点和论证过程组成。论证是否正确，是否具有创新性，将直接影响论文的质量；论据的数量是否正确权威，将直接影响论文结论的真实性和可信度；论证是否合乎逻辑、科学，是论文写作成败的关键。论证过程实际上是用已有的论据解释和讨论自己的论据（观点）的过程，换句话说就是用论据证明论点的过程。因此，通过答辩，可以考查学生对所选项目的研究情况，了解学生的知识广度和理论深度，进一步检验论文的真实性。

3. 测试学生的创新能力

创新能力是一种综合能力，包括思维能力、适应能力等。就思维能力而言，要求创新者具备创新思维能力。创造性思维需要打破一成不变的思维方式，让思维沿着不同的、反向的、横向的轨迹运行，但不同的、反向的、横向的思维并不意味着必然的创造。创造需要奇思妙想和独创性，但奇思妙想和独创性并不意味着必然的创造。思维之所以成为创造性思维，必须具备深刻性和批判性两个品质。思维的深刻性是一种能力，是建立在一定的知识基础上的。思维的深度和创造力是密不可分的。思维的临界性也是一种能力，不仅是对外界和他人的一种审视，更是对自己思维活动的一种审视。思维就是在审视他人和自己的过程中，在满足客观现实的基础上不断调整自己原有的方向，最终找到解决问题的突破口，实现创造性思维的过程。论文答辩可以检验学生的思维能力、应变能力和口头表达能力，包括答辩过程是否流畅灵活，观点和方法是否新颖独到，提出的创新意见是否有理有据。

4. 提高论文的学术质量

通过答辩，可以促使学生从内容到结构仔细梳理论文，帮助学生掌握写作技巧和方法，同时进一步完善论点，补充论点，使论文更具学术性和科学性。

5. 评定论文成绩的最终依据

论文成绩一般由笔试部分和现场答辩组成，通常笔试成绩占 70% 左右，答辩成绩占 30% 左右。它还规定未通过者不能获得学位证书。因此，论文答辩是评价论文成绩的最终依据。

10.1.2 学位论文答辩的意义

在论文答辩现场，由于教师与学生是面对面的，采取的是教师提问学生回答的方式，而且教师提出的是论文研究范围内的学术问题，它们往往是论文的重要核心部分或者是作者没有注意到的薄弱环节和不足之处，因此，学位论文答辩对提高论文的学术质量和学生的综合能力具有重要作用。其意义主要体现在以下两个方面。

1. 答辩是审查论文真实性和考核论文质量的必要补充

在社会浮躁风气的影响下，学术研究日趋浮躁，急功近利。受这一趋势的影响，一些毕业生不专心学习知识，剽窃抄袭他人的研究成果。答辩可以有效地防止这种风气的传播，因为只有你研究的问题才会在你的脑海中留下深刻的印象，才会了解你论文范围内的学术问题。如果论文抄袭他人，则很难通过答辩。因为学生写论文的机会少，尤其是本科生，可能是人生第一次写论文，所以在结构和学术问题的阐述上难免存在一些缺陷。教师在答辩会上有针对性地提问，可以进一步考查学生能否运用在大学里学到的基础知识来分析和解决问题，是否有扎实的理论基础和深厚的知识基础，是否有独特的创造性见解。

2. 答辩是培养学生的重要教学环节

通过回答前的准备和老师的提问，学生可以再次学习和提高，所以是培养学生的一个重要教学环节。其功能主要表现在以下 3 个方面。

1）可以训练和提高学生分析问题、总结问题、解决问题的能力，训练和提高学生的思维能力、适应能力和口头表达能力。

2）可以促使作者加深理解，进一步掌握所学知识，对自己的业务、专长、技能进行客观全面的再认识，明确自己的独立科研能力和方法及存在的问题，为确定自己未来学术研究的主要方向提供参考。

3）可以更加科学、客观、全面地衡量和评价自己的论文，在答辩的有益启示下，对论文涉及的学术问题进行深入研究，弥补论文的不足。因为参加答辩的老师都有自己的特长、不同的爱好和学术观点，他们从不同角度提出的问题和疑问无疑是对学生的有益启示。

10.1.3 答辩的要求

1. 答辩机构高效得力

答辩领导小组由学院、系主要领导组成，分管教学的领导全面负责答辩各项行政事务的统筹协调。答辩委员会一般由五人组成，学士学位论文答辩委员会主任必须具有副教授以上职称。硕士、博士学位论文答辩委员会主任职称必须是教授。答辩委员会的成员应由专业、负责、有原则、公平和诚实的教师组成。

2. 严格审查答辩资格

参加答辩者应当具备以下条件：成绩合格，学位论文获得指导教师"同意参加答辩的意见"，且无抄袭之嫌。

3. 答辩环境宽松自在

学生在答辩时由于紧张，难免会出现答非所问的情况。所以，在保证严肃性的同时，答辩委员会要能营造一种轻松的氛围，让学生在轻松的状态下答辩，发挥正常水平。

4. 答辩纪律严肃落实

学术论文答辩也是一种考试，严明的纪律是必不可少的。全体学生应当自始至终参加，教师所拟提问在答辩前必须保密。

10.1.4 答辩的一般程序（图10-1）

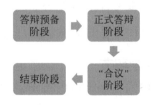

图 10-1 答辩的一般程序

1. 答辩预备阶段

答辩学生向答辩委员会提交学位论文。答辩委员会主任介绍答辩委员会成员的姓名、学术职称,说明答辩程序以及注意事项,宣布学生答辩顺序。

2. 正式答辩阶段

1)陈述阶段

答辩学生首先要介绍自身的基本情况、姓名、学号、专业等。之后要对自己的学位论文进行简单介绍,对论文的研究思路和基本结论进行简单梳理。一般时间限定为10分钟左右。

2)问答阶段

答辩人陈述后,答辩委员会成员就论文内容和答辩人的表现提出3~5个问题。一般情况下,答辩委员提问后,答辩人有10~20分钟的时间准备问题。但也有学校规定,答辩学生没有时间准备,需要当场回答答辩老师提出的问题。

3)总结阶段

在答辩学生回答完问题之后,主答辩委员首先对学生的答辩情况作出点评与总结,之后由其他答辩委员提出意见和看法,最后由答辩主任进行总评。

3. "合议"阶段

答辩完成后,答辩小组要将答辩成员对每个学生的评价进行整合和总结,然后由全体答辩成员以无记名投票的方式对每个答辩人进行投票。之后,答辩委员会将对答辩结果进行"合议",并向领导小组报告。领导小组应当对合议结果进行审查,没有特殊情况的,应当通过。

4. 结束阶段

在确定答辩成绩准确无误后,答辩委员会应当将成绩进行公示。

10.1.5 答辩评判标准(表10-1)

表 10-1 答辩评判标准

论文等级	评定标准
优	1. 论题具有一定的现实意义或学术价值; 2. 全面、深入地分析问题,有独到的见解
良	1. 资料丰富,能运用所学知识和技能分析问题,有较强的解决问题的能力; 2. 观点正确,重点明确,条理清晰,逻辑性强,文字流畅

续表

论文等级	评定标准
中	1. 掌握一定的资料，大致上能结合所学知识进行分析，重点明确，主要论据基本可靠； 2. 观点正确，条理清晰，文字流畅
及格	1. 掌握一部分资料，基本上能将所写的问题说清楚； 2. 观点基本正确，条理清楚，文字流畅
不及格	有下列情况之一的： 1. 观点有明显的政治错误； 2. 资料少，对资料缺乏分析，归纳，论证乏力，仅将几篇文章胡拼乱凑而成； 3. 条理不清，层次不明，词不达意，字数不足； 4. 抄袭他人或由他人代笔

10.2 答辩幻灯片的制作

10.2.1 答辩幻灯片的主要内容

答辩幻灯片是学生答辩时非常重要的一部分。答辩幻灯片在制作时一般按照提出问题（是什么）、分析问题（为什么）、解决问题（怎么做）的框架来进行制作，这也是一般论文的写作思路。

1. 提出问题

该部分主要介绍论文选题的背景、目的和意义，应当包括以下内容：分析并总结该研究领域其他学者的研究成果；列出相似研究中存在的未解决、解决不太好的问题；阐述该论文的创新点，要解决的问题；尽可能详细地说明实验思路，这也是论文的技术关键。

2. 分析问题

该部分内容是论文的主体，主要包括：所用的理论和方法，将得到的结果与已发表的其他研究进行对比和分析；对存在的问题进行分析解释；在该实验基础上提出新的假说，并进一步用实验去验证。

3. 解决问题

该部分内容是整个论文的具体结论，是在实验、理论分析的基础上对研究内容的最终总结，因此，该部分应当具体、集中和明确地表达研究的创新性、科学性和应用价值。主要包括：结论是否针对提出的问题做了明确的回答；是否解决或解释了提出的问题；对他人研究的问题得出了哪些新的结论，或对已有结论做了哪些修正、补充和发展；在该实验的基础上又发现了哪些新的有价值的问题,或哪些相关问题尚未解决,要进一步深入研究。

10.2.2 幻灯片制作的技巧

1. 背景和字体

能让答辩委员会的老师轻松地看清幻灯片上的内容是制作答辩幻灯片的最基本的要求。因此,要选择合适的背景和字体。一般来说,浅色的背景加上深色的字体是最能让人轻松看清内容的组合,例如纯白背景加上黑色字体,如图 10-2 所示。如果感觉白底黑字略显单调,可以选用其他浅色的背景,如淡蓝色等。切忌选用和背景颜色相差不多的字体颜色,这样会使得幻灯片上的文字内容难以辨认,给答辩委员会的老师留下不好的印象。

图 10-2 白底黑字示例

在答辩会场光线不适合单纯的白底黑字的情况下,也可以采用黑底白字的搭配,如图 10-3 所示。

图 10-3 黑底白字示例

另外,在选择字体时,避免选用宋体等无衬线字体,尽量选用微软雅黑等衬线字体,因为无衬线字体识别度差,而衬线字体识别度高,便于答辩老师观赏。两种字体的对比如图 10-4 所示。

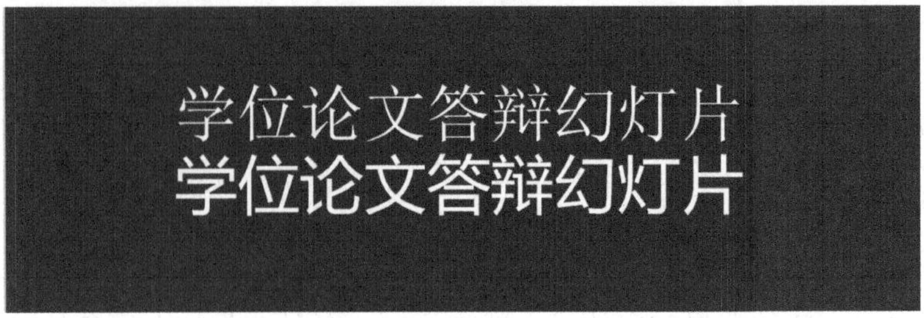

图 10-4　字体示例

2. 封面、目录、过渡页和导航栏

答辩幻灯片的封面应当简洁，明确，只包含必要的几个要素：论文题目、学校、专业、答辩人、指导老师。论文题目应当占据主体位置，给人直观的感受。同时，可搭配答辩人学校校徽、院徽等进行设计，如图 10-5 所示。

图 10-5　封面示例

制作目录时，大致可以分为上下、左右两种类型。目录中条目较少时可以采用上下型，简洁大方，如图 10-6 所示。而当条目过多时，使用上下型会显得目录过于拥挤，适合使用左右型，如图 10-7 所示。

图 10-6　目录示例 1

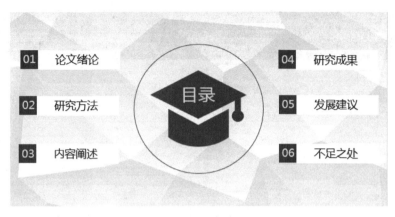

图 10-7 目录示例 2

过渡页起一个承上启下的作用,这时候可以不以白色为主,用纯色背景增强视觉冲击力,吸引答辩委员会老师的注意力,如图 10-8 所示。

图 10-8 过渡页示例

在幻灯片中加入导航栏可以让答辩委员会的老师清晰地感受到答辩人的思路,也有助于答辩人在答辩时理清思路,更好地发挥。最简单的导航栏一般设置在幻灯片的左侧或上方,如图 10-9、图 10-10 所示。

图 10-9 导航栏示例 1

图 10-10　导航栏示例 2

3. 图与表

答辩学生在制作幻灯片时，往往直接将 Word 中的图表复制粘贴到幻灯片中，这样的图表往往会显得非常突兀。因此，在制作图和表时，应当运用幻灯片内的工具重新制作以符合幻灯片的风格。本书提供了一些自制图表常用的样式以供参考，如图 10-11 所示。

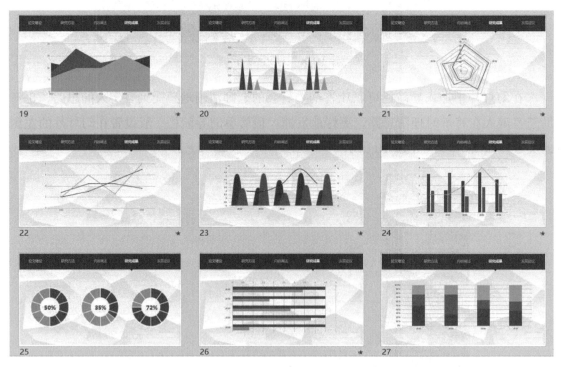

图 10-11　图表类型示例

10.2.3 答辩幻灯片的设计思路

1. 幻灯片的总体设计

一般在制作幻灯片时，要考虑内容大纲、现有材料、整体风格以及配色。答辩幻灯片的内容大纲可以根据毕业论文的结构和内容制定，如章节之间的关系和论文的重点内容等，而且图表要尽量单独占据页面，一页表格不要超过 6 行；画图和表格标题尽量不要转行，其中表格标题用粗体或加粗字体（18 磅）表示。风格配色是指幻灯片中使用的背景和字体。同一页面中使用的颜色不要超过三种，背景和文字要有对比，如蓝黄（白）对比、黑白对比等。因为颜色太花哨或者背景和文字颜色差不多，会增加听者的视觉负担。一页字体不能超过三种，字号也不能太小。标题大小应该在 44 磅左右，正文大小应该在 32 磅左右。另外，如果在宽敞明亮的环境下答辩，使用深色背景（深蓝、灰色等）带有白色或浅色文字可以得到很好的效果。但如果在会议室需要开灯的环境下，那么白色背景搭配深色文字处理效果会更好。

2. 写一个论文答辩纲要

幻灯片是用来帮助答辩的，拖着冗长的基于文本的幻灯片只会让听众厌烦。所以，只有主要内容，如创新点、实验结果分析图表、表格、结论等，可以放在幻灯片上。如果在答辩前根据论文的重点内容写好答辩提纲，可以在筛选的同时讲解相关内容，既能保持听者的注意力，又能让听者更好地理解论文内容。答辩提纲包括文章结构、研究思路和方法，突出研究的可行性、创新性和具体结论。这样，在放映幻灯片时，结合大纲，就可以对论文中的数据和图表进行详细而准确的分析。

3. 幻灯片页数的控制和放映

一般来说，有 25~30 张幻灯片，讲解时要以 30 秒 / 张的速度展示。不要在没有分析和解释或者只是引导听众观看的情况下放映幻灯片。此外，在幻灯片放映时，很容易不小心单击鼠标，使页面跳转情况，从而分散听众注意力。所以在制作幻灯片时，要取消"单击鼠标换页"功能，只需使用鼠标滚轮或键盘方向键即可换页。或者在放映开始的时候，把鼠标设置成"绘图笔"，这样就可以把重点内容圈出来，在答辩中注明，方便讲解。同时要把握好论文答辩的时间，根据幻灯片的内容适当控制语速，让老师更好地理解论文的精髓。

10.3 学位论文答辩技巧

学位论文答辩技巧可以分为论文答辩之前的准备和答辩时回答老师提问的技巧两部分。

10.3.1 毕业论文的答辩准备

作者要想顺利通过答辩,在参加毕业论文答辩前,要做好充分的准备。毕业论文答辩的准备是学生获得较好答辩效果的前提。毕业论文答辩技巧是在答辩中根据客观需要表现出来的巧妙方法和才能。除了要了解毕业论文答辩的时间、地点和程序,还需要知晓回答教师提问的一般规律和基本方式,以及答辩中的注意事项,这一准备主要包括思想准备、论文内容准备和材料准备三个方面。其中,论文内容的准备是重点。

毕业论文答辩的准备工作是在答辩领导小组的指导和启发下完成的。在答辩过程中,学生处于接受答辩的地位,但这并不意味着就是处于被动地位。事实上,学生在论文答辩中处于主导地位。只有充分发挥学生的主动性,才能保质保量地完成答辩工作。因此,我们应该一步一步地引导学生,并做好以下准备。

1. 思想心理准备

一方面,答辩学生应高度重视,认真对待答辩,充分认识到毕业论文答辩的意义,并对自己在大学期间的学习效果进行全面评估。如果不把答辩当回事,以为写好论文任务就完成了。这种粗心的想法会耽误其对毕业论文的总结和深化,从而影响答辩成绩。

另一方面,答辩学生不要过度紧张,调整自己的情绪,正常发挥。参加毕业论文答辩紧张很正常,适度的紧张可以激发和促进作者对毕业论文的总结和消化,从而有助于毕业论文答辩的顺利通过。但过于紧张害怕怯场的心理对答辩非常不利,因为会严重影响答辩人的正常思维和注意力,从而影响答辩人答辩的正常水平,甚至影响答辩人毕业论文答辩的顺利进行。

2. 论文内容准备

1)转变角色,以读者视角审视毕业论文

毕业论文是学生自己辛辛苦苦写了几个月,最后定稿,报导师批准后提交的,应该说学习成果丰硕,但学生应认识到学习科研永无止境。在答辩前,学生应以一个读者的眼光仔细审视自己的作品。

首先,要检查论文基本观点的正确性。毕业论文观点的正确性需要有很强的思想内容,能够反映事物的本质和生活的主流,符合自然和社会的发展规律。要特别注意与全文中心论点相关的重要观点句的表达是否准确、恰当、科学,是否符合全文的逻辑论证体系。

其次,要检查毕业论文的体系结构是否存在错误,是否需要改进。毕业论文写作的目的是训练和提高写作技巧。因此,毕业论文逻辑体系的合理性是衡量论文的重要依据之一。

最后,要检查毕业论文的语法问题,如语病、错别字、漏词、标点错误等,这些小问题不容忽视。

2）写好毕业论文介绍提纲

毕业论文的引言提纲一般包括以下三个方面。

首先，是选题的背景。为什么选择这个课题？研究它有什么理论价值和现实意义？目前这个课题的成果有哪些？学术界有哪些争议？有哪些代表性观点及作品？你更喜欢什么样的观点，原因是什么？参考了哪些资料，对这些资料的基本评价是什么？

其次，是毕业论文的基本论点及其论证逻辑的总结。这是毕业论文引言陈述的主要内容。包括：题目、主要观点、各部分内容、论点和主要依据，以及如何搜集资料、构思论文和策划论文。毕业论文涉及的重要概念、定义、规律、定理、基本原理等都要搞清楚。

最后，是毕业论文的自我评价以及补充完善意见。有哪些新的想法和观点，是怎么形成的？提出并解决了哪些问题，其意义何在？还有哪些应该解决却没有解决的问题？写完之后，有哪些经历？你对该论文满意吗，哪里满意？是否存在不足，不足在哪里？

3）做好论文的概述或陈述准备

首先是自己选题的目的、动机、背景。其次，论文的主要内容和结构能够清晰简洁地表达出来。同时，学生要有大胆表达自己观点的勇气，将新的观点与理论研究的成果进行比较。毕业论文以基础理论和知识为基础，论证其正确性，采用的方法各有千秋。在基础理论的指导下，结论要能自圆其说。

2. 资料用品准备

答辩前，作者要整理好自己的毕业论文，并准备好与毕业论文有关的参考资料、答辩提纲、钢笔和笔记本（或纸），以便带进答辩会场。

毕业论文答辩允许答辩人阅读自己的毕业论文和相关材料，答辩人不可能把所有材料都背下来，顺利回答所有问题。很多问题的回答需要以相关材料为依据，适当阅读材料，可以帮助回答者理清思路，顺利答题，也可以缓解紧张心理，避免恐慌。

笔和笔记本（纸）也很重要。答辩时，答辩者需要记录答辩老师的问题和宝贵意见，这样既不会漏掉问题，又有助于理解问题的重点和实质，边回忆边思考，缓解紧张情绪。

着装也是很重要的一方面，正式而又不刻意的着装会给答辩老师留下良好的观感，也能给老师留下深刻的印象，做好这方面是一个很好的加分项。

10.3.2 应答技巧

答辩是一门科学，需要一定的策略和技巧。答辩人要想充分发挥自己的水平，顺利通过毕业论文答辩，不仅要在答辩前做好充分的准备，还要在答辩中注意一定的策略和技巧。

毕业论文答辩技巧是指在答辩中运用到的表达的巧妙方法和才能。在实践中通常表现为两个方面：理性的思维方法和实践中的经验。

1. 常用的思维方法（表 10-2）

表 10-2　常用的思维方法

灵感型思维的发挥	灵感在答辩过程中常常出现，关键是要善于捕捉，正确运用。对于产生的灵感，要及时记录，以备自用
发散型思维的开拓	答辩中所谓的多角度，即发散型思维方法的具体运用及其结果。发散型思维在答辩中的运用，就是对一个问题的回答可以多向考虑，最后优选最佳答案
直觉型思维的运用	现实事物的生动印象，直接把握和阐述事物（问题）的本质和规律。根据自己的社会阅历，就某一问题在现实中的生动直观印象做综合归纳，言简意赅地回答问题
求同型思维的挖掘	求同型思维，即集中性思维和收敛性思维，是单向开展的思维。在答辩中如果有诸多的答案难以确定中心时，可应用这一思维方法，从"诸多"中挖掘"单向"，通俗地说就是"贴题"回答问题

2. 实践中的体验（表 10-3）

所谓实践中的体验，即根据教师的提问即席思考和验证如何答辩的问题。

表 10-3　实践中的体验

深刻理解题意和实质	对老师所提问题要原原本本地记录，记录后再复述一遍，避免弄错。然后逐个问题思索答案，切忌答非所问
开门见山，回答直破主题	由于回答问题的时间有限，只有直破主题，抓住要害，不纠缠枝节，才能思想集中地表述出较理想的答案
抓住重点，旁及其余	有的问题含义较多、较深，回答时不可分散、零碎，而应抓住重点说深说透，然后对其余非重点一带而过
坚持真理，修正错误	自认为是正确的就据理陈述，甚至以事实为根据去跟老师争辩。对于老师指出的错误，要谦虚接受，切不可固执己见
思路清晰，表述明白	在短暂的准备过程中，根据撰写论文时的有关资料，整理思路，理清头绪，形成"腹稿"。这时，切忌把精力放在书写答案上，来不及形成清晰的思路，以免答辩东拉西扯、顾此失彼
言简意赅，逻辑性强	有了"腹稿"就要考虑语言表述的简洁性和说理的逻辑性，如果语言烦琐冗长，就会淹没了中心，甚至使听者产生厌烦情绪。如果不注意逻辑性，就语无伦次，说不清道理
尽量口述，增强生动感	念稿的弊端：一是念稿子会淡化听者的注意力；二是生硬古板，无吸引力；三是稿子太长，易耽误时间

续表

神态自若，情绪稳定	论文答辩时神态紧张的根源在于心里慌张。想要消除这种心理障碍，一是积极参加会场旁听，亲自了解答辩的基本过程，消除对论文答辩的神秘感；二是相信自己，胸有成竹，树立成功的信心
毕业论文答辩中图表运用	毕业论文答辩中运用图表和多媒体，不仅是一种简洁直观的表达观点的方法，还是一种调节会场气氛的手段
毕业论文答辩过程中涉及人称	毕业论文答辩过程中尽量多用第一人称"我""我们"，这样容易拉近答辩人和答辩老师、旁听同学的心理距离
目光交流	毕业论文答辩时，答辩人要注意自己的目光，用目光与答辩老师和旁听同学进行心灵的交流，这样容易使答辩老师和旁听同学对自己的答辩产生兴趣，这也是答辩人对答辩老师和旁听同学应有的礼貌
身体语言	与其他答辩活动一样，毕业论文的答辩以口头语言表达为主，但并不排斥肢体语言的运用。相反，肢体语言尤其手势语言的恰当运用，会使答辩人显得更加自信、有力、不容辩驳，使答辩效果更好

总之，不论是"实践中的体验"，还是"理性思维方法"的应用，都要根据自己的能力和问题的要求来确定。上述各个方面，有时也需交互使用。答辩技巧。关键在"巧"，根本在"熟"。只有非常熟悉自己论文的概念、原理、观点、论述等，才能找到答辩的技巧。

10.3.3 答辩时的注意事项

1. 提前到达，自信冷静

提前到达既可以使自己从容面对、不慌不忙，又是尊重答辩委员会（或答辩小组）成员的表现。在参加答辩时，保持良好的心态非常重要，要对自己有信心，以饱满的热情，全身心地投入到答辩中去。除了自信以外，还必须保持足够的冷静，特别是初次参加答辩的大学生，心情免不了会紧张，如果让这种紧张情绪蔓延，就会影响答辩的成绩，本来平时能够回答的问题会因紧张而变得语无伦次。

冷静就是不急不躁，从容应对。要做到冷静思考，首先必须认真倾听，面对答辩委员会（或答辩小组）成员的提问，要全神贯注、认真仔细地倾听，最好是边听、边记、边想，防止遗漏。如果没有听清楚问题，可以请求答辩委员会（或答辩小组）成员重复一遍，千万不要贸然回答；有些问题虽然听得很清楚，但是一时之间很难把握住自己的理解，这时候你可以把自己对问题的理解说出来，问一下答辩委员会（或者答辩小组）成员是否是这个意思，等他们回答肯定后再回复；无论答辩委员会（或答辩小组）成员提出的问题是否恰当，都要耐心倾听，不要随意打断他们的提问或插话。我们要边听边想，迅速抓住问题的本质，分析问题的潜在意义，是针对论点还是论据，还是希望对某个问题做更深入的阐述。对于答辩委员会（或答辩小组）成员故意提出的负面论点或似是而非的问题，该答就答，该辩就辩。不要慌，明白真正的意思，想清楚再回答，以免答非所问，弄巧成拙。

2. 带齐材料，机智应答

答辩时要带齐有关材料，包括论文、答辩提纲或笔记、重要参考书和工具书，以及笔、纸和证件等。带齐材料也是对自己心理的一种暗示，能够起到稳定情绪、鼓舞信心的作用，从而使应答不慌不忙，沉着应对，有利于答辩者聪明才智的充分发挥。

应答是对答辩委员会（或辩护小组）成员提问的反馈，要回答得好、巧、准，除了运用自己的智慧和技能，还必须思维敏捷，回答问题迅速。在答辩现场，答辩学生面临的压力可想而知，但从心理学角度来说，适度的紧张可以提高反应的能力和效率。当然，学生在答辩前首先要做的是心理减压，大部分学生在答辩现场都很紧张。有些学生不知所措；有的学生语无伦次；更有甚者会紧张得双手发抖，甚至浑身发抖。这种情况不利于正常水平的发挥，更谈不上超常发挥，机智应对。同时，为了最大限度地发挥机智应答的效果，在答辩时还尽量做到口齿清楚、声音洪亮、语速适中。如果答辩委员会（或答辩小组）成员连答辩者表达的内容都没有听清楚、弄明白，即使再机智的回答也无法起到应有的作用。此外，还可以适当使用手势，以取得答辩的最佳效果。

3. 态度诚恳，举止文明

答辩开始时，答辩人应向答辩委员会（或答辩团队）的成员打招呼、致意。全神贯注地倾听答辩委员会（或答辩团队）成员的提问，并在回答答辩委员会（或答辩团队）成员的提问时面对他们。首先，你要表示愿意回答答辩委员会（或答辩团队）成员的问题。即使对某些问题的回答自我感觉良好、非常满意，也不能表现出自以为是的表情；当问题回答不符合答辩委员会成员的意见，试图抑制自己，不要表现出不耐心，保持冷静，合理地解释自己的观点，以反映你真诚的态度。无论答辩委员会（或答辩小组）成员提什么问题，给什么评语，答辩结束时，都应向答辩委员会成员表示谢意，并做到礼貌退场。

4. 言简意赅，重点突出

一般来说，回答问题是有时间限制的。在有限的时间内澄清一个学术问题并不是一件容易的事情。因此，要求学生尽可能客观、全面地回答问题，也要求简明扼要、重点突出。用肯定的语气回答问题，是或不是，绝不含糊或暧昧；内容要与主题紧密联系，说话要畅所欲言，尽量避免不必要的重复，避免口语化表达。简而言之，回答问题时要直截了当，条理清晰、语言干净、简洁、得体、流畅、肯定、专注于主题。

有些问题除了"答"以外，还需要"辩"。在与答辩委员会（或答辩小组）成员论辩的过程中，特别需要把握分寸。虽说真理不辩不清，在真理面前人人平等，但在答辩这样一个特殊的场合，话说到什么程度要有分寸感，因为答辩者面对的是自己的师长，何况有些问题是答辩委员会（或答辩小组）成员故意从反面提出一个错误的论点，并不是答辩委员会（或答辩小组）成员在知识或观点上有什么问题，而仅仅是作为一种考核的手段和方法。因此，在争辩时，要有理有据，以理服人，不能胡搅蛮缠，有理不让人。对没有把握回答或实在回答不出的问题，不能磨磨蹭蹭，而应实事求是地向答辩委员会（或答辩小组）成员表明，这一问题自己还没有搞清楚，今后一定努力学习，再进行认真研究，并请求答辩委员会（或答辩小组）成员再提问其他问题。千万不要强词夺理、信口开河、借题发挥，因为这种耍小聪明、胡猜乱答的行为，结果一定是弄巧成拙。

第 11 章 文献检索技巧

11.1 文献检索对学位论文写作的作用

11.1.1 文献检索的概念

所谓文献检索，指的是根据学习研究和工作的需要获取相应文献的过程。在计算机技术普及前，文献主要以图书或书面资料等形式被人们查阅。而随着现代计算机技术的大力发展，文献检索的工作更多依赖于互联网。

11.1.2 文献检索的意义

文献检索是为了获取知识和工具，是为了给学习研究和工作提供知识储备。从 21 世纪开始，随着科技的爆炸式发展，人类获取知识和信息所需速度越来越快，所需精度也越来越高。人类知识的更新频率越来越快，这也意味着国际间的各领域竞争也越来越激烈。换言之，知识已经是非常重要的经济要素。国家要提升综合国力，在日趋激烈的国际竞争中立于不败，必须把握更多的知识，因此对国民的知识素质要求也越来越高。当今的科研和工作人员想要高效率地获取知识信息，就要求对所需知识信息的检索又快又精准，这就更加强调了文献检索的地位。因此，文献检索是当今世界发展、国家发展的极为重要的工具。

11.1.3 文献检索对于学位论文写作的作用

文献检索对于学位论文写作的作用，主要体现在如下 2 个方面。

1. 文献综述本就是一篇学术论文的重要组成部分，对于一篇合格的论文来说不可或缺。对于任何一个领域对象的研究，文献综述一方面说明了论文涉及的研究领域最近的研究、进展；另一方面也为作者书写论文提供科学的逻辑依据。另外，搜集的文献作为参考文献，是为论文提供理论支撑的重要依据。参考文献中的一系列数据、公式、理论和观点等，能增强作者书写该篇论文的科学性和说服力。

2. 学位论文写作必须强调其创新性，这就更加突出了文献检索的重要性。通过文献检索，总结对于所研究领域里前人已经取得的研究成果，哪些问题已得到解决，哪些问题仍然等待解决。作者对于这些问题的了解程度，很大程度上决定了论文的创新水平，从而决定了学术论文的发表水平。若没有对文献进行充分地搜集和阅读，将会导致写作的创新水平不高，甚至可能毫无意识地将前人研究取得的研究成果进行重复研究，导致论文无法发表，从而造成各种资源的极大浪费。

以上两点，充分说明了文献检索对于学术论文写作的重要程度。文献检索本就是一项较为烦琐、需要较多耐心的工作。但是，这项工作是学术论文写作前的必要准备。论文最后参考文献的数量和质量，往往能体现该篇论文的学术水平和价值。

11.2 科技文献及文献检索的基础知识

11.2.1 科技文献的基础知识

1. 文献的概念

文献，即是通过一定的方法和手段，运用一定的意义表达和记录体系，记录在一定载体上的有历史价值和研究价值的知识或信息。文献是人类社会中知识信息传递的最基本、最主要的方法，对于人类的社会活动有着重大意义。

2. 文献的作用

文献在科学和社会发展中所起的作用主要表现在如下方面。

1）文献是人们获取知识的重要媒介。文献是人类文明发展过程中留下的产物，随着人类文明的发展而发展。在探索自然世界的过程中，人类对于自然界中发现的各种知识、经验的总结、积累和保存，主要是通过文献的记录、整理和传播实现的。文献使得人类知识的传播突破了时间和空间的局限，从而流传久远。

2）文献本身的内容，反映了人们在一定社会历史阶段的知识水平，文献的存在形式，又受到当时社会发展水平的制约。在纸被发明以前，我国的古人在甲骨、简牍等材料上记录。在雕版印刷发明以前，人们又只能通过手工抄写的方式来记录文献。然而，正是因为文献中知识和信息的流传，使得人们发明了更加高级的文献记录方式，从古至今，人们为了推动社会文明、国家文明的发展，不断地从已有文献中汲取知识，将知识作用于社会，又将新发现的知识记录于文献中，为未来的社会发展提供知识储备。如此循环，人类社会文明得以不断进步。因此，社会发展水平决定了文献的内容和形式，而文献的继承和传播，又反作用于社会，推动社会的发展。

3）文献是科学研究的基础。任何一项科学研究都必须有其依据和参考资料。这些依据和参考资料都蕴含于文献中。在充分搜集文献的基础上，对研究问题进行深入分析，是进行科学研究的必要步骤。随着社会文明水平的发展，人们进行的科学研究水平越来越高，其内容也愈加复杂，需要参考的文献也就更多。人们通过科学研究所取得的结论，再利用文献的形式进行保存，这使得现代文献水平的发展更快，知识的获取速度也更快，因此现代社会的文明水平发展速度相较于之前也更快。

以上三点，充分说明了文献对于人类社会的重要作用。古今中外，一切科学研究都有着相关文献作为依据。尤其在现代信息社会中，人类的知识获取速度有了爆炸式的提升，进行科学研究所应阅读的文献也就更多。学位论文写作本身便是对科学研究过程的记录和成果的展示，因此，文献的搜集和阅读工作必须投入足够多的精力。

3. 科技文献的分类

科技文献有着多种分类方法，可根据载体不同分类，也可根据出版形式和内容不同、性质和加工深度不同进行分类，如图 11-1 所示。

图 11-1　科技文献的分类标准

1）根据载体不同进行划分

根据该划分方式，将科技文献划分成如图 11-2 所示类型。

图 11-2　根据载体的分类

（1）印刷型

印刷型文献是一种传统的文献类型，也是最原始的文献类型，是人类记录和传播知识信息的最基本的手段，例如铅印、油印、胶印等各种制品。印刷型文献的优点在于本身进行阅读非常方便，不需要任何设备，还可以进行批注，符合人们的日常阅读习惯。但作为原始的文献类型，其缺点也非常明显，即体积大，占用空间大，为了贮存需要消耗大量的人力、物力。

（2）微缩型

微缩型文献是用微缩摄影技术把印刷品或手稿按比例缩小而产生的文献形式。其主要品种有微缩胶卷、微缩卡片、微缩印制品等。其优点是体积小，便于贮存。但不能直接阅读，需要借助特定阅读器具，不方便日常借阅。

（3）机读型

机读型文献一般用键盘或光学扫描方式输入文字和图像，机器将这些图文信息转换为数字化信号或模拟信号，记录在适当介质上，然后进行接收、存储、检索、传送、提取、变换、运算、检索等，最后通过通信系统将处理结果传送给用户。其优点是可以存储大容量的信息，高效率地转换和传输信息，且检索方便。缺点是必须借助计算机等设备才能阅读。

（4）声像型

声像型文献又称视听资料或直感资料，是一种利用录音、录像等技术直接记录声音和图像信息的文献形式。最终呈现形式包括幻灯片、音频、视频等。其优点是内容真实，形象生动，其缺点是同样需要借助特定设备才能使用。

2）根据性质和加工深度不同进行分类

根据性质和加工深度不同，将科技文献划分成如图 11-3 所示类型。

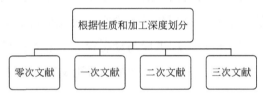

图 11-3　根据性质和加工深度分类

（1）零次文献

零次文献是指还没有正式发表的，带有一定随意性的文献形式，如报告、书信、实验数据等。这些文献有着相当大的价值和意义，但因为未经过加工，故不满足公开发表的条件。

（2）一次文献

一次文献是指作者以研究成果为基础进行加工撰写的文献。大部分期刊上发表的文献均属于一次文献。

（3）二次文献

二次文献是人们对文献进行提炼和压缩，这样做是为了将一次文献进行编辑并出版，并积累形成工具性文献。网上检索引擎就是典型的二次文献。

（4）三次文献

三次文献是指对一次文献和二次文献进行深入研究和总结，以此形成具体的产物，例如百科全书、辞典等。

3）根据出版形式和内容不同进行分类

根据出版形式和内容不同，将科技文献划分成如图 11-4 所示类型。

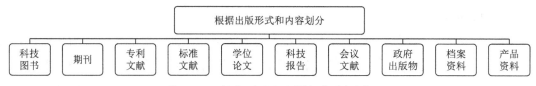

图 11-4　根据出版形式和内容划分

（1）科技图书

科技图书是以第一手的期刊、报告等资料为基础，由作者对资料中的科技知识、理论、研究方法、研究成果等进行重新整理和加工而成。凡篇幅达到 48 页以上并构成一个书目单元的文献称为图书。科技图书的优点是，对于所要研究的领域，有系统、全面且可靠的知识和理论供查阅。

（2）期刊

期刊，指定期出版的刊物，由依法设立的期刊出版单位出版。它是论文写作者或科研工作者获取学科或研究最前沿、最新信息的重要途径。对于学位论文写作来说，主要涉及学术期刊和行业期刊。学术期刊主要刊载学术论文、研究报告等文章，行业期刊主要报道各行各业的产品、市场行情、经营管理进展与动态等。一般各高校单位对学位论文写作有明确的参考文献数量和质量要求，因此，期刊是学位论文写作最为重要的组成因素之一。

（3）专利文献

专利文献是指专利申请文件经国家主管专利的机关依法受理、审查合格后，定期出版的各种官方出版物的总称。狭义的专利文献包括专利请求书、说明书、权利要求书等，广义的专利文献包括专利公报、专利文摘等。专利文献的特点是内容新颖、详细，报道迅速。专利文献的检索方法有：专利性检索、避免侵权的检索、专利状况检索、技术预测检索、具体技术方案检索。

（4）标准文献

标准文献是指由技术标准、管理标准、经济标准及其他具有标准性质的类似文件所组成的一种特种文献。狭义指按规定程序制订，经公认权威机构（主管机关）批准的一整套在特定范围（领域）内必须执行的规格、规则、技术要求等规范性文献，简称标准。广义是指与标准化工作有关的一切文献，包括标准形成过程中的各种档案、宣传推广标准的手册及其他出版物、揭示报道标准文献信息的目录、索引等。

（5）学位论文

学位论文是作者为获得某种学位而撰写的文章或报告。它代表不同的学识水平，是重要的文献情报源之一。一般分为学士论文、硕士论文、博士论文三个级别。其中博士论文质量最高，是具有一定独创性的科学研究著作，是搜集和利用的重点。学位论文一般不在刊物上公开发表，只能通过学位授予单位、指定收藏单位和私人途径获得。

（6）科技报告

科技报告，又称为研究报告、报告文献，是记录某一科研项目调查、实验、研究的成果或进展情况的报告。出现于20世纪初，第二次世界大战后迅速发展，成为科技文献中的一大门类。每份报告自成一册，通常载有主持单位、报告撰写者、密级、报告号、研究项目号和合同号等。按内容可分为报告书、论文、通报、札记、技术译文、备忘录、特种出版物。大多与政府的研究活动、国防及尖端科技领域有关，发表及时，课题专深，内容新颖、成熟，数据完整，且注重报道进行中的科研工作，是一种重要的信息源。另外，查寻科技报告有专门的检索工具。

（7）会议文献

会议文献是指各国或国际学术会议所发表的论文或报告。随着学术会议的召开而产生，一般没有固定的出版形式。通常分为会前出版物和会后出版物两种，会前出版物主要包括会议内容、日程、预告、论文摘要和论文预印本等。会后出版物主要是论文集，还包括其他有关会议经过的报告、消息报道等。会议文献在一定程度上反映了国际上或某个国家某些专业研究的水平动向，属于一次文献，是重要的文献情报源之一。

（8）政府出版物

政府出版物又称"官方出版物"，是由政府部门及其专门机构，根据国家的命令出版的文献资料，具有官方性质。其内容比较广泛，大致包括行政性文献（如法令、条约、统计资料等）和科技文献（如研究报告、技术政策等）两大类。根据1958年联合国教科文组织召开的"有关各国之间交换官方出版物和政府文献"会议规定，官方出版物包括下列几种：议会文献；中央、联邦及地方政府的各种行政方面的出版物及报告；全国性目录；国家编纂的各种手册、工具书；法律及司法部门、法院判例以及其他有关出版物等。在各种政府出版物中，有的在未列入政府出版物前已经发表过，有的是初次发表。政府出版物是了解各国政治、经济、科学技术等情况的一种重要资料，应注意搜集和利用。

（9）档案资料

档案资料是指国家机构、社会组织以及个人从事政治、军事、经济、科学、技术、文化、宗教等活动直接形成的，具有保存价值的各种文字、图表、音像等不同形式的原始记录。由于档案一般涉及重要的、要求保密的内容，因此难以获得，在论文写作中利用较少。

（10）产品资料

产品资料是指产商或经销商为产品印发的例如产品介绍、使用说明书等资料。其对产品的各类参数、性能、用途等都有详细说明，但产品资料在搜集方面较为困难，因此在论文写作中利用率也不高。

11.2.2 文献检索的基础知识

1. 文献检索的步骤

1）分析检索课题

为了后续检索的准确性，应当先对检索课题进行分析。首先要明确检索目的，包括对具体问题要寻找哪些答案，对于研究的问题，目前已取得的研究进展和成果等。其次要明确检索内容，必须对检索课题的内涵有透彻的理解，以此保证检索的质量。

2）确定检索关键词

检索关键词的选取直接决定了检索出文献的数量和质量。在选取检索关键词时，应当避免关键词范围过小或过大。当检索出的文章数量过少或过多时，应当适当考虑扩大或缩小关键词范围。另外，当选取的关键词检索出的结果过少时，可以适当考虑用同义词替换原本的关键词。

3）制定检索策略

确定检索关键词后，将关键词用"和""或""+"等逻辑关系进行排列和组合，依据检索出的文章数量制定具体策略，若检索结果过少，则适当放宽检索限制，去除一定的关键词；若检索结果过多，则添加另外的限制条件，缩小检索范围。

4）选择检索工具

确定检索工具前，要先明确检索课题所属学科专业，不同学科领域，其检索工具有其不同的专业性。其次，考虑进行检索时，运用手工检索还是计算机检索。手工检索优点是检索没有限制条件，方法简单，但其检索需耗费大量时间精力，且容易造成误检或漏检。计算机检索优点是检索效率高，花费的时间精力大大减少，但也无法完全取代人工检索。同时，还要考虑选用的检索数据库、中文或外文检索工具等。

2. 常用的检索方法

常用的检索方法包括三个：常用法、引文法和综合法，具体内容如表 11-1 所示。

表 11-1 常用检索方法分类

检索方法	具体介绍
常用法	一般分为顺查法和倒查法。顺查法指按文献收录时间由远到近进行检索，倒查法则按照文献收录时间由近到远进行检索。顺查法优点为查找内容全面、详细，但其检索效率低，耗时耗力。倒查法优点为查找效率高，省时省力，但容易造成检索遗漏

续表

检索方法	具体介绍
引文法	又称回溯法。这是一种传统的获取文献的方法，即利用已知的有关文献后所附的"引用参考文献"进行追溯查找。因此，引文法查找文献的相关率和准确率较高，是论文写作中常用的一种文献检索方法
综合法	又称循环法，是将以上两种方法进行结合使用。先运用常用法检索出一批相关文献，再从中筛选出价值较高的文献，从这些文章的参考文献中追溯重要的文献。综合法查找效率高，且能保证查找精度

11.3 数字信息资源检索的基础知识

11.3.1 数字信息资源概述

数字信息资源也被称为电子资源，是以电子计算机技术、通信技术、多媒体技术相融合而形成的以电子网络为传输载体和传输媒介的信息资源。互联网是世界上最大的信息宝库，它已成为全球范围内传播和交流科研信息、教育信息、商业信息和社会信息的主要渠道。互联网是一个开放的信息传播、信息检索的平台，任何机构、任何人都可以将自己的信息上传至互联网上，由此也使得计算机检索逐渐成为主要的检索方式，而手工检索一般作为辅助检索手段，但在庞大的信息资源中查找有价值的信息并非易事。

11.3.2 数字信息资源分类

数字信息资源目前没有统一的分类方法，但是归纳各种观点，目前基本上可分为四大类，即新闻信息、动态信息、规范出版的全文信息和书目数据库。

新闻信息是各种专门性电子媒体以及传统新闻媒介的网络版发布的各种新闻中对学术研究有参考价值的部分信息。

动态信息是充斥网络最广泛的信息资源，可以说每一台与网络相连的计算机都蕴含着这类信息，其中具有学术价值的部分主要是一些学术机构发布的有关学术活动信息、学术研究个人的某些可以公开的信息、企业有关产品研发和技术支持信息等。

规范出版的全文信息和书目数据库是指通过正规发行的图书、期刊、会议文献、专利、学位论文等文献信息以及对以上各种文献编目加工而成的书目数据库。

11.3.3 数字信息资源检索基本技术

互联网信息资源检索是由计算机来操作完成的，所以计算机信息检索技术就是互联网信息资源检索基本技术，下面介绍几种常用的信息检索方法。

1. 布尔逻辑检索

布尔逻辑是表达不同概念之间关系的符号逻辑系统。布尔逻辑运算，是采用逻辑或、逻辑与、逻辑非等算符，指定文献标引词中必须存在或不能出现的条件，检索词语或代码的逻辑组配，是计算机文献检索系统中最常用的一种检索方法。

1）逻辑或（"or"或"+"）

逻辑或用"or"或"+"表示，两个检索词以"or"或"+"相连，表示被检索的文献只要含有其中一个检索词或者同时含有这两个检索词，那么它将被命中。

例如：要查找计算机或机器人文献的文献，则检索式为：computer or robot

A = computer

B = robot

命中文献 =A+B+A 与 B 的交叉部分（如图 11-5 所示）

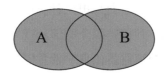

图 11-5 命中文献 =A+B+A 与 B 的交叉部分

2）逻辑与（"and"或"*"）

逻辑与用"and"或"*"表示，两个检索词用"and"或"*"相连表示被检索的文献必须同时含有这两个检索词才能被命中。

例如：检索儿童教育的文献，则检索式为：children and education

A = children

B = education

命中文献 =A 与 B 的交叉部分（如图 11-6 所示）

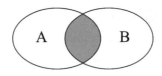

图 11-6 命中文献 =A 与 B 的交叉部分

3）逻辑非（"Not"或"–"）

逻辑非用"Not"或"–"表示，检索词 A,B 若用逻辑非相连则为 A Not B（或 A - B），这表示被检索文献在含有检索词 A 而不含有检索 B 时才被命中。

例如：要查找有关能源方面的文献，但涉及原子能方面的文章不要，则检索式为：

energy Not nuclear（或 energy - nuclear）

A = energy

B = nuclear

命中文献 =A-B（如图 11-7 所示）

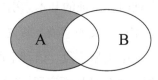

图 11-7　命中文献 =A-B

2. 截词检索（表 11-2）

截词检索就是在检索词中保留相同的部分，用相应的截词符代替可变化部分并代表许多同词干检索用词的一种检索方法。截词符号的使用，既可减少检索词的输入量，又可简化检索步骤，扩大查找范围，提高检全率。计算机截词符号通常用"*"或"？"作为有限截断与无限截断符号。

截词的方式有多种，按截断的位置分，截词可有右截断、左截断、中间截断、左右截断四种。

按字段的字符数量来分，可分为有限截断和无限截断两种。有限截断规定了截去字符的数量，无限截断对截去字符数量不作规定。

表 11-2　截词符号检索

截词方式	应用实例	检索结果
右截断	环境*	环境变化、环境保护、环境评价等
左截断	*催化	工业催化、加氢催化等
中间截断	污水*技术	污水处理技术、污水净化技术、污水处理装置操作技术等
左右截断	*加氢装置*	炼油加氢装置改造、炼油加氢装置设计等
有限截断	cat？？	上例可检索 cat, cats 等词
无限截断	cat？	本例可检索 cat, cats, catch...

有限截断例如"cat？？"，在上例中，cat 后紧跟"？"，空一格再加一个"？"。前一个？是限定一个字符的变化，后一个是停止符。无限截断例如："cat？"则是允许 cat 后面有任何个字符的变化。

3. 限制检索

在信息检索系统中，为了满足某种检索条件或达到某种精确度，通常使用一些缩小或限定检索结果的方法，这些方法称为限制检索。限制检索的方式很多，这里主要介绍字段限定检索。

字段组成数据库的最小单位称为记录。一篇完整记录中的每一个著录事项称为字段。字段限定检索就是把检索词限定在某一字段内进行检索。在检索系统中，数据库设置的可供检索的字段通常有两种：表达文献内容特征的基本索引字段和表达文献外部特征的辅助索引字段。基本索引字段包括篇名字段、文摘字段、叙词字段、自由词字段。辅助索引字段包括作者字段、作者机构字段、文献类型字段、语种字段等。

文献书目型数据库的字段标识基本包括如下字段：存取号字段（AN）、篇名字段（TI）、文摘字段（AB）、叙词字段（DE）、自由词字段（ID）、作者字段（AU）、作者机构字段（CS）、刊名字段（JN）、出版年字段（PY）、文献类型字段（DT）、语种字段（LA）、分类号字段（CC）。在 DIALOG 检索系统中，使用字段限制时，基本索引字段用后缀"/"与基本索引字段标识符组成，例如：环境保护/TI，表示在该检索式中，环境保护是检索词，TI 是字段标识符篇名字段，检索式表示在篇名字段中查找含有"环境保护"一词的文献。辅助索引字段用前缀"="表示，即由辅助索引字段标识符与"="组成。例如：AU=陈景润，在该检索式中，陈景润是检索词，AU 是字段标识符—作者字段，该检索表示在作者字段中查找含有"陈景润"一词的文献。

4. 词位置检索

文献记录中词语的相对次序或位置不同，所表达的意思可能不同，同样检索表达式中词语的相对次序不同，其表达的检索意图也不一样。

词位置检索又叫邻接检索，它是表示所连接的各个单元词之间位置关系的一种检索方式。较常用的词位置检索有（W）算符和（N）算符等。

1)（W）算符和（nW）算符

（W）是 with 的缩写，（W）算符表示其两侧的检索词必须按前后顺序出现在记录中，在两词之间不允许插入其他词，只可能有空格或一个标点符号；(nW) 中的 n 表示两侧的检索词中允许插入的词量少于或等于 n 个。

例 1：double（W）digit

检索结果：double digit 和 double-digit

例 2：socialist（1W）economy

检索结果：socialist commodity economy；

socialist planned economy；

socialist national economy

2）（N）算符和（nN）算符

N 是 nearn 的缩写，（N）表示其两侧的检索词位置可以倒置，但必须彼此邻接且在两词之间不能插词，（nN）中的 n 表示允许插词的词量小于或等于 n 个。

例 1：money（N）supply

检索结果：money supply 和 supply money

例 2：financ？？？（2N）crisis

检索结果：financial crisis；crisis of the finance；crisis in Asian financial

3）（L）算符

L 是 link 的缩写。（L）表示其两侧的检索词之间有主从关系，前者为主，后者为副。L 可用来连接主、副标题词，它们被列在记录的规范词字段。

例：air pollution（L）control

检索结果：air pollution-control

air pollution 是主标题词，control 是副标题词。

11.4 常用的网络数据库及检索技巧

11.4.1 CNKI 数据库

1. 数据库简介

知网的概念是国家知识基础设施（National Knowledge Infrastructure，NKI），由世界银行于 1998 年提出。CNKI 工程是以实现全社会知识资源传播共享与增值利用为目标的信息化建设项目，CNKI 工程集团经过多年努力，采用自主开发并具有国际领先水平的数字图书馆技术，建成了世界上全文信息量规模最大的"CNKI 数字图书馆"，并正式启动建设《中国知识资源总库》及 CNKI 网格资源共享平台，通过产业化运作，为全社会知识资源高效共享提供最丰富的知识信息资源和最有效的知识传播与数字化学习平台。

中国知网 CNKI 提供 CNKI 源数据库、外文类、工业类、农业类、医药卫生类、经济类和教育类等多种数据库。其中综合性数据库为中国期刊全文数据库、中国博士学位论文数据库、中国优秀硕士学位论文全文数据库、中国重要报纸全文数据库和中国重要会议论文全文数据库。每个数据库都提供初级检索、高级检索和专业检索三种检索功能，其中高级检索功能最常用。

2. CNKI 检索方法

根据不同的检索需求，CNKI 提供了多种不同的检索方式，每个数据库根据其收录内容又有一些特定的检索方式,在跨库检索界面上主要提供以下几种面向不同需要的检索方式,即初级检索、高级检索、专业检索、作者发文检索、科研基金检索、句子检索、文献来源检索、二次检索。以下主要介绍初级检索、高级检索、专业检索和二次检索。

1) 初级检索

CNKI 首页默认的检索方式即为初级检索方式,检索界面如图 11-8 所示,用户只需要输入要找的关键词,单击搜索图标就可以进行相关文献的查找。

图 11-8　CNKI 首页

2) 高级检索

如果要进行高级检索,则单击主页右上方的"高级检索"切换到高级检索方式页面,如图 11-9 所示。高级检索可以运用系统提供的逻辑运算符将检索字段进行快速有效的组配,这种方式通常用于比较复杂的检索需求,命中率较高。可以通过下拉菜单选择检索字段,还可以根据需要通过检索框左侧的"+"或"−"符号随意增加或减少检索框数目。具体检索步骤为:选择相应的检索字段,在检索框中输入对应的内容检索条件,选择逻辑关系组配,对词频和匹配度进行限定,并可增加相应的检索限制条件(包括时间、支持基金、文献来源、作者、学科领域等检索控制条件),单击"检索"按钮进行检索。通过对检索结果分组、排序,反复筛选修正检索式得到最终结果,如果对检索结果不满意,还可以通过二次检索继续对检索结果进行限制。

图 11-9　高级检索界面

3）专业检索

专业检索比高级检索功能更强大，但需要检索人员根据系统的检索语法编制检索式进行检索，适用于熟练掌握检索技术的专业检索人员。KNS 系统提供的专业检索分单库和跨库。单库专业检索执行各自的检索语法，跨库专业检索原则上可执行所有跨库数据库的专业检索语法表，但由于各库设置不同会导致有些检索式不适用于所有选择的数据库。专业检索语法表可以在该检索系统"操作指南"中查到。检索界面如图 11-10 所示。

图 11-10　专业检索界面

4）二次检索

二次检索是指通过简单检索或高级检索后，没有达到期望的检索结果，可以在这些检索的基础上，也就是在前期检索结果的范围内进一步缩小检索范围，二次检索可以反复使用，直至检索到满意的结果。

3. 计量可视化分析功能

根据自己所要做的课题，在搜索栏框内输入关键字进行搜索。搜索完成以后，就可以在下方看到所有关于我们所输入的关键字的文献，单击文献左上方的全选按钮，然后再通过人工筛选的方法把课题不相关的文献进行排除掉。

排除完成以后，我们单击"全选"右侧一个叫做"计量可视化分析"的按钮，然后再选择对"已选文献分析"，具体操作如图 11-11 所示。

这个时候我们的页面就会跳转到分析的页面，在这里可以看到知网已经对已选的文献进行了计量可视化分析。

图 11-11 计量可视化分析

同时，在页面的左侧有一个目录，如图 11-12 所示，我们可以通过这个目录对分析的类别进行选择，这样就可以清晰地了解到所研究的课题目前的文献状况了。

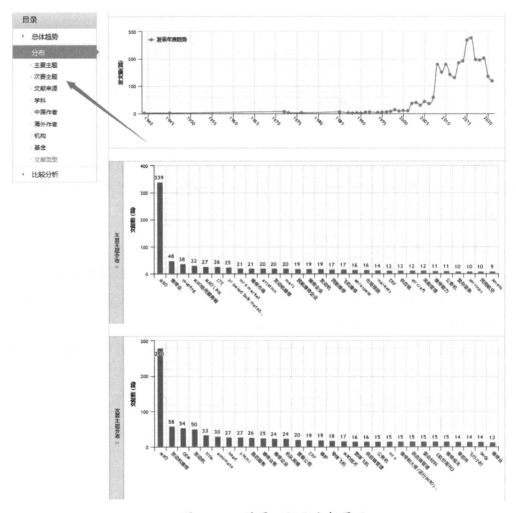

图 11-12 计量可视化分析界面

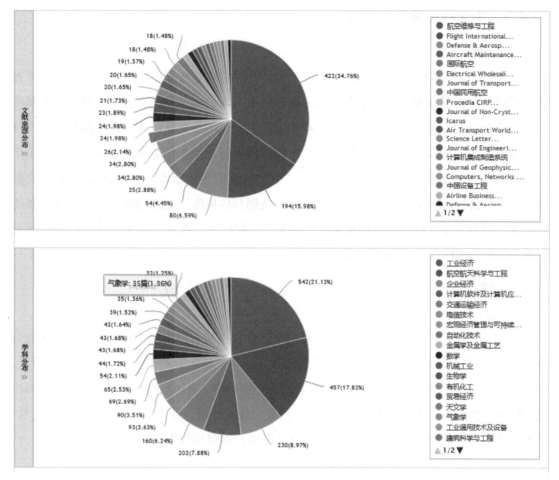

图 11-13　计量可视化分析界面

比较分析如图 11-14 所示，可以单击任意分布中柱状图中柱形或饼状图中扇区，添加该项分组数据作为比较项，最多可以添加 10 项数据进行比较分析。

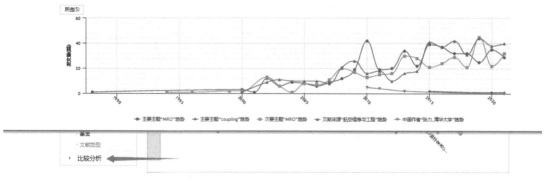

图 11-14　比较分析界面

11.4.2 中文科技期刊数据库

1. 数据库简介

"中文科技期刊数据库"是维普信息资源系统中的重要数据库。该系统是由重庆维普资讯有限公司研制开发的网络信息资源。维普资讯有限公司是科技部西南信息中心下属的一家大型企业的专业数据公司,自 1989 年以来,一直致力于报刊等信息资源的深层次开发和推广应用,集数据采集、数据加工、光碟制作发行和网上信息资源服务于一体。重庆维普信息资源系统中的三个重要数据库是"中文科技期刊数据库""中文科技期刊引文数据库""外文科技期刊数据库"。其中"中文科技期刊数据库"是国内目前收录期刊最多的数据库,它收录了 1989 年以来国内自然科学、工程技术、农业、医药卫生、经济、教育和图书情报等 14 000 余种期刊刊载的文献。

2. 检索方法

1) 基本检索

这是首页默认的检索方式,操作相对简单,直接在输入框中输入检索式或检索词即可进行检索,可以增加多个检索框输入检索条件、选择逻辑运算符做由上至下的组配检索,并可增加相应的检索限制条件,检索限制条件包括年限、期刊范围和学科范围;提供的检索入口有:题名或关键词、题名、关键词、摘要、作者、第一作者、机构、刊名、分类号、参考文献、作者简介、基金资助、栏目信息。基本检索界面如图 11-15 所示。

图 11-15　基本检索界面

2）高级检索

高级检索提供两种检索方式：向导式检索和直接输入式检索。向导式检索提供分栏式检索词输入方法，提供可增减数目的若干检索框，每个检索框都可以选择各自的检索字段、扩展功能和匹配度，各检索框间可以选择逻辑运算符；提供的检索字段有：M 题名、K 关键词、T 题名、R 摘要、A 作者、F 第一作者、S 机构、J 刊名、C 分类号、Z 作者简介、I 基金资助、L 栏目信息、U 任意字段。直接输入式检索可在检索框中直接输入逻辑运算符、字段标识和检索词组成的检索式，即专业检索方式，并可通过单击"更多检索条件"对相关检索式进行进一步限制，包括年限、期刊范围和学科范围。高级检索界面如图 11-16 所示。

图 11-16　高级检索界面

11.4.3　万方数据库资源系统

1. 万方数据库资源系统简介

万方数据资源系统（ChinaInfo）是北京万方数据股份有限公司在中国科学技术信息研究所数十年积累的全部信息服务资源的基础上建立起来的，以科技信息为主，集经济、金融、社会、人文信息为一体，实现网络化服务的信息资源系统。万方数据资源系统是建立在互联网上的大型科技、商务信息平台。自 1997 年 8 月面向社会各界开放以来，以其丰富的信息资源在国内产生了较大的影响，同时在全国各省（市）建有几百个服务中心，直接用户达数万人。万方数据资源系统以其巨大的信息量和方便的检索查询功能成为我国信息界的知名品牌。

万方数据主要资源（科技信息子系统和商务信息子系统）建立在万方数据庞大的数据库群之上。迄今为止，万方数据自有版权以及合作伙伴共同开发的数据库总计120多个，归属于8个类别，内容涉及自然科学和社会科学各个专业领域，收录范围包括期刊、会议、文献、书目、题录、报告、论文、标准专利、连续出版物和工具书等。用户既可以单库、跨库检索，也可以在所有数据库中检索，同时还可以实现按行业需求的检索功能。

2. 检索方法

万方数据系统的检索方法与CNKI类似，也提供简单检索、高级检索和跨库检索界面，但不支持二次检索。

1）简单检索

简单检索是万方数据首页默认的检索界面，可直接输入检索词进行检索，在此界面只能选择一个子数据库进行检索，但其中学术论文检索包括期刊论文、学位论文、会议论文、外文文献4个子库，不提供检索字段和其他限制条件的选择，检索功能较为简单。简单检索界面如图11-17所示。

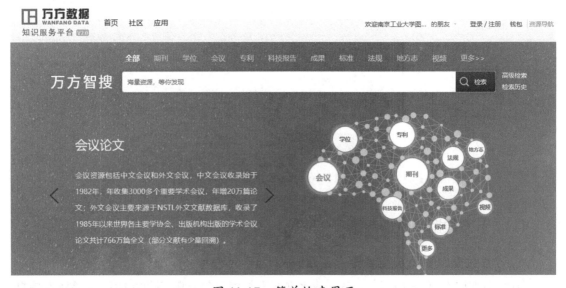

图11-17　简单检索界面

2）高级检索和跨库检索

万方数据系统的跨库检索界面可以实现对万方数据所有数据库进行统一检索，在该界面内可以选择对单个子数据库进行检索，也可以选择多个数据库进行跨库检索。检索字段随子数据库的类型不同而不同，学术论文子数据库的检索字段一般都包括主题、题名或关键词、题名、作者、作者单位、关键词、摘要、日期。该界面提供高级检索和专业检索两种检索模式。

高级检索提供了多个检索框，数目可随意增减，并且可以对各检索框的匹配度和各检索框之间的逻辑关系进行选择，如图 11-18 所示。

专业检索允许检索者使用各种逻辑运算符和检索词构造更为精确的检索模式进行检索。

图 11-18　高级检索界面

11.4.4　美国《工程索引》(EI) 数据库

1. EI 数据库简介

《工程索引》(The Engineering Index，EI) 创刊于 1884 年，是世界上著名的工程技术类综合性大型文摘型检索刊物，由美国工程信息公司 (The Engineering Information Inc.) 编辑出版，主要收录工程技术领域的文献（主要为科技期刊和会议论文），数据覆盖了核技术、生物工程、计算机和数据处理、应用物理、电子和通信、机械工程、水利工程等学科领域。

目前已收录了 50 多个国家、15 种文字的 4 万多种期刊，多种世界范围内的会议记录以及学术报告、科技图书、年鉴、标准等各种出版物，年文献报道量在 16 万余条。EI 报道的文献资料是经过有关专家精选的，具有较高的参考和保留价值。

2. Quick Search（快速检索）

快速检索方式的界面允许用户从一个下拉菜单中选择要检索的字段后输入检索词，并可进行组配检索，如图 11-19 所示，Quick Search 中系统最多可以执行三个检索途径的组配检索。使用步骤如下：

图 11-19　Quick Search 界面

1）选择检索字段

在下拉菜单中除 All fields（所有字段）外还有 19 个字段可供选择。

All fields（所有字段）：得到的检索结果比较广泛。

Subject/Title/Abstract（主题 / 标题 / 摘要）：将检索下列字段，Abstract（摘要）、Title（题目）、EI controlled terms（EI 受控词）、EI main heading（EI 主标题）、Uncontrolled terms（自由词）。要精确检索一个短语，可以用括号或者引号将此短语括进去。选择联合检索，一次就能比较全面地找到相关文献，可以省去文献的去重操作。

Abstract（摘要）：可在摘要中检索特定词语。

Author（作者 / 编者）：EI 引用的作者姓名为原文中所使用的名字。其书写格式有一定的规范，即以"姓 + 逗号 /AND+ 名"的方式输入作者 / 编者姓名，编辑或者整理人也放在作者栏，并在名字后用带括号的符号（ed.）或（compiler）以示区别。

Author affiliation（作者单位）：EI Compendex 收录了每篇文献的第一作者或者通信作者单位，同一单位其名称可能有不同的写法，或者有时候某些机构的名称会有所改变。作者单位检索时可以仅输入作者单位中的几个关键词或用截词符"*"代替一些词或者字母。

Serial title（来源文献名称）：可以是期刊、专著、会议录、会议文集的名称，可直接输入刊名全称或部分。如要检索某个特定期刊，用括号或者引号把刊名括起来。当查找中文刊名时，在检索框中输入中文刊名前几个字的拼音，系统反馈中文刊名的表达方式为"中文刊名拼音 / 英文刊名"。

Title（标题）：若已知文献的确切标题，可以用括号或者引号把标题括起来。也可以在检索框中输入某些特定的词语表示在标题中检索这些词。

EI controlled terms（EI 受控词）：是用来描述文献内容的规范词。受控词的使用使得同一主题的文献汇集在同一主题词下，能够避免自由词检索导致的漏检，同时有效地提高了文献的查准率。

EI main heading（EI 主标题）：Compendex 数据库中每个记录均有一个受控词作为主标题词来表示文献的主题。

EI classification code（EI 分类码）：分类码是数据库赋予某一篇文献指定的分类代码。

2）输入检索式

在检索式文本框中输入检索词，最多只能选择 3 个词，并且分别输入到 3 个文本框中，检索词之间可以选择用 AND、NOT、OR 相连。

3）利用系统词典浏览索引检索

对于作者、第一作者、刊名、出版社等字段，系统提供了相应的索引词条供检索使用。

4）限定检索范围

在检索限定下有四种下拉菜单，分别用于文件类型、处理类型、语种和时间的限定。

文献类型。所提供的选项有期刊论文、会议论文、核心期刊、会议论文集、专题论文等 11 个选项。

处理类型。指文献的研究方法及所探讨主题的类型，提供的选项有传记、应用、经济、管理、数值、理论等 11 个选项。数据库中一条记录可能有不止一个处理类型。而且并非所有的记录都有处理类型。

语种限定。在 Compendex 数据库中，无论原文使用的是何种语言，所有的摘要和索引均需用英语编写。如果某篇文章不是英文文献，在其引文的最后将标识出所用的语言。在 Quick search 界面可以看到 9 个语言选项。

时间限定。用户检索时可在 1969 年至今任意年间限定，可以跨年度检索也可以选择具体某年检索。

3. Expert Search（专家检索）

Expert Search 可以使用更复杂的检索表达式进行检索。专家检索是一个独立的检索框。用户采用"within"（缩写：wn）命令和字段代码，将检索限定在特定的字段内进行。书写格式为：{检索词或词组} wn 检索字段代码。用户既可以用单一字段进行检索，也可以通过逻辑运算符对多个字段进行组合检索。在检索框中输入要检索的术语，若要精确检索一个短语，可用括号或者引号将此短语括进去，如图 11-20 所示。

图 11-20　Expert Search 界面

在专家检索模板中也可以对文件类型、处理类型、语种进行限定，用户可以直接在检索框中限定处理类型。在专家模板下,系统不会自动进行词根运算,检索出的文献结果将严格与输入的检索词匹配。

11.4.5 美国《科学引文索引》(SCI)网络数据库

1. SCI 数据库简介

1997 年,Thomson 公司将 SCI(Science Citation Index,创立于 1963 年)、SSCI(Social Science Citation Index,创立于 1973 年)以及 AHCI(Arts & Humanities Citaion Index,创立于 1978 年)整合,利用互联网的开放环境,创建了网络版的多学科文献数据库——Web of Science,成立至今已经 20 余年。2016 年 7 月,Onex Corporate 与 Baring Private Equity Asia 完成对 Thomson Scientific 的收购,将其更名为科睿唯安(Clarivate Analytics)。

Web of Science 是全球最大、覆盖学科最多的综合性学术信息资源,收录了自然科学、工程技术、生物医学等各个研究领域最具影响力的 1 万多种核心学术期刊。而 Web of Science 推出的影响因子(Impact Factor, IF)现已成为国际上通用的期刊评价指标,它不仅是一种测度期刊有用性和显示度的指标,而且也是测度期刊的学术水平,乃至论文质量的重要指标。

2. 检索方式

1)一般检索

一般检索可分别通过主题、标题、作者、出版物名称等 111 种途径检索来源文献,如图 11-21 所示为一般检索界面。

图 11-21 一般检索界面

2）高级检索

高级检索界面提供独立的检索文本输入框，如图 11-22 所示，用户可在文本框中直接输入一个较为复杂的检索提问式。检索提问式可由前置字段代码的检索词或前次结果的集合号组成，检索词之间可以用逻辑算符连接，也可用截词算符。

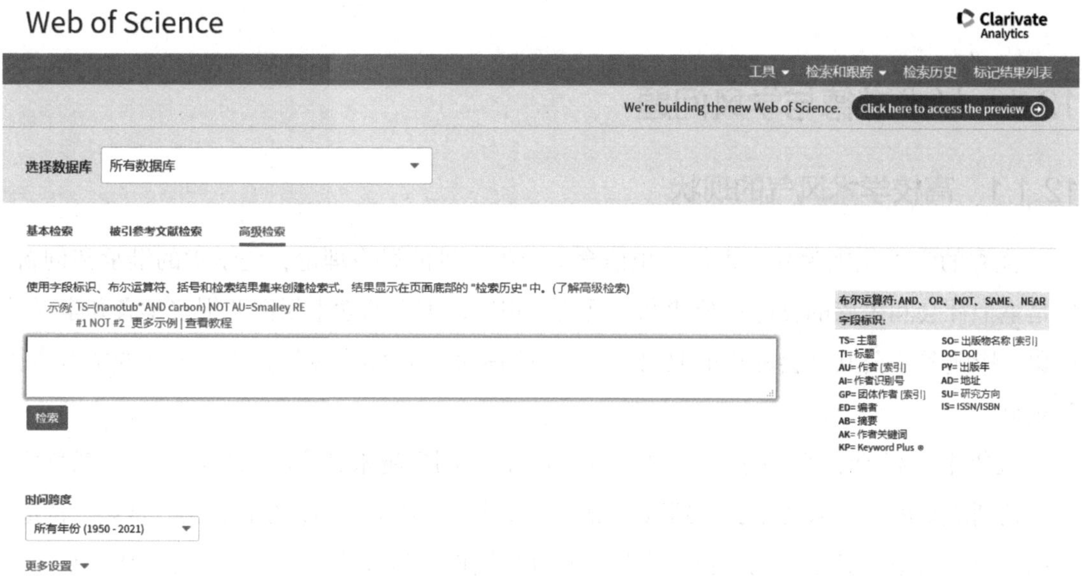

图 11-22　高级检索界面

第 12 章 学术道德与学术规范

12.1 学术道德与学风问题

12.1.1 高校学术风气的现状

优秀的学术氛围为社会提供理想信念，产生先进的思想理论，是学术的继承和创新，也是整个社会和民族的良好精神状态的反映。相反，不良的学术氛围会损害学者和学者的形象，影响整个公共社会的价值取向。学术不端是不良的学术风气，违背公认的学术道德和规范。

近年来，高校学术不端的行为呈上升趋势，范围也越来越广。从写论文到开展科研，从选题到成果展示，从文献引用到数据处理，人员涉及各个层面，存在捏造、抄袭、伪造、一稿多投等现象，甚至花佣金找人代写，并且频繁地交易金钱、学识和权力。比如东北某高校中国古代文学专业 2006 年硕士毕业生张某论文涉嫌抄袭同一专业 2005 年硕士毕业生马某的学位论文，导师其实是同一个人；2009 年，井冈山某高校的教师钟某和刘某通过"伪造或篡改数据""不参与创作""署名他人学术成果"等学术不端行为在国际学术期刊《晶体学》上发表文章；2018 年，南京某高校教授梁某的多篇中文论文涉嫌抄袭或一稿多投而被撤稿 50 余篇；北京某高校博士生叶某因重复使用图片、伪造结果等学术不端行为被撤稿 11 篇。

高校对学术法规有一定的"道德规范、技术规范、法律规范"，也有一系列的制度、管理和纪律规定等。教育部也制定了《关于加强学术道德建设的若干意见》，多次召开关于加强高校学风建设的座谈会。但仍有一些教师和学生自律性差。相关部门要采取对策，予以打击和重视，铲除学术土壤中的不良因素。

12.1.2 学术不端对高校学术道德建设的影响

道德是一种特殊的社会意识形态，可以彰显民族精神，是处理人与人、人与社会行为规范的重要精神力量。"道"，是万物运行的轨迹和统一遵循的东西，道家强调它是实践修养的功夫，是良好的选择；"德"，是对道的昭示，是对自然规律的认识和理解，是素养和习惯，也是人文精神的传播，"道"与"德"合成"道德"，即良好习惯的养成。

实践和活动的最初起源是欲望和目的。欲望不一定因为它的不合理性而明辨是非。学习作为专门的、系统的知识，以逻辑和方法论为前提，在某些情况下需要作为客观存在来继承。当然，这必须有立场和实践的支撑。如果它的过程是启迪智慧，激发潜能和创造力，使科学信息、思想和观点得到交流和协调，那么这就是获得学术途径和搜集学术知识的美德。反之，如果过程模棱两可，没有明确的价值导向，最终就失去道德。

中国传统文化强调道德。对学者来说，学术道德是他们的基础。学术道德素质是一种先进的素质和修养，它要求从事学术研究活动的人在积累和创新的基础上逐步学习，自觉锻炼。高校学术道德建设可以引导、监督和评价学术行为，保证学术活动的正常进行。但过分追求经济利益、科研排名、职称晋升等趋势衍生出的学术不端行为必然会给学术伦理增添"黑色"色彩。学术交流不正常，学术水平没有提高，学术研究就没有创新。那些违背学术初衷，滥用炒作，以抄袭换取一时名利，污染学术环境和声誉，也影响学术团体发展进步的人不能称其为学者。

现如今，学术不端渗透到社会的各个层面，侵蚀着学者的学术良知和专业素养。学术风气由单纯的道德层面日益演化为道德与法律两个层面，这一现实性问题需要在强化学术道德建设的基础上，加强法律介入，使其有法可依，才能使学术不端因无地自容而归于消亡。

12.1.3 高校学术道德建设的路径

首先，最直接的手段是开设道德建设课程，特别是思想政治教育课程。比如在以后的专业课学习中逐步引入讲座和案例，或者增加关于学术规范和学术道德的选修课，分阶段进行测试，目的是强化学风建设，普及学术道德建设，从而营造良好的学术氛围和环境。

其次是充分发挥教师的示范作用，在学术行为上以身作则，积极正确地引导学生，提高高校整体的学术素养。美德和诚实是教师的基本要素。

再次，激发大学研究者的约束力，依靠其对学术活动的热爱来唤起内心的道德准则，依靠内心的道德准则来唤起遵守学术道德的自律，从习惯中培养敬畏，形成学术责任感，明确其可行性和不可行性。学术道德自律只有融入日常生活，深入人心，才能起到有效的引导和警示作用。高校可以借助校园网、微信公众号、手机平台等形式普及学术规范的知识，一切有利于学风建设和学术道德培养的活动都可以在高校中广泛开展并传播。

然后，高校需要建立明确的学术规范方法和学术道德监督体系，使学术管理有法可依，并在此基础上建立分级监督和多级管理体系，使学术管理在高校乃至科研系统能全面有效地实施。在建立制度、规范和准则的同时，还应充分利用现代网络信息技术、监督投诉等手段，发挥其实施和监督作用，严格尊重知识产权，完善法制观念，及时纠正和惩罚不良学风和学术不道德行为。

最后，对于纪律处分，高校要在规则框架下细化处分标准，总结各国的经验和方法，让师生意识到学术不端行为的严重后果。纪律处分可以包括批评、警告、罚款、追回资金、公开道歉声明、撤销奖励和降低工资。情节严重的将承担刑事法律责任。

未来，中国高等教育将以学科专业化、学术行为和人文素质为重点，向更加规范和务实的方向发展，高校学术道德建设影响着整个社会的科学研究水平和学术氛围。因此，高校的学术建设非常重要，值得研究者和管理者更多的关注，我们也相信高校的学术环境会越来越好。

12.1.4 学术不端

案例1：小保方晴子STAP细胞事件

2014年1月29日，两篇在英国《自然》杂志上发表的论文引起了全球干细胞学界的关注。论文的第一作者是日本理化学研究所细胞再造实验室的研究团队负责人小保方晴子，在论文中她表示发现了一种能更简便培养多能干细胞（STAP）的方法，这预示着未来器官移植能像更换零件一样简单成为可能，一时引起了极大的轰动。在日本媒体的炒作下，小保方晴子被视为"国宝"，甚至被追捧为有望冲击诺贝尔奖的"日本居里夫人"。但是很快，有科学家指出论文有造假嫌疑。4月1日，调查委员会召开新闻发布会，宣布论文确实存在数据造假问题，论文的共同作者也纷纷表态支持撤回论文。在几乎所有人都认定论文造假时，小保方晴子仍然坚称STAP制取方法真的存在。日本理化学研究所同意小保方晴子自证清白，使其从7月1日起在实验室24小时监控下进行验证实验，同时，委托另一名科学家在另一间实验室独立验证。8月5日，小保方晴子的导师、也是论文的共同作者笹井芳树顶不住舆论的压力自缢身亡。11月30日，STAP验证实验提前结束。12月19日，日本理化学研究所发布声明："验证未能确认STAP现象，所以验证计划终止。"同一天，小保方晴子辞职，这桩伴随2014年将近一年的科学丑闻终于尘埃落定。

案例2：韩国克隆之父黄禹锡造假事件

2004年和2005年，时任首尔大学教授的黄禹锡领导研究团队先后在《科学》杂志上发表论文宣布成功克隆人类胚胎干细胞和患者匹配型干细胞。但是，2005年年底，韩国文化广播公司新闻节目《PD手册》报道黄禹锡在研究过程中"取用研究员的卵子"的丑闻。其后，有关黄禹锡干细胞学术造假的丑闻逐步被揭露并在世界学术界引起震动。首尔大学随后的调查证实，黄禹锡发表在《科学》杂志上的干细胞研究成果均属子虚乌有。黄禹锡本人也被首尔大学解聘，并因涉嫌侵吞经费、违反伦理、通过非道德手段获得人类卵子等问题遭到起诉，韩国政府也取消了黄禹锡"韩国最高科学家"称号，并免去他担任的一切公职。

案例 3：舍恩事件

德国科学家舍恩 1998 年加入美国新泽西的贝尔实验室，工作期间，他先后与 20 多位研究人员合作，在短短两年多时间里，在《科学》《自然》和《应用物理通讯》等全球著名的学术刊物上发表了近 90 篇论文。2002 年，他通过伪造数据，用所谓的"分子晶体管"糊弄了包括权威期刊编辑在内的许多人，过于嚣张的他甚至在不同的学术论文中使用同样的数据。他的实验结果，在其他科学家随后进行研究时发现根本无法重复，因而遭到一些同行的质疑。贝尔实验室也组建了针对他实验的独立调查委员会，在为期 3 个月的调查中，委员会发现舍恩至少有 9 篇论文存在数据问题，舍恩在被指控的 24 处地方中至少存在 16 处学术行为不检。之后，贝尔实验室解雇了舍恩，他带着耻辱回到德国。他在德国的单位——马普研究所也撤销了给他的聘书。康斯坦茨大学则收回了他的博士学位，各大期刊也将他的论文整批整批地撤销。舍恩的学术造假事件震撼了整个科学界，成为物理学史上最大的丑闻。

案例 4：考古学化石骗局

在考古史上有一个时期，"辟尔唐人"被认为是类人猿到人的进化过程中的过渡性生物。1911 年，英国的陶逊律师声称，他在辟尔唐发现了一个猿人头盖骨的破片和半个下颌骨，他把这两样东西送给了当时有名的人类史学家、大英博物馆博士伍德华进行考证。接到陶逊的报告，伍德华来到辟尔唐，和陶逊一起在砾石坑中进行挖掘。1913 年，他们又在那里发现了动物化石、石器以及人类的犬齿化石。如果他们如实地报告发掘结果，也许在考古和人类学史上有一定的意义。然而他们被利欲驱使，竟然宣布他们发掘出了一种半猿半人的生物头盖骨，并说这种生物生活在大约 50 万年以前。由于伍德华的权威地位，他的宣布就成为一时定论，他们的发现在人类学上被命名为"辟尔唐人"，这种"发现"又被当作达尔文生物进化论的一个有力证据。一时之间，陶逊由一个不出名的律师成为闻名遐迩的伟大发现者。但有的科学家对"辟尔唐人"那似近代人的头骨、似猩猩的下颌表示了怀疑。这场争论也一直多年不休。1928 年，科学家采取了用含氟量测定古化石年代的办法，从而查出"辟尔唐人"的头盖骨不早于新石器时代，下颌骨则是一个未成年的黑猩猩的，他们还发现头盖骨、下颌骨全经过了染色处理。至此，一场精心制造的骗局终于真相大白。

12.2 学术不端与不当行为

12.2.1 学术不端行为的定义

学术不端行为是指在学术研究过程中出现的违背科学共同体行为规范、弄虚作假、抄袭剽窃或其他违背公共行为准则的行为。

12.2.2 学术不端行为的分类

学术不端行为分为四类：抄袭、伪造、篡改及其他。"其他"主要包括不正当署名、一稿多投、一个学术成果多篇发表等不端行为。

1. 抄袭

抄袭有多种形式，主要分类如表 12-1 所示。

表 12-1 抄袭形式分类

抄袭形式	细分类别	表现形式
抄袭内容	论点（结论、观点）	抄袭他人受著作权保护的作品中的论点、观点、结论
	论据论证（实验和观测结果分析）	抄袭他人受著作权保护的作品中的论据、论证分析、科学实验（对象及方法）和观测结果及分析、科学调研、系统设计、问题的解决方法等
	表格数据	窃取他人研究成果中的调研、实验数据并将其据为己有，或者照搬挪用他人以独创形式表现的数据，据为己有
	图像图形	将他人研究成果中的独创性图像、实验图像据为己有，或者照搬挪用他人以独创形式表现的图像、图表，将其据为己有
	概念（定义、原理、公式等）	窃取他人受著作权保护的作品中独创概念、定义、方法、原理、公式等据为己有
	表述结构（或者情节）	文章套改他人作品的表述结构（或者情节）、观点表达体系、参考文献等
	引言	挪用剽窃他人作品引言（或绪论），包括研究工作的目的、范围、相关领域的前人工作和知识空白、理论基础和分析、研究设想、研究方法和实验设计、预期结果和意义等
抄袭篇幅	句子抄袭	整句照抄； 整句意思不变、句式不同。如：复合句变为多个简单句；直接引用变为间接引用，"把"字句变为"被"字句，改变表达方式、修辞等； 整句意思不变、同义替换

续表

抄袭形式	细分类别	表现形式
抄袭篇幅	段落抄袭	整段照搬； 稍改文字叙述，增删文句，实质内容不变。包括：段落的拆分合并，段落内句子顺序改变等
	章节抄袭	照搬或者基本照搬他人作品的某一章或几章内容
	全篇抄袭	全文照搬； 删减（删除或简化）

2. 伪造

伪造类学术不端行为是指不以实际观察和实验中取得的真实数据为依据，而是按照某种科学假说和理论演绎出的期望值，伪造虚假的观察与实验结果，一般有伪造实验数据和样品、伪造证据等形式。

伪造类学术不端行为的特点是新研究成果中提供的材料、方法、数据、推理等方面不符合实际，无法通过重复试验再次取得，有些甚至连原始数据都被删除或丢弃，无法查证。

3. 篡改

科研人员在取得试验数据后，按照期望值随意篡改或取舍数据，以符合自己的研究结论，一般有主观取舍数据和篡改原始数据等形式。

4. 其他

1）一稿多投

一稿多投是指同一作者将同一篇论文（或者是题目不同而内容相似）同时或几乎同时投给两家学术刊物同时发表或先后发表。这种一稿两投或两发被认定为是有违学术道德的，原因在于它一方面浪费了编辑为审阅处理编发稿件所付出的宝贵时间和精力，另一方面又浪费了刊物及刊物购买者的宝贵资金，并易引起期刊之间的版权纠纷。

2）不正当署名

根据《中华人民共和国著作权法》的规定，署名权是作者经智力活动创作后，在所形成的作品（含复印件）上标示姓名的权利。署名权作为著作权中的一项人身权利，既表明作品的作者身份，又反映作者与作品的内在联系。享有署名权的主体是真正的作者。法律禁止在他人作品上随意署名，即使作者本人在自己的作品上署示他人姓名，也系无效法律行为。

不正当署名包括无端侵占他人成果，使该署名者不能署名；无功者在作品中"搭便车"；擅自在作品上标示知名作者的姓名，抬高自己作品或者出版物的声誉。

3）一个学术成果多篇发表

一个学术成果多篇发表包括一篇论文拆成几篇发表、一次性成果多次反复使用、同一成果被拆分成多篇文章发表、同一实验被分成多种角度阐发等情况。这种行为导致有限资源浪费，影响恶劣。

参考文献

[1] 安吉利卡·霍夫曼. 科技写作与交流：期刊论文、基金申请书及会议讲演 [M]. 任胜利，等译. 北京：科学出版社，2012.

[2] Barbara Gastel，Robert A Day. 科技论文写作与发表教程 [M]. 8 版. 任治刚，译. 北京：电子工业出版社，2018.

[3] 玛格丽特·卡吉尔. 如何写出高水平英文科技论文——策略与步骤 [M]. 龚伟峰，译. 北京：化学工业出版社，2014.

[4] 马丁. 科技论文成功发表的技巧 [M]. 北京：清华大学出版社，2015.

[5] 崔桂友. 科技论文写作与论文答辩 [M]. 北京：中国轻工业出版社，2015.

[6] 戴起勋，袁志钟. 科技创新与论文写作 [M].3 版. 北京：机械工业出版社，2014.

[7] 丁西亚. 英语科技论文写作 [M]. 西安：西安交通大学出版社，2006.

[8] 高烽. 科技论文写作规则与行文技巧 [M]. 北京：国防工业出版社，2015.

[9] 郭倩玲，秦颖，谢智敏. 科技论文写作 [M].2 版. 北京：化学工业出版社，2016.

[10] 黄军左. 文献检索与科技论文写作 [M]. 北京：中国石化出版社，2010.

[11] 金能韫，王敏. 英语科技论文写作与发表 [M]. 上海：上海交通大学出版社，2019.

[12] 李士勇，田新华. 科技论文写作引论 [M]. 哈尔滨：哈尔滨工业大学出版社，2013.

[13] 梁福军. 科技论文规范写作与编辑 [M].3 版. 北京：清华大学出版社，2019.

[14] 刘振海. 中英文科技论文写作教程 [M]. 北京：高等教育出版社，2007.

[15] 王红军，王培凤，陈涛，等. 文献检索与科技论文写作入门 [M]. 北京：机械工业出版社，2018.

[16] 王文玷，田保杰. 科技论文写作与发表 [M]. 北京：国防工业出版社，2007.

[17] 吴寿林，汤怡蓉，王新春. 科技论文与学位论文写作 [M]. 上海：东华大学出版社，2009.

[18] 吴江梅，黄佩娟. 英语科技论文写作 [M]. 北京：中国人民大学出版社，2013.

[19] 韦剑锋. 科技论文写作与文献检索 [M]. 天津：天津科学技术出版社，2017.

[20] 李武，毛远逸，肖东发. 学位论文写作与学术规范 [M].2 版. 北京：北京大学出版社，2020.

[21] 李宁. 科技论文写作之道 [M]. 北京：化学工业出版社，2020.

[22] 刘冠军,尹世久,王蒙.科学素养与科技论文写作[M].北京:首都经济贸易大学出版社,2014.

[23] 乔光建.科技论文写作与实例[M].北京:中国水利水电出版社,2008.

[24] 吴勃.科技论文写作教程[M].2版.北京:中国电力出版社,2014.